全国交通技工院校汽车运输类专业规划教材

汽车配件管理

（汽车商务专业用）

主编　卫云贵

主审　张剑峰

人民交通出版社

内 容 提 要

本书是全国交通技工院校汽车运输类专业规划教材之一,主要介绍了汽车配件辨识、信息查询、配件订购、库存管理及配件营销索赔等内容。

本书是交通技工院校、中等职业学校汽车商务专业的核心课程教材,可作为汽车维修专业技术等级考核与培训用书,也可供相关技术人员参考使用。

图书在版编目(CIP)数据

汽车配件管理/卫云贵主编. — 北京:人民交通出版社,2013.5
全国交通技工院校汽车运输类专业规划教材
ISBN 978-7-114-10477-0

Ⅰ. ①汽… Ⅱ. ①卫… Ⅲ. ①汽车 – 配件 – 销售管理
– 技工学校 – 教材 Ⅳ. ①F766

中国版本图书馆 CIP 数据核字(2013)第 056917 号

书　　　名:	汽车配件管理
著 作 者:	卫云贵
责任编辑:	李　斌
出版发行:	人民交通出版社
地　　址:	(100011) 北京市朝阳区安定门外外馆斜街 3 号
网　　址:	http://www.ccpress.com.cn
销售电话:	(010) 59757973
总 经 销:	人民交通出版社发行部
经　　销:	各地新华书店
印　　刷:	北京市密东印刷有限公司
开　　本:	787×1092　1/16
印　　张:	11.75
字　　数:	270 千
版　　次:	2013 年 5 月　第 1 版
印　　次:	2019 年 5 月　第 4 次印刷
书　　号:	ISBN 978-7-114-10477-0
定　　价:	25.00 元

(有印刷、装订质量问题的图书由本社负责调换)

Foreword 前言

　　教育部关于全面推进素质教育深化中等职业教育教学改革的意见中提出"中等职业教育要全面贯彻党的教育方针,转变教育思想,树立以全面素质为基础、以能力为本位的新观念,培养与社会主义现代化建设要求相适应,德智体美等全面发展,具有综合职业能力,在生产、服务、技术和管理第一线工作的高素质劳动者和中初级专门人才"。根据这一精神,交通职业教育教学指导委员会在专业调研和人才需求分析的基础上,通过与从事汽车运输行业一线专家共同分析论证,对汽车运输类专业所涵盖的岗位(群)进行了职业能力和工作任务分析,通过典型工作任务分析→行动领域归纳→学习领域转换等步骤和方法,形成了汽车运输类专业课程体系,并于 2011 年 3 月编辑出版了《交通运输类主干专业教学标准与课程标准》(适用于技工教育)。为更好地执行这两个标准,为全国交通运输类技工院校提供适应新的教学要求的教材,交通职业教育教学指导委员会汽车(技工)专业指导委员会于 2011 年 5 月启动了汽车运输类主干专业系列规划教材的编写。

　　本系列教材为交通职业教育教学指导委员会汽车(技工)专业指导委员会规划教材,涵盖了汽车运输类的汽车维修、汽车钣金与涂装、汽车装饰与美容、汽车商务四个专业 26 门专业基础课和专业核心课程,供全国交通运输类技工院校汽车专业教学使用。

　　本系列教材体现了以职业能力为本位,以能力应用为核心,以"必需、够用"为原则;紧密联系生产、教学实际;加强教学针对性,与相应的职业资格标准相互衔接。教材内容适应汽车运输行业对技能型人才的培养要求,具有以下特点:

　　1.教材采用项目、课题的形式编写,以汽车维修企业、汽车 4S 店实际工作项目为依据设计,通过项目描述、项目要求、学习内容、学习任务(情境)描述、学习目标、资料收集、实训操作、评价与反馈、学习拓展等模块,构建知识和技能模块。

　　2.教材体现职业教育的特点,注重知识的前沿性和全面性,内容的实用性和实践性,能力形成的渐进性和系统性。

　　3.教材反映了汽车工业的新知识、新技术、新工艺和新标准,同时注意新设备、新材料和新方法的介绍,其工艺过程尽可能与当前生产情景一致。

4.教材体现了汽车专业中级工应知应会的知识技能要求,突出了技能训练和学习能力的培养,符合专业培养目标和职业能力的基本要求,取材合理,难易程度适中,切合中技学生的实际水平。

5.教材文字简洁,通俗易懂,以图代文,图文并茂,形象直观,形式生动,容易培养学员的学习兴趣,有利于提高学习效果。

《汽车配件管理》是根据交通职业教育教学指导委员会交通运输类主干专业教学标准与课程标准"汽车配件管理"课程标准进行编写的。它是交通技工院校、中等职业学校汽车商务专业核心课程教材。其功能在于培养汽车配件管理的基本职业能力,达到本专业学生应具备的汽车配件管理知识要求。本书也可作为汽车维修专业技术等级考核及培训用书和相关技术人员的参考用书。全书由五个项目组成,分别介绍了汽车配件辨识、信息查询、订购、仓库管理及销售索赔。

本书由山西交通技师学院卫云贵担任主编,北京市公共交通高级技校张剑峰担任主审。项目一、项目二、项目三由卫云贵编写,项目四由山西交通技师学院杜晓斐编写,项目五由广州交通技师学院黄汉龙编写。本书在编写过程中,得到了部分汽车修理厂家和汽车4S店的支持,在此表示感谢。

由于编者经历和水平有限,教材内容难以覆盖全国各地的实际情况,希望各地教学单位在积极选用和推广本教材的同时,总结经验及时提出修改意见和建议,以便再版时进行修订改正。

交通职业教育教学指导委员会
汽车(技工)专业指导委员会
2013 年 2 月

Contents 目录

项目一　汽车配件辨识

项目描述

　　汽车配件辨识是汽车配件管理中一项专业性要求很强的工作,一般要求熟悉汽车配件常见类型及其特征,根据类型进行分类存储和鉴别,识别假冒伪劣汽车配件,最终提高配件仓库管理效率与经营效益。

知识目标

　　1.熟悉汽车配件类型及特点;

　　2.了解汽车配件常用材料与包装;

　　3.了解汽车配件质量的鉴别方法。

技能目标

　　1.会识别汽车配件的不同类别;

　　2.能进行常见汽车配件的质量鉴别。

素养目标

　　1.养成科学严谨、仔细认真的工作作风;

　　2.树立分工协作及岗位责任意识;

　　3.提高交流沟通及团队合作能力。

建议学时:10 学时。

项目引导

课题一 汽车配件类型识别

在汽车配件经营企业和汽车维修服务企业,通常把新车出厂后使用过程中所需的汽车零部件和汽车材料统称为汽车配件。它既包括新车出厂以后,在汽车维修过程中用来更换的新配件或修复件、汽车上需要更换或添加的各种油液,又包括用于提高汽车使用的安全性、舒适性和美观性的产品。

一、汽车配件类型

汽车配件种类与数量繁多,分类方法也有多种。

1. 按标准化分类

根据汽车的术语和定义,汽车配件主要包括零件、合件、组合件和总成件。

(1)零件。

零件是汽车的基本制造单元,它是不可再拆卸分解的整体,如活塞销、气门、气门弹簧等就是零件。

(2)合件。

合件是指由两个以上的零件组装,具有单一零件功能特征作用的组合体。如带盖的连杆、成对的轴瓦、带气门导管的缸盖等均为合件。

(3)组合件。

组合件是指由几个零件或合件采用装配工序组装而成,但不能单独完成某一机构作用的组合体,有时也将组合件称为半总成件,如变速器盖、离合器压板等均为组合件。

(4)总成件。

总成件是指由若干零件、合件、组合件装成一体,能单独完成某一机构功能作用的组合体,如发动机总成、变速器总成、离合器总成等均为总成件。

2. 按用途分类

按照用途不同,汽车配件可以分为必装件、选装件、装饰件和消耗件四类。

(1)必装件。

必装件是指汽车正常行驶所必需的配件,如车轮、转向盘、发动机等。

(2)选装件。

选装件是指可由客户选择安装以提高汽车性能或功能的配件,但不是汽车正常行驶所必需的配件,如 CD 音响、氙气前照灯等。

(3)装饰件。

装饰件又称精品件,是指为了提高汽车的舒适和美观而加装的配件,其一般对汽车本身的行驶性能和功能影响不大,如脚垫、头枕、养护套装等,如图 1-1 所示。

(4)消耗件。

消耗件是指汽车使用过程中由于损耗、老旧等原因需要经常添加或更换的配件,如润滑油、玻璃清洁剂、冷却液、制动液等。

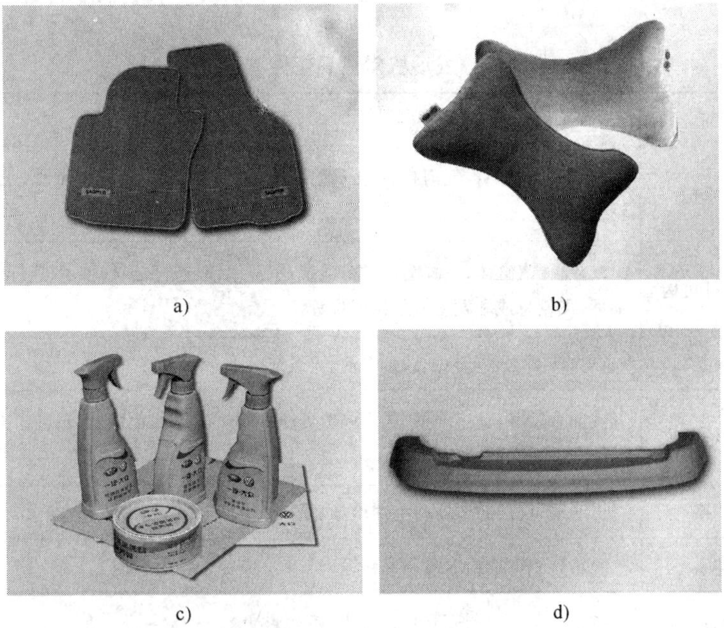

图1-1　汽车装饰件
a)脚垫;b)头枕;c)养护套装;d)导流板

3. 按实用性分类

根据我国汽车配件市场供应的实用性原则,汽车配件可分为标准件、易耗件、车身覆盖件与保安件四类。

(1)标准件。

标准件是指按国家标准设计与制造,对同一种零件具有统一的形状、尺寸、公差与技术要求,并能通用在各种仪器、设备上具有互换性的零部件。汽车上属于标准件的有汽缸盖紧固螺栓及螺母、连杆螺栓及螺母、发动机悬架装置中的螺栓及螺母、主销锁销及螺母、轮胎螺栓及螺母等。

(2)易耗件。

汽车易耗件是指在对汽车进行二级维护、总成大修和整车大修时,容易损坏且消耗量大的配件。

①发动机易耗件(表1-1)。

②电气设备易耗件。电气易耗件包括车灯总成、安全报警器及低压电路熔断器和熔断丝盒、点火开关、车灯开关、转向灯开关、变光开关、脚踏板制动开关、车速表、电流表、燃油存量表、冷却水温表、空气压力表和机油压力表等。

③汽车底盘常见易耗件(表1-2)。

④密封件。各种油封、水封、密封圈和密封条等。

(3)车身覆盖件。

车身覆盖件是指为使乘员及部分重要总成不受外界环境的干扰而设计的,且具有一定空气动力学特性的、构成汽车表面的板件,如发动机舱盖、翼子板、散热器罩、车顶板、门板、行李舱盖等。

发动机常见易耗件   表 1-1

序号	系统	易 耗 件
1	配气机构	气门、气门导管、气门弹簧、挺杆、推杆、摇臂、摇臂轴、凸轮轴轴承、正时齿轮和正时齿轮皮带等
2	曲柄连杆机构	汽缸盖、汽缸体、汽缸套、活塞、活塞环、活塞销、连杆、连杆轴承、连杆螺栓及螺母、曲轴轴承、飞轮总成和发动机悬架组件等
3	点火系	点火线圈、分电器总成、蓄电池、火花塞等
4	燃油供给系统	汽油软管、电动汽油泵、压力调节器、喷油器、三元催化装置、输油泵总成、喷油泵柱塞偶件、出油阀偶件等
5	润滑系	机油泵、机油滤清器和机油冷却器等
6	冷却系	散热器、节温器、水泵和风扇等

汽车底盘常见易耗件   表 1-2

序号	系统	易 耗 件
1	传动系	离合器分离杠杆、分离叉、踏板拉杆、分离轴承、离合器摩擦片、从动盘总成、复位弹簧、变速器的各挡变速齿轮、凸缘叉、滑动叉、万向节叉及花键轴、传动轴及轴承、从动锥齿轮、行星齿轮、十字轴及差速器壳、半轴和半轴套管等
2	转向系	转向盘、转向传动轴、转向纵拉杆与横拉杆、转向蜗杆、转向摇臂轴、转向螺母及钢球、钢球导流管等
3	制动系	制动鼓及制动蹄、盘式制动器摩擦块、液压制动主缸、液压制动轮缸、气压制动控制阀、制动气室、储气筒、止回阀、安全阀、制动软管、空气压缩机限压阀和制动操纵机构等
4	行驶系	主销、主销衬套、主销轴承、调整垫片、轮辋、轮毂、轮胎、内胎、钢板弹簧片、独立悬架的螺旋弹簧、钢板弹簧销和衬套、钢板弹簧垫板、U 形螺栓和减振器等

4. 按生产来源分类

（1）原厂件。

原厂件是指经整车制造厂认可的与制造厂家配套的装配件，其一般通过汽车制造厂严格质量检验且形成长期的供货关系，性能和质量完全能够满足车辆要求。

（2）副厂件。

副厂件是指由专业配件厂家生产的，虽然不与整车制造厂配套安装在新车上，但它是按照制造厂标准生产的、达到制造厂技术指标要求的配件。

（3）自制件。

自制件是指配件厂家依据自己对汽车配件标准的理解自行生产的配件，其外观和使用效果与合格配件相似，但技术指标由配件制造厂自行保证，是与整车制造厂无关的配件。自制件是否合格，主要取决于配件制造厂家的生产技术水平和质量保障措施。

当然这里说的原厂件、副厂件和自制件,无论副厂件还是自制件都必须达到指定标准水平,都是合格的配件。那些不符合质量标准的伪劣配件,不属于上述范畴。奇瑞部分原厂件与非原厂件的比较如图 1-2、图 1-3 所示。

原厂件　非原厂件

A11-8111210的惰轮总成如图1-2所示,揭开轴承防尘罩后可以看到:奇瑞原厂件在中间芯轴的字间距较稀疏,而假冒件的字间距很密并且密封圈颜色也有差别。

图 1-2　奇瑞发动机惰轮原厂件与非原厂件比较

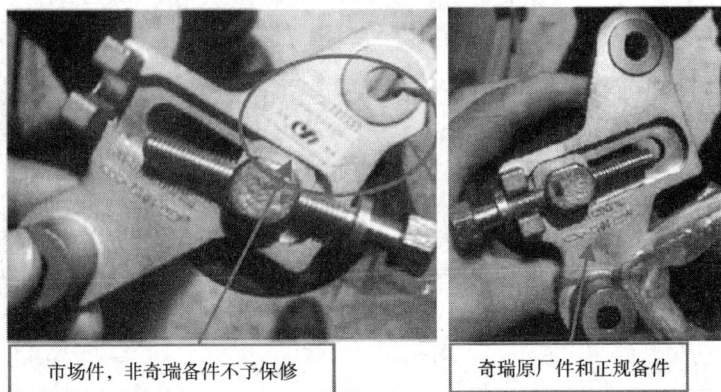

市场件,非奇瑞备件不予保修　　奇瑞原厂件和正规备件

图 1-3　奇瑞发电机张紧器原厂件与非原厂件比较

5. 按汽车配件隶属系统分类

在有些汽车品牌中,汽车配件按隶属的不同系统来区分,如分发动机系统、传动系统、转向系统、制动系统、悬架系统、车身及附件系统、暖风和空调系统、电气系统、内饰件及附件、随车附件等,具体见表 1-3。

二、汽车配件特点

1. 品种繁多

一辆汽车由几十万个零部件组成,有一定规模的汽车配件经销商、汽车综合修理厂或汽车品牌 4S 店,其经营活动涉及的配件种类与数量都很多,一般有上万种,甚至几十万种。

2. 识别复杂

汽车配件一般都会有自己的原厂编号(或称原厂图号),即汽车配件编码,并且经营者通常为了仓库管理方便,还会为其配件进行自编号。

3. 价格多变

由于整车的价格经常变动,所以汽车配件的价格变动就更加频繁。

4.代用性复杂

汽车很多配件可以在一定范围内代用,不同配件的代用性或互换性是不一样的。例如,轮胎、灯泡的代用性就很强,但是集成电路芯片、传感器等配件的代用性就不强。掌握汽车配件的代用性,也是管理好汽车配件的重要条件。

汽车不同系统配件

表 1-3

系统	系统配件	系统典型配件图例
发动机系统	机体组、曲柄连杆机构、配气机构、进排气系统、燃油系统、点火系统、冷却系统、润滑系统	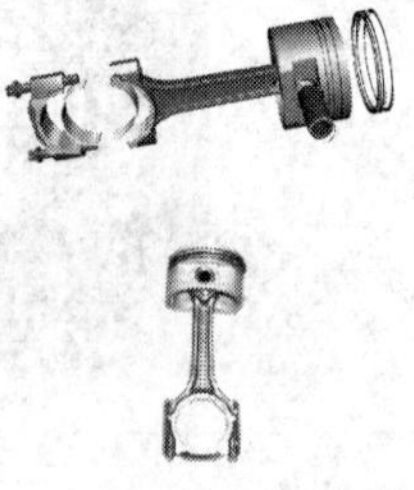 活塞连杆
传动系统	飞轮、压盘、离合器摩擦片、变速器、传动轴、万向节等	 变速器
转向系统	转向盘、转向传动轴、转向器、转向拉杆、转向节、动力转向泵、动力转向油缸等	 动力转向泵
制动系统	制动踏板总成、真空助力器、制动主缸、制动油管、ABS泵、制动轮缸、制动盘、制动鼓等	 制动主缸
行驶系统	轮毂、轮胎等	 轮胎
悬架系统	前桥、后桥、减振器、螺旋弹簧、上下摆臂等	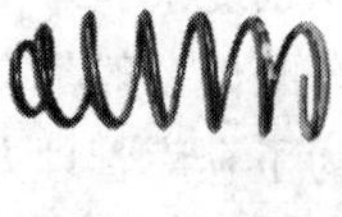 螺旋弹簧

续上表

系统	系统配件	系统典型配件图例
车身附件系统	车门、发动机舱盖、保险杆、门把手、玻璃升降器、中控门锁等	 车门
暖风空调系统	压缩机、冷凝器、干燥罐、蒸发器、鼓风机、加热器、风扇等	 空调压缩机
电气系统	电器仪表类、灯具类、传感器类	 仪表总成
专用工具	同一品牌不同车型所用的各种专用维修工具及工具挂板等	 专用工具
随车附件	美容养护类配件	

三、汽车配件业务流程

汽车配件经销商或维修服务企业对配件管理内容主要包括配件订货采购、配件验收入库、配件的仓库管理、配件出库、配件销售与索赔等环节,图1-4 为某品牌4S店汽车配件的具体业务流程,其中各项业务内容将在后续各项目及课题中逐一学习。

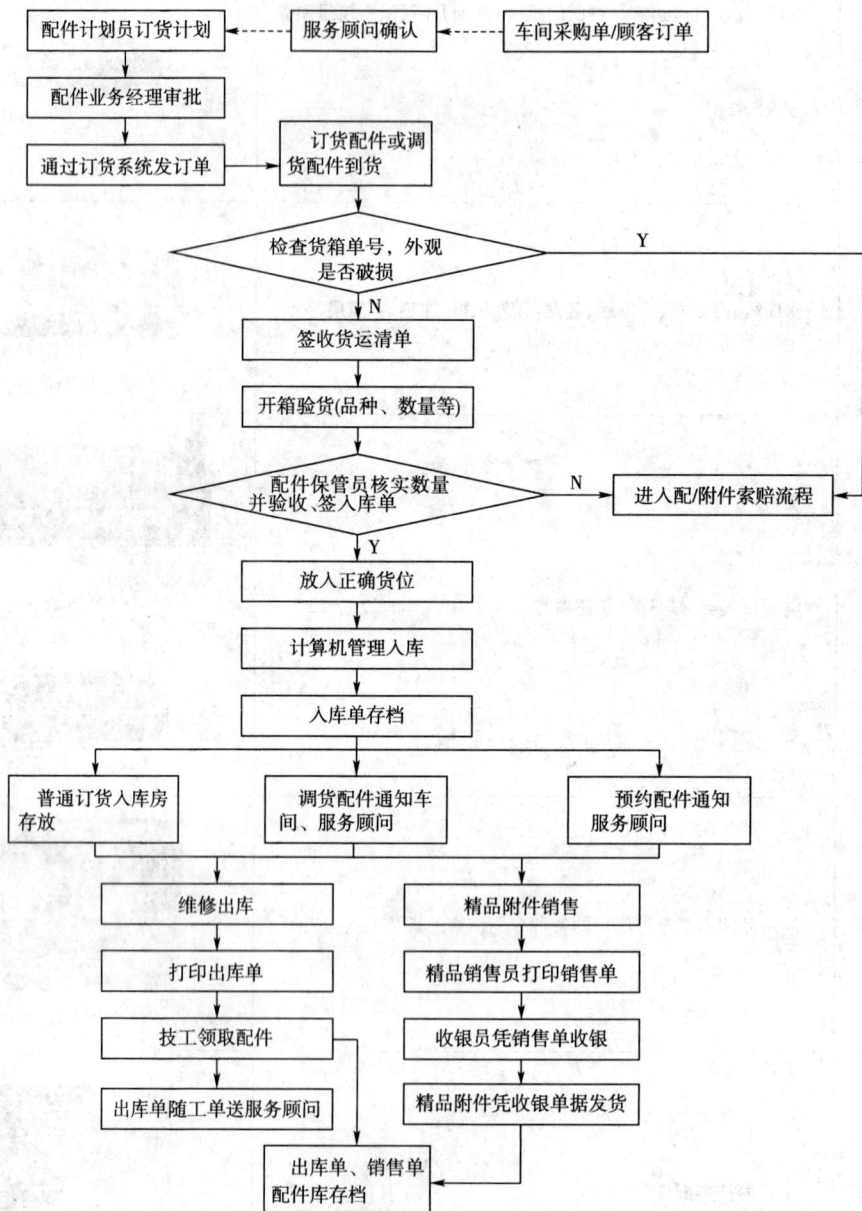

图 1-4　汽车配件业务流程

实训情境设计

【实训情境描述】

作为某品牌4S店配件管理的新手,在对汽车配件的分类方法进行全面了解的基础上,需要经过对不同类型配件反复识别与强化训练,逐步养成对不同类型汽车配件分类识别的能力,从而为后续汽车配件的快速查询与分类存放奠定基础。

【实训情景准备】

1. 实训情境准备表(表1-4)

实训情境准备表　　　　　　　　　　　　　　　　　　表1-4

类别	准备内容	获取渠道
资料	工作单	内部资料和专业维修资料
	汽车配件(零部件)图册或电子配件目录	
	配件管理教材	
	能力评价表	
工具	不同汽车配件名称编号标签	厂家工具及相关企业生产的标准化产品
	分类标签	
	不同类型的汽车配件	
地点	汽车配件实训室	学校自备

2. 实训情境工作单(表1-5)

汽车配件辨识实训情境工作单　　　　　　　　　　　　表1-5

项目名称	项目一:汽车配件辨识	课题及任务名称	汽车配件类型识别	时间/学时	2
姓名		学号	班级	组别	

	任务分解及完成标准	完成情况记录	
		完成时间	准确性
能力目标	1.会收集查看配件名称、分类等相关信息; 2.能根据汽车配件实物识别配件的名称与类别; 3.能根据配件名称与类型等相关信息在不同类别配件中查找配件实物; 4.能初步对比不同类型配件的区别		
实训组织	课前给每位学生发放实训工作单,学生按照实训工作单完成实训操作,做好相关实训记录,并以小组为单位进行实训操作交流,开展自评、小组互评及教师点评		
实训操作	**任务一:汽车配件实物识别**		
	1.收集或查询不同类型配件的名称与类别等相关信息		
	2.观察现场提供的各种不同类型汽车配件		
	3.随意抽选现场配件中的汽车实物配件		
	4.标注汽车配件的名称、功用、安装位置及分属类别		
	5.从配件信息标签中找出对应配件的信息标签并张贴		
	任务二:汽车配件实物查找		
	1.识读汽车配件标签信息,如名称、功用及安装位置		
	2.根据汽车配件标签信息分析配件类别信息		
	3.根据配件标签名称及类型信息查找汽车配件实物		
	4.对比不同类型汽车配件实物的差异并记录		
实训小结			

3.实训素材(表1-6)

汽车配件类型识别训练素材表　　　　　　　　表1-6

配件名称	配件实物图示	配件分属类型
活塞		?
喷油器		发动机燃油系统配件、发动机易耗件、必装件、组装件
发电机		?
ABS泵		?

知识拓展:汽车原装附件/精品

　　汽车附件是指安装在汽车上与汽车性能相关的附加装置。汽车精品是指与汽车本身无关、体现汽车文化的用品。原装汽车附件/精品是指由汽车制造厂认可的进口或国产的汽车附件/精品。汽车制造厂或经销商之所以要开展品牌汽车原装附件/精品业务服务,主要是为消费者提供优质的个性化服务,并提升产品的品牌服务形象,同时也为汽车制造厂或经销商带来新的利润点。汽车原装附件/精品的经销一般按照汽车制造厂专门制订的原装附件/精品管理办法来实施,可通过网上订购系统来完成。汽车经销商提供的原装附件/精品件一般包括表1-7所示的相关类别产品。

原装汽车附件/精品件 表1-7

附件/精品	类别	产品名称	典型产品图示
原装附件	内装类	脚垫、座椅套、头枕、门槛装饰条等	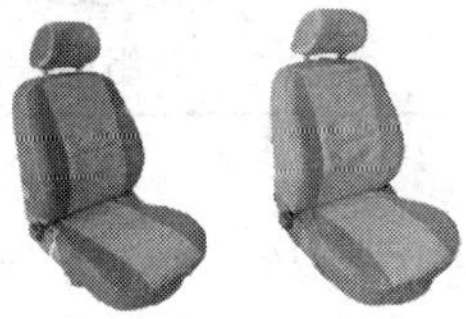
	外装类	导流板、挡泥板等附件	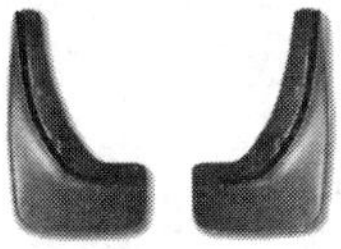
	其他类	微型工具、汽车养护套装等	
原装精品件	箱包皮具类	笔记本包、钱包、票夹、手包、时装包、钥匙包等	
	服饰类	夹克、T恤、领带、帽子、腰带、手表等	
	办公用品类	笔、记事贴、激光笔等	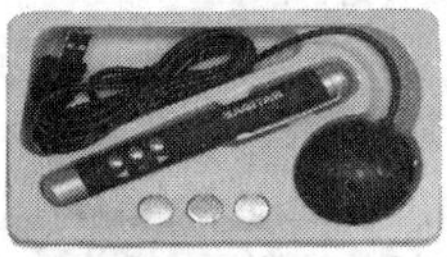
	其他类	自行车、帐篷	

检查评价

实训情境评价表（一人一表）

班级：　　　　　　组别：　　　　　　姓名：

项目		评价内容 （请在对应条目的〇内打"√"或"×"，不能确定的条目不填，可以在小组评价时让本组同学讨论并写出结论）		评价等级（学生自评）		
				A 全部为 "√"	B 有1~3个 "×"	C 有多于 3个"×"
关键能力自评	工作态度	〇按时到场 〇工装齐备 〇书、本、笔齐全 〇不追逐打闹 〇积极接受分配任务	学习期间不使用手机、不玩游戏〇 未经老师批准不中途离场〇 不干扰他人工作〇 无迟到早退〇 上课不做与任务不相关事情〇			
	工作素养	〇工作服保持干净 〇私人物品妥善保管 〇工作地面无脏污 〇工作台始终整洁 〇节约，无浪费现象 〇有责任意识	不发生安全事故〇 使用后保持工具整齐干净〇 有及时纠正他人危险作业〇 注重环保，废弃物能合理处理〇 未损坏工具、量具及设备〇			
	合作及其他	〇课前有主动预习 〇与本组同学关系融洽 〇积极参与小组讨论 〇接受组长任务分配 〇工装穿戴符合要求	本小组工作任务能按时完成〇 主动回答老师提问〇 能主动帮助其他同学〇 注重仪容，不戴饰物、发型合规〇 能自主学习和相互协作〇			
专业能力 自评		〇能独立查阅资料 〇注重工作质量及时自检 〇注重工作效率，时间观念强 〇会分析归纳相互学习 〇设备选择使用符合要求	能独立规范操作〇 能独立完成任务单〇 没有失手坠落物品〇 指出过他人的不规范操作〇 工作质量合格，无返工〇			
小组评语 及建议		他（她）做到了： 他（她）的不足： 给他（她）的建议：		组长签名： 年　月　日		
教师评语 及建议				评价等级： 教师签名： 年　月　日		

课题二 汽车配件质量鉴别

汽车配件质量的优劣关系到消费者的利益和销售企业的商业信誉,因此对汽车配件的质量鉴别十分重要。由于汽车配件种类繁多,所用的材料与性能各异,因此配件鉴别方法与鉴别能力对专业性要求很强,不仅要求有专业的手段与设备,还需要有配件鉴别的经验。

1. 汽车常用材料及特性

汽车常用材料一般分为汽车常用金属材料、汽车常用非金属材料及汽车运行材料三种,三者之间具有不同的性能。

(1)汽车常用金属材料及性能(表1-8)。

汽车常用金属材料及性能   表1-8

类别	名称	性能	典型配件
钢	碳素结构钢	塑性与焊接性能好,综合性能好	变速叉、曲轴、传动轴等
	碳素工具钢	硬度、耐磨性增加,但韧性降低	刀具、量具、工具及模具等
	铸钢	锻造件性能,可制造形状复杂的零件	拨叉、备胎升降器轮齿、车门限制块等
	低合金结构钢	性能比碳素结构钢好,但质量轻,使用可靠	纵梁、横梁、吊耳等
	合金渗碳钢	有高的表面硬度和耐磨性,且强度与韧性也很高	活塞销、变速器齿轮、差速器十字轴等
	合金调质钢	高的强度和韧性,淬火后表面耐磨性很高	半轴、连杆、万向节叉及变速器输出轴等
	合金弹簧钢	弹性与耐热性高	气门弹簧、钢板弹簧等
	滚动轴承钢	高的硬度与耐磨性	滚动轴承的滚动体和内外圈、铰刀等
铸铁	白口铸铁	性能硬而脆	气门挺杆等
	灰口铸铁	抗拉强度低,塑性与韧性差,但铸造性、切削加工性、润滑性、耐磨性和减振性好	汽缸盖、汽缸体、飞轮、变速器壳体等
	可锻铸铁	塑性与韧性好,强度、硬度及耐磨性也高	后桥壳、差速器壳、凸轮轴、摇臂等
	球墨铸铁	兼有铸铁与钢的理化性能、机械性能和工艺性能	连杆、行星齿轮、曲轴等
	合金铸铁	具有耐热、耐酸或耐磨、抗氧化能力强的特殊性能	进、排气门、活塞环,汽缸套、曲轴等
铝及其合金	纯铝	导电性、导热性、抗氧化、抗腐蚀性好但强度低,切削加工性差	汽车一般无纯铝件
	形变铝合金	中等强度,塑性高,且耐蚀性强,抛光性好	车辆装饰件、铆钉等
	铸造铝合金	机械能力、铸造性、抗腐蚀性好	活塞、汽缸盖、汽缸体、变速壳体等
铜及其合金	纯铜	导电性、导热性、塑性、耐腐蚀性好,但强度、硬度较低	汽缸垫、进排气歧管垫、高压油管等
	铜锌合金	机械性能好,强度、耐磨性高	散热器、齿轮啮合间隙调整垫片等
	青铜	具有良好的强度、硬度、耐腐蚀性和铸造性	连杆衬套、摇臂衬套、轴承等
轴承合金	巴氏合金	耐磨性、韧性、有微孔储油等	滑动轴承、轴承及内衬等

（2）汽车常用非金属材料（表1-9）。

汽车常用非金属材料 表1-9

材料	类别	名称	性能	典型汽车件
非金属材料	高分子材料	工程塑料	强度、韧性和耐磨性较好,具有价廉、耐蚀、降噪、美观、质轻等特点	汽车保险杠、汽车内饰件、高档车用安全玻璃、仪表板等
		合成纤维	单体聚合而成具有很高强度的高分子材料,如尼龙、聚酯等	汽车座垫、安全带、内饰件等
		橡胶	弹性和回弹性好,一定的强度,优异的抗疲劳,良好的耐磨、绝缘、隔声、防水、缓冲、吸振等特点	汽车的轮胎、内胎、防振橡胶、软管、密封带、传动带等
		胶粘剂	通过黏附使同质或异质材料连接在一起,并在胶结面形成一定强度,具有黏结、密封等作用	汽缸盖密封、螺栓密封、后窗玻璃密封、行李舱盖接缝密封等
		涂料	对车身的防锈、美化及商品价值有不可忽视的作用	油漆等
	陶瓷材料	陶瓷	高强度、高耐磨性、高熔点、导热性小、耐腐蚀性好、绝缘性好	火花塞、传感器、气门及气门座等
		玻璃	优良的力学机械性能和热力性质	用于制造汽车前后门窗、侧窗等
	复合材料	非金属基复合材料	比强度与比模量高、抗疲劳性能好、减振力强、耐高温性能好、断裂安全性好、化学稳定性好	挡泥板、行李舱盖、发动机盖、车顶篷、保险杠、仪表板芯等
		金属基复合材料		
	摩擦材料		足够高而稳定的摩擦系数、良好的耐磨性、较好的物理力学性能、不易产生过重的噪声	汽车制动摩擦片、离合器摩擦片,驻车制动摩擦片等

①工程塑料。常用工程塑料包括热塑性工程塑料（PE、PP、PVC、ABS、PS、PA、POM、PC等）、热固性工程塑料（酚醛树脂PF、氨基树脂UF、环氧树脂EP等）。热塑性材料的性能与应用见表1-10。

②橡胶。常用橡胶包括天然橡胶、合成橡胶（SBR、BR、CR、IR、IIR、NBR、ERM、EPRM、ACM、AUEU等）。其中,载重汽车的轮胎以天然橡胶为主,轿车轮胎则以合成橡胶为主。车用胶管包括水、气、燃油、润滑油、液压油等的输送管通常采用丁腈橡胶、氯丁橡胶等材料制造。车用胶带多用氯丁橡胶制造。车用橡胶密封件多用丙烯酸酯橡胶、硅橡胶等材料制造。门窗玻璃密封件多采用乙丙橡胶制造。

主要热塑性塑料的性能与应用　　　　　　　　　　　　表1-10

材料名称	特点		典型汽车配件
	优点	缺点	
聚丙烯塑料（PP）	刚度好且有韧性。抗弯强度高,抗疲劳、抗应力开裂;质轻;在高温下仍保持其力学性能	在0℃以下易变脆	通风采暖系统、外装件,汽车转向盘,仪表板,前、后保险杠,加速踏板,蓄电池壳,冷却风扇,散热器隔栅,转向机套管等
聚氨酯（PU）	耐化学性好、拉伸强度和撕裂强度高,压缩变形小,回弹性好	添加增塑剂经一定时间后,其性能有所变化	汽车座垫、仪表板、扶手、头枕等缓冲材料,保险杠、挡泥板、前端部、发动机舱盖等大型部件
聚氯乙烯塑料（PVC）	耐化学性,难燃自熄,耐磨,消声减振,强度较高,价廉	热稳定性差,变形后不能复原,低温下变硬	汽车座垫、车门内板及其他装饰覆盖件等
聚乙烯（PE）	密度小,耐酸碱及有机溶剂,介电性能很好,成本低,成型加工方便	胶结和印刷困难,自熄性差	汽车油箱、挡泥板、转向盘、各种液体储罐、车厢内饰件以及衬板等
ABS树脂（ABS）	硬度高,表面易镀金属,耐疲劳和抗应力开裂,冲击强度高,耐酸碱等化学腐蚀,价格较低	耐温性差,耐热性不够理想	散热器护栅、驾驶室仪表盘、控制箱、装饰类、灯壳、嵌条类等
丙烯酸树脂（PMMA）	光学性能极好,耐温性好,能耐紫外线和耐日光老化	比无机玻璃易划伤,不耐有机溶剂	灯玻璃类
聚酰胺（PA）	高强度和良好的冲击强度,耐蠕变性好和疲劳强度高,耐石油、润滑油和许多化学溶剂与试剂,耐磨性好	吸水性大,在干燥环境下冲击强度降低	燃油滤清器、空气滤清器、机油滤清器、水泵壳、水泵叶轮、风扇、制动液罐、动力转向液罐、百叶窗等
聚甲醛（POM）	抗拉强度较一般尼龙高,耐疲劳与蠕变,尺寸稳定性好,吸水性小,介电性好,可在120℃使用,摩擦系数小,弹性极好	没有自熄性,成型收缩率大	各种阀门、各种叶轮(水泵叶轮)、各种电器开关及仪表上的小齿轮、各种手柄及门销等
聚碳酸酯（PC）	抗冲击强度高,抗蠕变性能与耐热性好,能抵制日光、雨淋变化的影响,化学性能好,透明度高,介电性能好,尺寸稳定性好	耐溶剂性差,有应力开裂现象,疲劳强度差	保险杠、刻度板、加热器底板等

（3）汽车常用运行材料（表1-11）。

2. 汽车配件常用包装

（1）配件外包装标志。

汽车配件常用的外包装包括商品分类图示标志、供货号、货号、品名规格、数量、质量、生产日期、生产厂家、体积、有效期限、收货地点和单位、发货地点和单位、运输号码,以及发运件数等,见表1-12。这些包装标识是为在物流过程中辨认货物而采用的必要标志,它对收发货、入库及装车配船等环节的管理有着极其重要的作用。

汽车常用运行材料   表 1-11

名称	类别	性 能 要 求	简易检验或使用注意事项
车用燃料	汽油	抗爆性、蒸发性、氧化安定性及抗腐蚀性均好	颜色浅黄色、汽油气味、摇动气泡消失、手摸发涩有凉感
	柴油	燃烧性与蒸发性好、黏度适中、安定性好、含硫量小	颜色为茶黄色，表面蓝色；气味为柴油味；摇动气泡消失比汽油慢
发动机机油		合适的黏度与黏温性、清净分散性、抗泡沫性、抗氧化性、良好的抗磨性	看包装、外观检查、爆裂试验、斑点试验等
车用齿轮油		良好的极压抗磨性、氧化安定性、防锈性、防腐蚀性和剪切安定性及低温流动性	颜色一般为黄绿色到深绿色及深棕红色，劣质油为黑色
车用润滑脂		稠度适当、耐热性好、抗磨性和抗水性好、胶体安定性和抗腐蚀性好	通过看颜色，手感光滑，手捻不拉丝，不购置超过 1 年的润滑脂
车用制动液		合适的高低温黏度、良好的低温性能、必要的润滑性、对橡胶溶胀率小、抗氧化安定性与热安定性好，不腐蚀金属，可防锈	不同类型不得混用，保持清洁严防水分，注意防潮，定期更换
自动变速器油		良好的液力传动、液压传动、润滑、冷却性能，适宜稳定的黏度与黏温性能，良好的低温流动性、抗磨性、热氧化安定性、抗泡沫性、密封材料适应性等	严格根据厂家推荐的规格选用，更不得混用
发动机冷却液（防冻液）		低温黏度小、流动性好、冰点低、沸点高、防腐蚀性能好、不易产生水垢、不起泡沫、传热效果好、热化学稳定性好、蒸发损失少、无毒等	选用时，冰点要比地区最低气温低10℃以上、首先使用说明书推荐的、不同牌号与规格的不得混用
车用液压油		黏度适宜、黏温性能好、润滑防锈、抗氧化安定性、化学稳定性好、抗泡沫、抗乳化性好、对橡胶等无侵蚀作用	选用时，要考虑液压系统的工作条件，不能混合使用
制冷剂		蒸发潜热大且易于液化、化学安定性好、工作温度和压力适中，对金属及密封件无腐蚀、不燃烧、无污染，可与冷冻机油按照任何比例互溶	避免日光直射制冷剂容器、避免与皮肤直接接触，选用合适的干燥剂与冷冻机油，选用专用的密封材料
风窗玻璃洗涤剂		具有一定浓度，对金属无腐蚀作用、无不良作用，冷热交变下稳定性好，可有效去除各种污垢	及时补充不能混用，冬夏应有区分
蓄电池电解液		硫酸与蒸馏水的混合物，有腐蚀性，不能直接接触	工业用硫酸与非蒸馏水不可加入，以体积比配制，且配制电解液时要将硫酸往水中加入，边加入边搅拌

常用包装标志 表1-12

序号	项目			含义
	代号	中文	英文	
1	FL	商品分类图示标志	CLASSIFICATION MARKS	表明商品类别的特定符号
2	GH	供货号	CONTRACT NO.	该批货物的供货清单号码(出口商品用合同号码)
3	HH	货号	ART NO.	商品顺序编号,以便出入库,收发货登记和核定商品价格
4	PG	品名规格	SPECIFICATIONS	商品名称或代号,标明单一商品的规格、型号、尺寸和花色等
5	SL	数量	QUANTITY	包装容器内含商品的数量
6	ZL	重量(毛重)(净重)	GROSS WT,NET WT	包装件的重量,包括毛重和净重
7	CQ	生产日期	DATE OF PRODUCTION	产品生产的年、月、日
8	CC	生产工厂	MANUFACTURER	生产该产品的工厂名称
9	TJ	体积	VOLUME	包装件的外径尺寸,长×宽×高＝体积
10	XQ	有效期限	TERM OF VALIDITY	商品有效期至×年×月
11	SH	收货地点和单位	PLACE OF DESTINATION AND CONSIGNEE	货物到达站、港和某单位(人)收(可用贴签或涂写)
12	FH	发货单位	CONSIGNOR	发货单位(人)
13	YH	运输号码	SHIPPING NO.	运输单号码
14	JS	发运件数	SHIPPING PIECES	发运的件数

注:①分类标志一定要有,其他各项合理选用;

②外贸出口商品根据国外客户要求,以中、外文对照,印制相应的标志和附加标志;

③国内销售的商品包装上不填英文项目。

在外包装中,商品分类图示是表明汽车配件类别的特定符号,按照国家统计目录对汽车配件分类,可以用几何图形和简单的文字来表明汽车配件的类别,作为发货、收货之间识别的特定符号。汽车配件常用分类图示标志如图1-5所示。

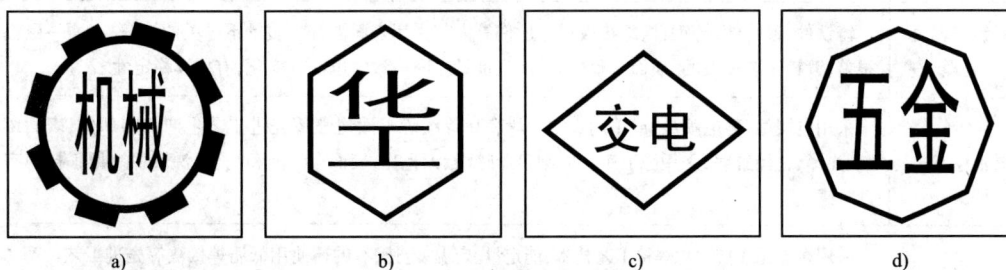

图1-5 分类包装标志

(2)配件包装材料。

汽车配件常用包装材料有纸箱、木箱、EMS信封、缠绕气泡袋等。普通配件的运输包装通常采用纸箱,部分配件(如车身等超大件或异形备件)采用裸件运输,其中裸露部分如车身、排气管、消声器等严禁在转货或运输过程中受到挤压。易变形、易碎、橡胶、塑料、电子及电器配件应采用必要的保护措施,常见措施有固定和缓冲,其中保护材料为纸箱板或填充材料。配件如采用混合包装时,应用纸板分层,下重上轻,下层的配件为耐压配件,上层配件为易碎或易变形配件。如图1-6所示,所有配件外包装纸箱上都会标有轻放、向上、防潮等提示信息,便于在物流转运装卸过程中识别和指导标准化作业。

| 向 上 | 小心轻放 | 防 潮 | 禁止翻滚 |

图1-6 汽车配件包装上的提示信息

3.汽车配件质量鉴别方法
(1)用"看"鉴别汽车配件质量(表1-13)。

汽车配件鉴别方法与鉴别标准 表1-13

鉴别方法	鉴 别 标 准
看包装	原厂件包装规范,统一标准规格,印刷字迹清晰正规,套印色彩鲜明,标有产品名称、规格型号、数量、注册商标、厂名、厂址以及电话号码等,有合格证和检验员章
看外表	合格零件表面,印字或铸字及标记清晰正规,既有一定的精度又有一定的粗糙度,且包装防锈防腐也严格,零件几何尺寸无变形
看材料	正宗产品的材料是按设计要求采用优质材料,伪劣产品多用廉价低劣材料。如果经销商售卖的零件上有锈蚀斑点,橡胶件出现龟裂、老化现象,接合处有脱焊、脱胶现象,配件材料肯定有问题
看油漆	废旧配件经简单加工,如拆、装、拼、凑、刷漆等处理,冒充合格品出售,拨开表面油漆后则可发现旧漆
看镀锌表面处理	铸铁件、锻铸件、铸钢件、冷热板材冲压件等大都采用表面镀锌。质量不过关的镀锌,表面一致性很差;镀锌工艺过关的,表面一致性好,而且批量之间一致性也没有变化,有持续稳定性
看油漆工艺	采用电浸漆、静电喷漆,或采用真空手段和高等级静电漆房喷漆先进工艺生产的零部件,表面细腻、光泽、色泽鲜明;采用陈旧工艺的则色泽暗淡、无光亮,表面有气泡和"拖鼻涕"现象,用手抚摸有砂粒感觉
看电焊工艺	采用智能化或自动化焊接工艺技术,能定量、定温、定速,有的还使用低温焊接法等先进工艺。产品焊缝整齐、厚度均匀,表面无波纹形、直线性好,焊点、焊距也很规则,非正规厂的手工操作无法做到
看高频热处理工艺	汽车配件产品经过精加工以后才进行高频淬火处理,淬火后各种颜色都原封不动地留在产品上。如汽车万向节内、外球笼经淬火后,就有明显的黑色、青色、黄色和白色,其中白色面是受摩擦面,也是硬度最高的面。目测时,凡是全黑色和无色的,肯定不是高频淬火

鉴别方法	鉴 别 标 准
看非使用面的表面伤痕	从汽车配件非使用面的伤痕可以分辨是否为正规厂生产的产品。高质量的产品由很高的工艺装备系数作保障,不可能在中间工艺过程中互相碰撞。凡在产品不接触面留下伤痕的产品,肯定是小厂、小作坊生产的劣质品
看"松动"	由两个或两个以上零件组合成的配件,零件之间通过压装、胶接或焊接而成,不允许有松动现象
看装配记号	正规零件为保证配件的装配关系,一般在表面均刻有装配记号,比如正时齿轮记号、活塞顶部标记、液压阀箭头标记等装配标记,若无记号或记号模糊无法辨认则不是正规产品
看防护层	汽车零部件为保管与防止磕碰,出厂前都涂有防护层。如活塞销、轴瓦用石蜡保护;活塞环、缸套表面涂防锈油,并用包装纸包裹。非正规配件厂家生产工艺粗糙,不注意细节处理,若密封套破损、包装纸丢失,防锈油或石蜡流失,即便不是假冒伪劣产品,也是损坏产品
看证件	一些重要部件,特别是总成类,如分电器、发电机等,出厂时一般带有说明书、合格证,以指导用户安装、使用和维护
看规格	汽车配件都有规定的型号和技术参数。如选购电气设备时,应注意检查与被换零件的电压、功率、接口是否一致,规格型号是否符合使用要求。否则,外观相差无几,但稍不注意就安装不上,或留下人为的故障隐患
看商标	要认真查看商标上面的厂名、厂址、等级和防伪标记是否真实。正规的厂商在零配件表面有硬印和化学印记,注明零件的编号、型号、出厂日期,并采用自动打印,字母排列整齐,字迹清楚,非正规件一般做不到

(2)用简单技术手段鉴别汽车配件质量(表1-14)。

简单技术手段鉴别配件质量　　　　　　　　　　　　表1-14

检查方法	检查内容	检 查 标 准
检视法	表面硬度是否达标	配件表面硬度都有规定的要求,在征得厂家同意后,可用钢锯条的断茬去试划非工作面。试划时,若打滑无划痕,说明硬度高;稍有浅痕,说明硬度较高;有明显划痕时,说明硬度低
	结合部位是否平整	零配件在搬运、存放过程中,由于振动、磕碰,常会在结合部位产生毛刺、压痕、破损,选购和检验时要特别注意检查
	几何尺寸有无变形	检查零件变形时,可将轴类零件沿玻璃板滚动一圈,看零件与玻璃板贴合处有无漏光来判断是否弯曲。选购离合器从动盘钢片或摩擦片时,可将钢片、摩擦片举在眼前,观察其是否翘曲。选购油封时,用手来回搓几下,应乌黑发亮,没毛刺飞边,带骨架的油封端面应呈正圆形,能与平板玻璃贴合无挠曲;无骨架油封外缘应端正、无毛刺,用手搓乌黑发亮,用手握使其变形,松手后应能恢复原状
	总成部件是否缺件	检查总成部件有无缺件,装配记号是否清晰
	转动部件是否灵活	在检验机油泵等转动部件时,用手转动泵轴,应感到灵活有吸力、无卡滞。检验滚动轴承时,一只手支撑轴承内环,另一只手打转外环,应能迅速自如转动,无沙哑声、然后逐渐停转,若转动零件发卡、转动不灵,说明内部锈蚀或产生变形
	配合表面有无磨损	若配合零件表面有磨损痕迹,或涂漆配件拨开表面油漆后发现旧漆,则多为旧件、翻新件,当表面磨损、烧蚀,橡胶材料变质时,在目测看不清楚的情况下可借助放大镜观察
	配合零件有无松动	组合件之间是通过压装、胶接或焊接的,它们之间不允许有松动现象。如油泵柱塞与调节臂是通过压装组合的,离合器从动毂与钢片也是铆接结合的,摩擦片与钢片边是铆接或胶接的

续上表

检查方法	检查内容	检查标准
敲击法	普通敲击	判定大壳体和盘形铸件零件是否有裂纹、用铆钉连接的零件有无松动以及轴承合金与钢片的结合是否良好时,可用小锤轻轻敲击并听其声音。如发出清脆的金属声音,说明零件状况良好;如果发出的声音沙哑,可以判定零件有裂纹、松动或结合不良
	浸油锤击	探测零件隐蔽裂纹最简便的方法。检查时,先将零件浸入煤油或柴油中片刻,取出后将表面擦干,撒上一层滑石粉或石灰,然后用小锤轻轻敲击零件的非工作面,如果零件有裂纹,通过振动会使浸入裂纹的油渍浸出,裂纹处的白粉呈现黄色油迹,便可看出裂纹所在
比较法		用标准零件与被检零件作比较,从中鉴别被检零件的技术状况,例如气门弹簧、离合器弹簧、制动主缸弹簧和轮缸弹簧等,可以用被检弹簧与同型号的原厂件标准弹簧比较长短,即可判断被检弹簧是否符合要求
测量法		借助测量工具,用正确的方法测量标准尺寸,与技术资料比较判定是否符合要求
试装法		检查配套件或技术配对件是否匹配、质量是否合格、是否拿错配套件的最好方法。如销售某销轴,可用销轴套试装一下,从而杜绝拿错易混配套配件

(3)假冒伪劣汽车配件的危害与鉴别。近几年来,在经济利益驱使下,各种假冒伪劣汽车配件充斥市场。数据表明,在近3年的交通事故中,超期服役的汽车占41.2%,使用伪劣零配件的占13%。因此,掌握一些假冒伪劣汽车配件产品的鉴别知识,对于从事汽车驾驶或零配件经营的人来说,十分有必要。表1-15所列为奇瑞配件原厂件与非原厂件的对比,表1-16为上海大众桑塔纳原厂件与非原厂件对比。

奇瑞汽车原厂配件与非原厂配件鉴别标准　　　　　　　　　　　表1-15

配件名称	原厂件与非原厂件配件实物对比	区　别
张紧轮		原厂件无此标记,非原厂件有此标记
机油泵		原厂件有箭头与字母等标记
		非原厂件只有箭头标记无字母标记

续上表

配件名称	原厂件与非原厂件配件实物对比	区　别
排气管	此三件后消声器为非奇瑞件,特征:吊环形状及工艺。注意与右边原厂配件比较。　奇瑞原厂配件(代码2AL)吊耳特征	原厂件吊耳为方形带孔;非原厂件不带孔
发电机	假件定子线较粗　真件定子线较细　假件是空心的　真件是实心的	原厂件定子绕组线较细,轴为实心;非原厂件定子线圈线较粗,轴为空心
启动机		启动机原厂件驱动轴的倒角较小,非原厂件倒角相对较大
		启动机前盖与底板联结原厂件采用铝铆钉;非原厂件采用铜铆钉
		启动机接线柱原厂件用自嵌连接片,非原厂件用普通螺母紧固
空调泵		原厂件插头为黑色,安装支架套管较短;非原厂件插头为蓝色,安装支架套管长
	奇瑞原厂件,注意芯轴较细、螺母较小。　非奇瑞原厂件,注意芯轴较粗、螺母较大。　奇瑞原厂件,注意后端盖形状较复杂及固定螺栓的数目较多(7个)　非奇瑞原厂件,注意后端盖形状较简单及固定螺栓的数目较少(5个)	原厂件芯轴细、螺母小,后端盖形状复杂及固定螺栓为7个;非原厂件芯轴粗、螺母大,后端盖简单及固定螺栓为5个

上海大众桑塔纳配件原厂件与非原厂件对照表 表1-16

配件名称	序号	外观对照	大众原厂件特征	大众部分非原厂件特征
后桥焊接总成	1	焊缝	机器人自动焊接,焊缝美观规则,无假焊,沙眼,焊穿,咬边等缺陷	手工焊接,焊缝粗糙不规则,有假焊、沙眼、焊穿、咬边等致命缺陷
	2	销钉	进口专用销钉,顶部有三角或方形标记	普通铆钉,顶部无标记
	3	槽钢	进口专用槽钢,根部较窄	普通槽钢,根部较宽
	4	横梁	冲压圆弧光洁平整、开口等宽	冲压圆弧粗糙,开口不等宽
	5	内加强筋	接近悬架臂处有圆弧勾	接近悬架处无圆弧勾
	6	油漆	电泳涂漆,光泽明亮,抗腐蚀能力强,不易锈蚀	普通喷漆,色泽发亮,抗腐蚀能力低下,易锈蚀
新桑塔纳下摇臂	1	点焊	机器人自动焊接,焊点大小一致,焊点较对称,强度高	手工焊接,焊点大小不一、深浅不一,焊点不对称,强度低下
	2	焊缝	机器人自动焊接,焊缝美观规则,无沙眼、焊穿、咬边等缺陷	手工焊接,焊缝粗糙不规则,有假焊、沙眼、焊穿、咬边等致命缺陷
	3	上壳片	中心有圆孔并有机器打印的生产日期和大众商标	无圆孔,或无生产日期和大众商标
	4	质量	优质材料质量较重,强度高	劣质材料质量较轻,强度低下
	5	油漆	电泳涂漆,光泽明亮,抗腐蚀能力强,不易锈蚀	普通喷漆,色泽发亮,抗腐蚀能力低下,易锈蚀
老桑塔纳下摇臂	1	焊缝	机器人自动焊接,焊缝美观规则,无假焊,无沙眼、焊穿、咬边等缺陷,内外焊接有重叠	手工焊接,焊缝粗糙不规则,有假焊、沙眼、焊穿、咬边等致命缺陷
	2	外观	冲压轮廓分明美观,翻边成直角	冲压轮廓不清,翻边斜度大
	3	质量	优质材料质量较重,强度高	劣质材料质量较轻,强度低下
	4	油漆	电泳涂漆,光泽明亮,抗腐蚀能力强,不易锈蚀	普通喷漆,色泽发亮,抗腐蚀能力低下,易锈蚀
前悬架焊接总成	1	焊缝	机器人自动焊接,焊缝美观规则,无假焊,无沙眼、焊穿、咬边等缺陷	手工焊接,焊缝粗糙不规则,有假焊、沙眼、焊穿、咬边等致命缺陷
	2	冲压外观	冲压轮廓分明美观	冲压轮廓不清
	3	钢印	字体清晰,大小深浅一致,间距均匀	字体模糊,大小深浅不一,间距不均匀
	4	油漆	电泳涂漆,光泽明亮,抗腐蚀能力强不易锈蚀	普通喷漆,色泽发亮,抗腐蚀能力低下,易锈蚀

续上表

配件名称	序号	外观对照	大众原厂件特征	大众部分非原厂件特征
副车架	1	焊缝	机器人自动焊接,焊缝美观规则,无假焊、无沙眼、焊穿、咬边等缺陷	手工焊接,焊缝粗糙不规则,有假焊、沙眼、焊穿、咬边等缺陷
	2	点焊	机器人自动焊接,焊点大小一致,焊点较对称,强度高	手工焊接,焊点大小不一、深浅不一,焊点不对称,强度低下
	3	冲压外观	冲压轮廓分明美观	冲压轮廓不清
	4	托架螺母	专用方螺母,压力焊	普通六角螺母或方螺母,普通电焊
	5	油漆	电泳涂漆,光泽明亮,抗腐蚀能力强,不易锈蚀	普通喷漆,色泽发亮,抗腐蚀能力低下,易锈蚀
制动盘	1	外圆钢印	字体清晰,大小深浅一致,间距均匀,并有大众商标	字体模糊,大小深浅不一,间距不均匀,无大众商标
	2	非加工区	无明显铸造缺陷,散热孔无杂质	铸造粗糙,散热孔内有杂质
	3	环槽字体	字体清晰,大小深浅一致,间距均匀	无环槽或字体模糊
	4	油漆	油漆均匀,和本体的结合力强	油漆不均匀,易剥落
前轮廓	1	钢印	字体清晰,大小深浅一致,间距均匀,并有大众商标和日期	字体模糊,大小深浅不一,间距不均匀,无大众商标和日期
	2	质量	优质材料质量较重,强度高	劣质材料质量较轻,强度低下
	3	碰撞声音	清脆,坚实	沉闷
	4	油漆	油漆均匀,和本体的结合力强	油漆不均匀,易剥落
制动鼓	1	内壁刻字	字体清晰,大小深浅一致,间距均匀	字体模糊,大小深浅不一致,间距不均匀
	2	油漆	涂层平整,刻划表面漆膜无剥落	涂层不平整,刻划表面漆膜易剥落
	3	轴承内孔	加工面光洁,无毛刺、沙眼、气孔等缺陷	加工面粗糙,有毛刺、沙眼、气孔等严重缺陷
后桥短轴	1	碰撞声音	清脆,坚实	沉闷
	2	质量	优质材料质量较重,强度高	劣质材料质量较轻,强度低下
	3	钢印	字体清晰,大小深浅一致,间距均匀,并有大众商标和日期	字体模糊,大小深浅不一,间距不均匀,无商标和日期
	4	底部	底部中心挤压成型,暗色	底部中心车加工成型,色光亮

续上表

配件名称	序号	外观对照	大众原厂件特征	大众部分非原厂件特征
活塞环第一道环	1	标记	激光打印,字体细而清晰	非激光打印,字体不清
活塞环第二道环	1	标记	激光打印,字体细而清晰	非激光打印,字体不清
活塞环组合油环	1	刮片	外圆镀铬,有色标	无色标
	2	撑簧	冲压成型并淬火	无淬火色
后减振器	1	连杆头部	高度一致	或长、或短
	2	上盖焊缝	鱼鳞状焊缝,纹路模糊	直条形焊缝,纹路清晰
	3	吊环焊缝	长度均匀美观	长度不一,不规则,粗糙
	4	吊环橡胶	有 ZD 和批号数字	无标记
前减振器	1	底盖钢印	打印有生产日期和商标	无钢印或敲制钢印
	2	螺纹根部	螺纹根部无退刀槽	螺纹根部有退刀槽
	3	挤压翻边	翻边处成 R 收口	翻边处有斜度
	4	内六角	底部成梅花形,与外壁厚薄均匀	底部成六角形,与外壁厚薄不均匀

实训情境设计

【实训情境描述】

作为某品牌汽车 4S 店配件管理员,对新购置到货的汽车配件需要进行验收,特别是需要鉴定到货配件的质量,确定是否为原厂件,避免非原厂件进入汽车维修企业,保证汽车维修生产中的配件质量,防止给后续汽车维修索赔带来不便。

【实训情景准备】

1. 实训情境准备(表 1-17)

实 训 情 境 准 备 表 1-17

类别	准备内容	获取渠道
资料	工作单	内部资料和专业维修资料
	汽车配件(零部件)质量鉴定记录表	
	汽车配件保修件鉴定标准	
	能力评价表	
工具	不同类型的原厂或非原厂汽车配件	厂家工具及相关企业生产的标准化产品
	配件检测用的工具	
地点	汽车配件实训室	学校自备

2.实训情境工作单(表1-18)

汽车配件质量鉴别实训情境工作单　　　　　　　　　表1-18

项目名称	项目一:汽车配件辨识	课题及任务名称	汽车配件质量鉴别	时间/学时	4
姓名		学号		班级		组别	

能力目标	1.会收集查看汽车配件质量鉴别方法、鉴别标准等相关信息; 2.能选用正确的方法进行汽车配件质量鉴别; 3.能对照汽车配件鉴别标准,找出配件原厂件与非原厂件的异同; 4.能初步鉴定汽车配件原厂件及非原厂件
实训组织	课前给每位学生发放实训工作单,学生按照实训工单完成实训操作,并做好相关实训记录,并以小组为单位进行操作交流,开展自评、小组互评及教师点评

	任务分解及完成标准	完成情况记录	
		完成时间	准确性
实训操作	**任务一:汽车配件原厂件与非原厂件鉴别**		
	1.收集或查询汽车厂家的汽车配件鉴别标准等相关信息		
	2.学习汽车配件鉴别标准中原厂件与非原厂的区别方法		
	3.观察对比汽车不同类型原厂实物件与非原厂实物件		
	4.记录原厂件与非原厂件的区别		
	5.判定汽车配件原厂件或非原厂件		
	任务二:汽车配件真假件质量鉴别		
	1.学习不同类型汽车配件质量鉴别方法		
	2.结合配件实物识别汽车配件名称与类别		
	3.选择并准备汽车配件质量鉴别的方法与工具设备		
	4.正确实施汽车配件的质量鉴别		
	5.观察记录并对比分析真假件的不同		
	6.确定汽车配件真假件		
实训小结			

【实训情景流程】

1.汽车配件外部包装检查(表1-19)

汽车配件外部包装检查　　　　　　　　　表1-19

序号	检查内容	检 查 记 录	鉴 别 结 论
1	看商标		
2	看包装		
3	看产品说明书或合格证		

2.汽车配件外观检查(表1-20)

汽车配件外观检查 表1-20

检查项目	检查内容	检查记录	鉴别结论
检查配件表面工艺	镀锌或电镀工艺		
	油漆工艺		
	电焊工艺		
	高频热处理工艺		
检查非使用面的表面伤痕			
检视配件	检查配件材质		
	检视配件表面硬度		
	检视配件结合部位		
	检视配件几何尺寸		
	检视配件缺漏		
	检视配件转动部件是否灵活		
	检视配件装配记号是否清晰		
	检视接合零件有无松动		
	检视配件配合表面有无磨损		

3.汽车配件材质检查(表1-21)

汽车配件材质检查 表1-21

序号	材质类别	检测标准	鉴别结论
1	灰口铸铁	有"喇喇"声,锉削阻力小,锉刀表面基本不粘屑,锉屑粒大小不一,以细为主,手指碾研锉屑易染黑	
2	球墨铸铁	有明显的"喇喇"声,锉削阻力略大,锉刀表面极少粘屑,手指碾研时染黑程度比灰口铸铁轻	
3	白口铸铁	有"咯咯"声,无锉屑,配件上无锉痕,用力大时锉刀面上出现划痕	
4	低碳钢	有较轻的"咯咯"声,锉屑呈亮灰色,碾研不染手指,锉刀面粘有少量屑末,但一刷就掉	

4.汽车配件性能检验(表1-22)

汽车配件性能检验　　　　　　　　　　　表 1-22

项目	检测内容	检测方法	检测数值	鉴别结论
配件几何尺寸、形状、位置公差的检测	平面翘曲变形的检查	采用平板或钢直尺作为基准,将其放置在工作面上,然后用塞尺测量被测件与基准面之间的间隙,按纵向、横向、斜向多方向测量		
	轴颈尺寸误差的测量	用外径千分尺测量轴类零件的轴颈尺寸,除测量外径外,还需测量轴颈的圆度和圆柱度误差。测量时,先在轴颈油孔两侧测量直径,然后转动90°再次测量直径		
	测量轴类零件的弯曲变形	将轴的两端用 V 形架水平支承在检验平板上,用百分表触针抵在中间轴颈,将轴转动一圈,摆差的 1/2 即为实际弯曲度		
	滚动轴承的检查	测量滚动轴承的轴向间隙,轴向间隙的最大允许值一般为 0.20 ~ 0.25mm;测量滚动轴承的径向间隙,径向间隙的最大允许值一般为 0.10 ~ 0.15mm		
	螺旋弹簧的检查	汽车上压缩螺旋弹簧如气门弹簧、离合器弹簧等,拉伸弹簧如制动蹄回位弹簧等。弹簧的自由长度可用钢直尺或游标卡尺测量;弹力的大小可用弹簧弹力检验仪检查;弹簧弯曲的扭曲变形可用直角尺检查		
配件力学性能的检验	硬度试验	对于大型零件,在必要时,也可通过硬度试验来检验其材质		
	平衡试验	对于旋转零件要进行平衡试验。当零件的轴向长度与旋转直径之比小于 0.20 时,只需做静平衡试验;当轴向长度与旋转直径之比较大时,如曲轴、传动轴等,应进行动平衡试验		
	密封试验	对要承受内部介质作用力的某些零件,需进行密封性试验。例如将散热器、充气的轮胎内胎浸入水中,水面没有气泡泄出,即为合格		
配件的探伤检验		超声波探伤、磁力探伤检验		

知识拓展:进口零配件的鉴别

　　由于进口汽车的车牌、车型繁杂,而某一具体车型的实际保有量又不多,所以,除正常渠道进口的配件外,各种赝品、水货也大量涌现,鱼目混珠,转卖伪劣汽车配件以牟取暴利的现象屡见不鲜。汽车维修和配件销售企业采购人员只有了解并熟悉国外汽配市场中的配套件(OEM parts)、纯正件(genuine parts)、专厂件(replacement parts)的商标、包装、标记及相应的检测方法和数据,才能做到有的放矢,保护好自身和消费者的正当权益。配件到货后,一般应遵循"由外到里,由大包装到小包装,由外包装到内包装,由包装到产品标鉴,由标签到封签,由零件编号到实物,由产品外观质量到内在质量"原则逐步进行详细检查验收。具体检查方法见表1-23。

进口汽车配件质量鉴别　　　　　　　　　　　　　　　表 1-23

序号	检查点	检 查 标 准
1	看外部包装	一般原装进口配件的外部包装多为 7 层胶合板或选材较好、做工精细、封装牢固的木板箱,纸箱质地细密、紧挺不易弯曲变形、封签完好;外表印有用英文注明的产品名称、零件编号、数量、产品商标、生产国别、公司名称,有的则在外包装箱上贴有反映上述数据的产品标签
2	看内部包装	国外产品的内部包装(指每个配件的单个小包装盒),一般都用印有该公司商标图案的专用包装盒
3	看产品标签	日本的日产、日野、三菱、五十铃等汽车公司的正品件都有"纯正部品"的标签,一般印有公司商标及中英文的公司名称、英文或日文配件名称编号(一般为图号),有英文 MADE IN JAPAN(日本制造)及长方形或正方形标签,而配套件、专厂件的配件的标签无纯正部品字样,但一般有用英文标明适用的发动机型或车型、配件名称、数量及规格、公司名称、生产国别,同时标签形状不限于长方形或正方形
4	看包装封签	进口配件目前大多用印有公司商标或检验合格字样的专用封签封口。如德国 ZF 公司的齿轮、同步器等配件的小包装盒的封签,日产公司的纯正件的小包装盒的封签,五十铃公司纯正件的小包装封签等。也有一些公司的配件小包装盒直接用标签作为小包装盒的封签,一举两得
5	看内包装纸	德国奔驰汽车公司生产的金属配件一般用带防锈油的网状包装布进行包裹,而日本的日产、三菱、日野、五十铃等汽车公司的纯正件的内包装纸均印有本公司标志,并用带有防潮塑料薄膜的专用包装纸包裹配件
6	看外观质量	从日本、德国等地进口的纯正件、配套件及专厂件,做工精细,铸铁或铸铝零件表面光滑,精密无毛刺,油漆均匀光亮。而假冒产品铸造件粗糙,喷漆不均匀,无光泽,真假两个配件在一起对比有明显差别
7	看产品标记	原装进口配件一般都在配件上铸有公司的商标和名称标记。如日本自动车工业株式会社生产的活塞内表面铸有凸出的 IZUMI 字样;日本活塞环株式会社(NPR)活塞环开口平面上,一边刻有 N,另一边有 1NK7、2NK7、3NK7、4NK7 字样;日本理研株式会社(RIK)活塞环开口处平面上一边刻有 R
8	看配件编号	配件编号是签订合同和配件验收的重要内容,各大专业生产厂都有本厂生产的配件与汽车厂配件编号的对应关系资料。配件编号一般都刻印或铸造在配件上(如德国奔驰原厂件),有的标明在产品的标牌上,而冒假配件一般无刻印或铸造的配件编号。在配件验收时,应根据合同要求的配件编号或对应资料进行认真核对

检查评价

实训情境评价(一人一表)

班级：　　　　　　组别：　　　　　　姓名：

项目		评价内容 （请在对应条目的○内打"√"或"×"，不能确定的条目不填，可以在小组评价时让本组同学讨论并写出结论）		评价等级（学生自评）		
				A 全部为 "√"	B 有1~3个 "×"	C 有多于 3个"×"
关键能力自评	工作态度	○按时到场 ○工装齐备 ○书、本、笔齐全 ○不追逐打闹 ○积极接受分配任务	学习期间不使用手机、不玩游戏○ 未经老师批准不中途离场○ 不干扰他人工作○ 无迟到早退○ 上课不做与任务不相关事情○			
	工作素养	○工作服保持干净 ○私人物品妥善保管 ○工作地面无脏污 ○工作台始终整洁 ○节约，无浪费现象 ○有责任意识	无发生安全事故○ 使用后保持工具整齐干净○ 有及时纠正他人危险作业○ 注重环保，废弃物能合理处理○ 未损坏工具、量具及设备○			
	合作及其他	○课前有主动预习 ○与本组同学关系融洽 ○积极参与小组讨论 ○接受组长任务分配 ○工装穿戴符合要求	本小组工作任务能按时完成○ 能主动回答老师提问○ 能主动帮助其他同学○ 注重仪容，不戴饰物、发型合规○ 能自主学习和相互协作○			
专业能力 自评		○能独立查阅资料 ○注重工作质量及时自检 ○注重工作效率，时间观念强 ○会分析归纳相互学习 ○设备选择使用符合要求	能独立规范操作○ 能独立完成任务单○ 没有失手坠落物品○ 指出过他人的不规范操作○ 工作质量合格，无返工○			
小组评语 及建议		他（她）做到了： 他（她）的不足： 给他（她）的建议：		组长签名： 　　　年　　月　　日		
教师评语 及建议				评价等级： 教师签名： 　　　年　　月　　日		

项目二　汽车配件信息查询

项目描述

汽车配件信息查询是配件管理人员的一项基本任务,准确快速地查询到所需配件的相关信息是进行汽车配件订货、出入库等管理工作的基础。汽车品牌车型、汽车VIN码、汽车底盘号及所需要配件等信息是汽车配件查询的基础,汽车配件编码规则的熟悉是进行汽车配件实物快速查找与提取的前提,这两者构成了汽车配件查询的核心。

知识目标

1. 熟悉车辆与配件信息查询的方法;
2. 了解汽车配件编码规则;
3. 熟悉汽车配件查询的工具与方法。

技能目标

1. 会查询车辆VIN码、发动机号等车辆基本信息;
2. 能解释车辆VIN码、发动机号、配件编码等相关信息含义;
3. 能选用不同条件进行汽车配件电子查询。

素养目标

1. 养成科学严谨、仔细认真的工作作风;
2. 树立分工协作及岗位责任意识;
3. 提高交流沟通及团队合作能力。

建议学时: 12学时。

项目引导

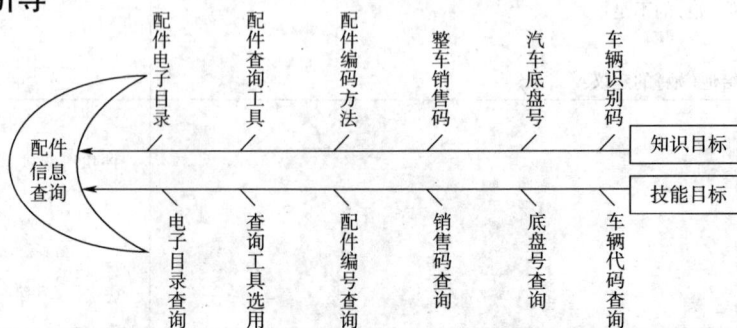

课题一　车辆信息查询

配件管理人员查询车辆的某个配件,首先要知道车辆基本信息,然后通过配件图册或电子配件目录进行配件查询。车辆信息查询是获取车辆基本信息的过程,是汽车配件信息查询的基础。车辆信息查询包含汽车车型、汽车 VIN 码、汽车底盘号及汽车发动机代码等基本信息的查询,是配件查询的基础。汽车配件信息查询的流程如图 2-1 所示。

一、汽车车辆识别代号(VIN 码)

汽车车辆识别代号即 VIN 码(Vehicle Identification Number)是制造厂为了识别而给每一辆车指定的一组字码。目前国内外各汽车公司生产的汽车都使用了 VIN 码。国际标准化组织(International Organization for Standardization,简称 ISO)将车辆识别方案推向世界,并制定了完善的车辆识别代号系列标准,使世界各国的车辆识别代号建立在统一的理论基础上。目前,采用这套车辆识别系统的国家已超过 30 个。我国的第一个《车辆识别代号(VIN)管理规则》于 1997 年 1 月 1 日颁布生效。2004 年 12 月 1 日,国家发展和改革委员会发布并实施了《车辆识别代号管理办法(试行)》,同时废止《车辆识别代号(VIN)管理规则》。

1. VIN 码的含义

VIN 码是由 17 位字母和阿拉伯数字组成(注:VIN 码中不会包含 I、O、Q 三个英文字母),如图 2-2 所示。

17 位编码经过排列组合,可以使车型生产代号在 30 年之内不会发生重号,故 VIN 码又称为"汽车身份证",是识别一辆汽车不可缺少的工具。VIN 码包含该车的生产厂家、车型系列、车身形式、发动机型号、车型年款、安全防护装置型号、检验数字、装配工厂名称和出厂顺序号码等信息。VIN 码具有很强的唯一性、通用性、可读性以及最大限度的信息承载量和可检索性。

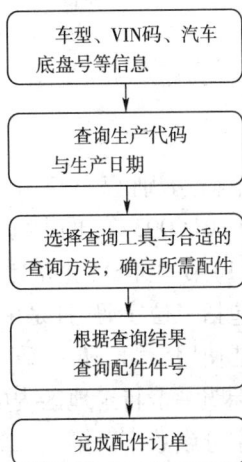

图 2-1　汽车配件信息查询流程图

图 2-2　上海大众典型车辆 VIN 码标牌

2. VIN 码的组成

如图 2-3 所示,VIN 码由以下三部分组成。世界制造厂识别代号(WMI)是 VIN 代号的第一部分,用以标示车辆的制造厂;车辆说明部分(VDS)是 VIN 代号第二部分,它提供说明车辆一般特征的资料;车辆指示部分(VIS)是 VIN 代号的最后部分,是制造厂为区别不同车辆而指定的一组字码,这组字码连同 VDS 部分一起,足可以保证每个制造厂在 30

年之内生产的每辆车辆的识别代号具有唯一性。

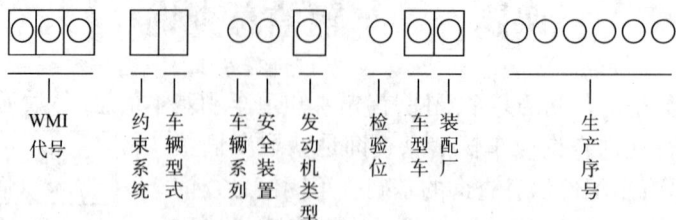

图 2-3　汽车 VIN 码组成示意图

下面分别以 VIN 码为 LGBClAE063R000814 的风神蓝鸟轿车、VIN 码为 LS-VCC49F01C003721 的上海大众帕萨特轿车为例来具体说明。

（1）第一部分:世界制造厂识别代号（WMI）。根据 ISO 管理规定,世界制造厂识别代号应包括三位字码,且是由制造厂以外的组织预先指定的,其必须经过申请、批准和备案后方能使用。第一位字码是标明一个地理区域的字母或数字,其中 L 代表中国;第二位字码是标明一个特定地区内的一个国家的字母或数字;第三位字码是标明某个特定的制造厂的字母或数字。第一、二、三位字码的组合能保证制造厂识别标志的唯一性。例如,LGB 代表东风汽车公司,LSV 代表上海大众汽车有限公司,LFV 代表一汽大众汽车有限公司。

（2）第二部分:车辆说明部分（VDS）。其由 6 位字码组成,如果制造厂不用其中的一位或几位字码,应在该位置填入制造厂选定的字母或数字占位。此部分能识别车辆的一般特性,其代号顺序由制造厂决定。

VIN 码为 LGBC1AE063R000814 的风神蓝鸟轿车的第二部分第 4～9 位分别表示:

①C（第 4 位）表示品牌系列。C 表示风神"蓝鸟"EQ7200 系列,E 表示 NISSAN SUNNY 2.0 系列。

②1（第 5 位）表示车身类型。1-四门三厢,2-四门二厢,3-五门二厢,4-三门二厢。

③A（第 6 位）表示发动机特征。A-2.0L,B-待定。

④E（第 7 位）表示约束系统类型。

⑤0（第 8 位）表示变速器形式。0-AT,2-MT。

⑥6（第 9 位）为检验位,可由其他 16 位通过一定计算规则算出。

VIN 码为 LSVCC49F01C003721 的上海大众帕萨特轿车的第二部分第 4～9 位分别表示:

①C（第 4 位）表示车身形式。A-K8B－4 门折背式,B-K8D－4 门直背式,C-K8L－4 门加长型折背式（无天窗）,D-K8L－4 门加长型折背式（带天窗）。

②C（第 5 位）表示发动机、变速器类型。

③4（第 6 位）表示乘员保护系统。0-被动安全带,1-驾驶员安全气囊,2-前座侧面安全气囊,3-前后座侧面安全气囊,4-驾驶员和副驾驶员安全气囊。

④9F（第 7 位、第 8 位）表示车辆类别。33-桑塔纳/桑塔纳 2000 型,9F-帕萨特 B5,9J-波罗 POLO。

⑤0（第 9 位）为检验位,0～9 及字母 X。

（3）第三部分:车辆指示部分（VIS）。车辆指示部分由 8 位字码组成,其中最后 6 位字码应是数字。

VIN 码为 LGBClAE063R000814 的风神蓝鸟轿车的第三部分第 10～17 位分别表示：

①3(第 10 位)表示车型年份，即厂家规定的年款(Model Year)。其不一定是实际生产的年份，但一般与实际生产的年份之差不超过 1 年，车型年份对应的代码见表 2-1。

车型年份对应的代码　　　　　　　　　　　　表 2-1

年　份	代　码	年　份	代　码
1997	V	2004	4
1998	W	2005	5
1999	X	2006	6
2000	Y	2007	7
2001	1	2008	8
2002	2	2009	9
2003	3	2010	A

②R(第 11 位)表示装配厂。R-风神一厂(襄樊)，Y-风神二厂(花都)。

③000814(最后 6 位)表示生产序号。一般情况下，汽车召回都是针对某一顺序号范围内的车辆，即某一批次的车辆。

VIN 码为 LSVCC49F01C003721 的上海大众帕萨特轿车的第三部分第 10～17 位分别表示：

①1(第 10 位)表示生产年份 2001 年产，具体生产年份见表 2-1。

②C(第 11 位)表示制造厂。A-汽车一厂，B-汽车二厂，C-汽车三厂。

③003721(最后 6 位)表示流水号。

3. VIN 码的位置

VIN 码一般以标牌的形式出现，装贴在汽车的不同部位，常见位置有仪表板左侧、前横梁、行李舱内、悬架支架上、纵梁上、翼子板内侧及直接标注在车辆铭牌上。如图 2-4 所示，我国轿车的 VIN 码多在仪表板左侧、风窗玻璃下面，在白天日光照射下，观察者不需移动任一部件，从车外即可分辨出车辆识别代号。

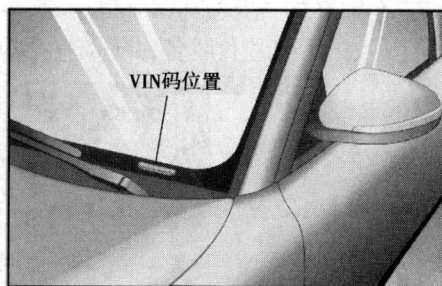

图 2-4　VIN 码的常见位置

4. VIN 码的应用

(1)车辆管理。可用于车辆登记注册、信息化管理。

(2)车辆防盗。可用于识别车辆，结合 GPS 建立盗抢数据库。

(3)车辆检测。可应用于车辆年检和排放检测。

(4)车辆维修。汽车维修诊断、控制单元匹配、配件查询与订购、客户关系管理等。

(5)二手车交易。可应用于查询车辆历史信息。

(6)汽车召回。可应用于查询年代、车型、批次和数量。

(7)车辆保险。可应用于保险登记、理赔，浮动费率的信息查询。

二、汽车底盘号（车架号）

对于汽车钥匙、发动机和变速器控制单元、线束等部分汽车配件，在进行配件查询时需要提供汽车底盘号。汽车底盘号也是由17位数字及字母组成的号码，是车型与年份的组合代码。目前生产的汽车均用VIN码代替汽车底盘号，一般打印在车架易见部位，如在车身前围面板下方驾驶人脚踏板上边沿（钢印）、在车身发动机舱内的挡泥板的铭牌上、新车在前风窗左、右下角。以一汽大众车辆底盘号LFVBA44B233010341为例，具体含义说明如下：

（1）第1、2、3位"LFV"：表示中国一汽大众汽车有限公司。

（2）第4位"B"：表示安全保护装置，A-安全带，B-安全带+安全气囊。

（3）第5位"A"：表示车身类型，其中A-四门阶背式，B-四门溜背式，C-四门方背式。

（4）第6位"4"：表示发动机变速箱形式，1-汽油发动机手动变速箱、2-汽油发动机自动变速箱，3-柴油发动机手动变速箱，4-柴油发动机自动变速箱，5-两用燃料发动机手动变速箱，6-两用燃料发动机自动变速箱。

（5）第7、8位"4B"：表示车型代码，4B－奥迪C5，4C－奥迪C6，1G－捷达，1J－宝来2J－高尔夫，1K－速腾，2K－开迪。

（6）第9位"2"：表示检验位。

（7）第10位"3"：表示生产年份，见表2-1。

（8）第11位"3"：表示装配工厂，3－一汽大众汽车有限公司。

（9）第12~17位"010341"：表示生产顺序号。

三、汽车其他相关标记信息

1. 车辆铭牌

车辆铭牌一般均标明制造厂、整车型号、发动机型号、发动机功率、总质量、载质量、出厂编号、出厂年月和厂名，并固定在易见部位，如图2-5所示。

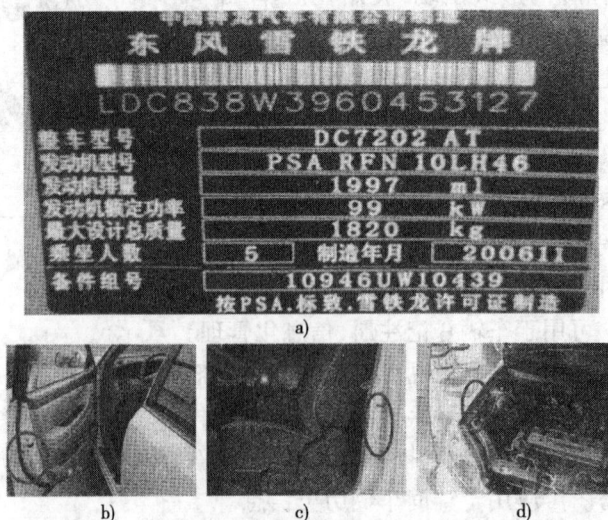

图2-5　车辆铭牌及固定位置

a）车辆铭牌；b）铭牌位置一；c）铭牌位置二；d）铭牌位置三

2. 发动机号

发动机号包含发动机型号及出厂编号,又称引擎号,是汽车的重要标志之一,一般由 8~9 位数字与字母组成。按规定,发动机号应打印在汽缸体的易见且易拓印的部位,两端应打印起止标记(图2-6)。以大众发动机号 CFB108592 为例,其中"CFB"为发动机号,是表示大众 1.4TSI 增压发动机,"108592"为生产流水号。

根据发动机号可以查询到发动机相关参数,如排量、输出功率、制造年月、应用车型、选装件号等相关信息。

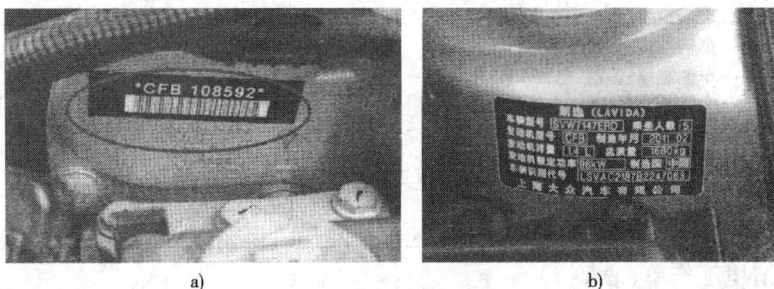

图 2-6　发动机号及位置
a)位于缸体上方的发动机型号;b)位于铭牌上的发动机号

3. 变速器号

变速器号由 7~8 位数字和字母组成,包含变速器的标志字母与制造日期两部分。如变速器 2T19102,其中"2T"为型号标志,"19102"表示制造日期为 2002 年 1 月 19 日。

4. 汽车商标

如图 2-7 所示,汽车商标是位于汽车发动机盖中间前部的汽车标志。

图 2-7　汽车商标

5. 汽车产品型号标志

汽车尾门右下角标有产品型号标志,如 PASSAT、POLO 等。

实训情境设计

【实训情境描述】

作为某品牌 4S 店维修接待,对首次进入车间的客户车辆,需要通过实车查对,记录车辆的 VIN 码、发动机号、底盘号及车型品牌等相关车辆信息,并输入客户管理系统,为后续汽车维修配件的快速查询与客户关系管理档案的建立提供依据。

【实训情景准备】

1. 实训情境准备(表2-2)

实 训 情 境 准 备   表 2-2

类别	准 备 内 容	获 取 渠 道
资料	工作单	内部资料和专业维修资料
	汽车使用说明书	
	车辆问诊表	
	能力评价表	
工具	不同类型的车辆	厂家工具及相关企业生产的标准化产品
	三件套、举升机等	
	不同类型的汽车配件	
地点	汽车维护接待实训室	学校自备

2. 实训情境工作单(表2-3)

汽车车辆信息查询实训情境工作单   表 2-3

项目名称	项目二:配件信息查询	课题及任务名称	车辆信息查询	时间/学时	4
姓名		学号	班级	组别	

能力目标	1. 会收集查看车辆随车使用说明书; 2. 能就车查找汽车铭牌、发动机号、底盘号、VIN 码等车辆基本信息; 3. 能记录车辆基本信息并解释其含义; 4. 能初步对比不同类型车辆信息的差异		
实训组织	课前给每位学生发放实训工作单,学生按照实训工单完成实训操作,做好相关实训记录,并以小组为单位进行实训操作交流,开展自评、小组互评及教师点评		

任务分解及完成标准	完成情况记录	
学习任务:车辆信息查询	完成时间	准确性
1. 收集并查阅不同类型车辆的使用说明书		
2. 现场查找提供的不同车辆的 VIN 码、车型、发动机码及底盘号等基本信息		
3. 记录查询到的车辆基本信息及其位置		
4. 解释记录到的车辆基本信息具体含义		
5. 对比分析不同车辆基本信息的区别		

说明:表格中"实训操作"对应上方五项任务,"实训小结"为最后一行。

实训操作	
实训小结	

3.实训素材(表2-4)

汽车车辆信息查询记录　　　　　　　　　　　　　　表2-4

基本信息	信 息 记 录	信 息 查 找 位 置	信 息 含 义
车辆型号			
车辆铭牌			
车辆 VIN 码			
发动机号			
底盘号			
变速箱号			
产品型号			
销售代码			

知识拓展:整车销售代码

　　整车销售代码是由阿拉伯数字 0~9 和英语 26 个字母组合而成的,加上两个空格,总共有 18 位组成。获取销售代码有以下几种方式:向用户索取 、向出售该车的经销商索取及通过底盘号查询。以一汽大众 4B33Y2 ⌐4Z4ZLF ⌐9002 为例来说明销售代码含义(⌐:计算机中表示空一个格):

　　(1)第 1、2 位"4B":表示车型,其中 4B – 奥迪 C5,4C – 奥迪 C6,1G – 捷达,1J – 宝来,2J – 高尔夫,1K – 速腾,2K – 开迪。

　　(2)第 3 位"3":表示车身,对于奥迪:3 – 阶背,4 – 溜背,5 – 变形车身。

　　(3)第 4 位"3":表示技术装备,捷达:1 – C,2 – CL,3 – GL,4 – CT,5 – G,T6 – CLX。

　　奥迪:1 – 奥迪 C5,2 – 奥迪 C5 WTZ,3 – 奥迪 C5 WAE,4 – 奥迪 C5 WTZ + WAE。

　　(4)第 5 位 "Y":表示发动机代码,其中 E – 1.6 2V,K – 1.6L 新 2VH – 1.6 5V,M – 2V MPIP – ANQ,T – AWL,L – APS,Q – ATX,S – LPI/LPG,Y – BND。

　　(5)第 6 位"2":表示变速箱代码,1 – 捷达 4 挡,2 – 捷达 5 挡,3 – 捷达 4 挡自动,4 – 2.4 升自动。

　　(6)第 7 位表示空格。

　　(7)第 8、9、10、11 位"4Z4Z":表示车身外部颜色。

　　(8)第 12、13 位"LF":表示内饰组合码。

　　(9)第 14 位空格键。

　　(10)第 15、16、17、18 位"9002":表示装配组合。

检查评价

实训情境评价（一人一表）

班级：　　　　　　　组别：　　　　　　　姓名：

项目		评 价 内 容 （请在对应条目的○内打"√"或"×"，不能确定的条目不填，可以在小组评价时让本组同学讨论并写出结论）		评价等级（学生自评）		
				A 全部为"√"	B 有1~3个"×"	C 有多于3个"×"
关键能力自评	工作态度	○按时到场 ○工装齐备 ○书、本、笔齐全 ○不追逐打闹 ○积极接受分配任务	学习期间不使用手机、不玩游戏○ 未经老师批准不中途离场○ 不干扰他人工作○ 无迟到早退○ 上课不做与任务不相关事情○			
	工作素养	○工作服保持干净 ○私人物品妥善保管 ○工作地面无脏污 ○工作台始终整洁 ○节约，无浪费现象 ○有责任意识	无发生安全事故○ 使用后保持工具整齐干净○ 有及时纠正他人危险作业○ 注重环保，废弃物能合理处理○ 未损坏工具、量具及设备○			
	合作及其他	○课前有主动预习 ○与本组同学关系融洽 ○积极参与小组讨论 ○接受组长任务分配 ○工装穿戴符合要求	本小组工作任务能按时完成○ 主动回答老师提问○ 能主动帮助其他同学○ 注重仪容，不戴饰物、发型合规○ 能自主学习和相互协作○			
专业能力自评		○能独立查阅资料 ○注重工作质量及时自检 ○注重工作效率时间观念强 ○会分析归纳相互学习 ○设备选择使用符合要求	能独立规范操作○ 能独立完成任务单 没有失手坠落物品○ 指出他人的不规范操作○ 工作质量合格，无返工○			

小组评语 及建议	他（她）做了： 他（她）的不足： 给他（她）的建议：	组长签名： 　　　年　　　月　　　日
教师评语 及建议		评价等级： 教师签名： 　　　年　　　月　　　日

课题二　汽车配件查询

　　汽车配件查询是指运用配件手册或电子配件目录(CD 光盘)及其他配件查询工具,查询或检索汽车配件编码、名称、库存数量、立体插图、装配位置、价格及仓位等相关信息的过程,它是汽车配件管理员日常工作的一个主要部分,也是汽车维修生产中高效快速查找配件的前提。

一、汽车配件编码方法

　　每个车型都要由上万个零件装配而成,品牌车辆众多的车型必然需要一个庞大的配件体系支撑,而对如此多配件进行管理也必然要遵循一定的规则。同时为了保证配件订购信息的准确性,提高配件管理人员的工作效率,汽车配件采用电子化或网络化管理系统是大势所趋。另外,不同生产厂家、车型和年款的汽车配件互换性非常复杂,只有通过计算机数据库技术,才能对配件的互换性匹配进行快速、准确的查找与对比。因此,为便于计算机管理,汽车制造厂家都对所生产的汽车配件实行编码分类。即每一个配件都用一组不定数量的数字和字母表示,不同的制造厂表示的方法都不同,每个汽车制造厂商均有自己的一套配件号码系统,不能相互通用。

　　汽车配件编码号(配件件号)一般用 10～15 位数字或数字、字母组合而成,配件件号是唯一的,一个配件对应一个件号。为便于识别配件所属总成或大类,有些公司的配件编码分为若干段。下面分别以德国大众公司(上海大众、一汽大众)、广州本田汽车配件编码方法为例予以说明。

　　1. 大众轿车配件编码方法

　　在德国大众配件管理体系中,配件编码由阿拉伯数字和 26 个英文字母组合,每一个配件只对应一个号码,每组数字、每个字母都表示这个件的某种性质,只要找出这个号码,就可以从几万或几十万库存品种中找出所需的配件。

　　(1)普通配件编码。

　　德国大众普通配件编码一般由 18 位(含空格)编码组成,并可分为 5 部分,其组成如图 2-8 所示。

L	1K5	839	431	H	5AP	玻璃导槽(国产速腾)
	3C5	839	431	D	5AP	玻璃导槽(进口迈腾)
	一	二	三	四	五	

图 2-8　大众配件编码示例

　　①车型及机组型号。前三位为第一部分,表示车型或机组型号,用来说明这些配件最初为哪种车型、哪种发动机和变速器设计和使用。其中前两位一般为车型代码,如:1J 为宝来或高尔夫,1K 为速腾,2K 为开迪,3C 为迈腾,可以通过它们判断此配件的应用车型;但其作为机组标记时,说明该配件不是专门为某个车型设计生产的,而是由设计人员选用的,机组配件一般是由配套厂商设计生产的;车型及机组号的第三位数字,是用来区别是左驾驶还是右驾驶。一般规定单数为左驾驶,双数为右驾驶。

②大类及小类。配件号的第4、5、6位为第二部分,用于表示配件的类别,其中第4位是表示大组号(总成),第5、6位表示小组号。根据配件在汽车结构中的差异及性能的不同,德国大众配件号码系统将配件分成10大类即10个主组(表2-5),每大类(主组)又分为若干小类(子组),小类的数目和大小因结构不同而不同,小类只有跟大类组合在一起才有意义。

大众汽车配件分类 表2-5

类别	表 示 含 义	类别	表 示 含 义
1 大类	发动机,燃油喷射系统	6 大类	车轮,制动系统
2 大类	燃油箱,排气系统,空调制冷部件	7 大类	驻车制动、行车制动操作机构
3 大类	变速器	8 大类	车身及装饰件,空调壳体,前后保险杠
4 大类	前轴,前轮驱动差速器,转向系,前减振器	9 大类	电器、仪表
5 大类	后轴,后轮驱动差速器,后减振器	0 大类	附件(千斤顶、天线、收音机、油漆)

在配件号 3C5 839 431 D 5AP 中,其中"8"为大类,电子目录中称为"主组";"39"为小类,电子目录中称为"子组",两者合起来 839 表示玻璃导槽。其他如 105 代表曲轴,107 代表活塞,253 代表消声器,300 代表变速器总成,409 代表差速器等。

③配件编号。按照其结构顺序排列的配件号由三位数(001~999)组成。如果配件不分左右,既可在左边又可在右边使用,最后一位数字为单数;如果配件分左右件,一般单数为左边件,双数为右边件。

如:3C5 839 431 D 5AP   左侧玻璃导槽

    L1GD 853 753/754   左/右车门防护条

    L1GD 821 021 B/022 B   左/右翼子板

④设计变更(技术更改)号。设计变更号由一个或两个字母组成,表示该件的技术曾经变更过,如配件的材料、外形或结构、技术要求及不同的外厂配件货源等发生变化,可通过这部分字母的变化看出。

如:L09G 927 750 EP ⟶ L09G 927 750 GD   制动阻力器

    1K1 820 103   ⟶1K1 820 103 B   后桥体

⑤颜色代码。颜色代码用3位数字或3位字母的组合来表示,它用来说明该件具有某种颜色特征,其3位也是必须作为一个整体来看待,单独分开不代表任何意义。但需要注意的是,颜色代码可代表3种不同含义,具体见表2-6。

颜色代码代表不同含义 表2-6

序号	代 表 含 义	应 用 范 围	示 例
1	表示真实颜色	内外饰件、面板及各类带颜色的配件	01C:黑色带有光泽,041:暗黑色,043:黑花纹,ROH:未加工的原色,3U6:艺术灰,GRU:涂底漆
2	代表配件的尺寸分组	发动机的主轴轴承及连杆轴承	001:尺寸2.508~2.512,007:尺寸2.504~2.508
3	表示配件所带的不同版本控制程序	智能控制配件:舒适系统控制单元,安全气囊控制单元,组合仪表,网关等	

⑥国产与进口。上海大众与一汽大众的配件号系统大体上遵循了德国大众汽车集团配件号的编码规则,但由于中国汽车市场的差异性,需要对进口配件和国产配件加以区分,在1997年以前,通过在配件号后面加上字母"L"或在颜色代码处写上"LOC"来表示该件为国产配件号。1997年以后,规定在配件号前面加字母"L"来表示该件的国产配件号。但为保证配件号的总位数仍为18位(包括空格),进口配件号进行国产化处理时,在前面加上字母"L"的同时,要去掉配件号颜色代码前的空格,这样最终保证配件号仍为18位。

如:02T 300 045 H   可写成   L 02T 300 045 H   手动变速箱

1GD 867 011 AG SYE   可写成   L 1GD 867 011 AGSYE   门护板

(2)标准件及类似标准件编码。

标准件的配件号一般由字母"N"及两组各为3位数的数字(或带有一个或两个数字)组成,在德国可从《标准件》目录中查找所需的标准件。在一汽大众电子配件目录系统中,可根据标准件所属的总成在电子目录中的主组及子组进行查找。类似标准件的配件号一般由字母"N"及第一组为9××的数字组成,其他部分与标准件相同,在德国其也可以从《标准件》目录中查找。表2-7为部分标准件及类似标准件。

部分标准件与类似标准件编码 表2-7

标准件编码	名 称	类似标准件编码	名 称
N 017 732 2	转向灯灯泡	N 903 237 03	带自锁凸肩的六角螺母
N 017 753 2	牌照灯灯泡	N 903 544 01	带凸肩的六角螺栓
N 011 008 8	保险杠支架上的六角螺母	N 905 618 01	卡箍(进气软管)
N 104 187 01	第3缸点火高压线	N 902 809 01	水泵上的组合六角螺栓

2. 广州本田轿车配件编码方法

(1)专用配件的编号。

对于专用配件,广州本田轿车的配件编号由13位数码来表示,各位数码的含义如图2-9所示。

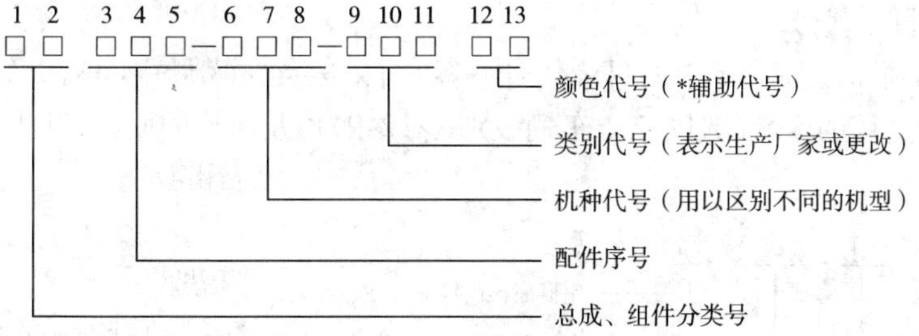

图2-9 广州本田轿车专用配件编号的含义

图2-9中的"＊"表示对于有颜色要求的配件,除配件号的末2位数字表示其颜色外,在配件名称栏内同样也会注出其表面喷涂颜色代码和颜色说明,例如"NH284L"表示浅水晶灰色。当颜色代码为"ZZ"时,表示该配件涂有底漆。当配件无颜色要求时,颜色代号为空白。配件表面喷涂的具体颜色在配件名称栏中有详细的说明,其具体的颜色代号及所代表的颜色见表2-8所列。

广州本田雅阁轿车配件颜色代号及所代表的颜色   表2-8

颜色代号	颜色	颜色代号	颜色	颜色代号	颜色
B80P	珍珠蓝	NH167L	墨黑色	RP25P	深珍珠色
B94L	深蓝色	NH220L	纯灰色	*R-504	宝石红
B95L	天蓝色	NH283L	水晶灰色	R94	红色
B96L	浅蓝色	NH284L	浅水晶灰色	TKUROMU	镀铬
*G87P	墨绿色	NH302L	浅水晶色	TWOOD	木纹色
NH1L	黑色	NH315L	中水晶色	YR164L	中褐色
NH72	黑色	*NH578	白色	YR168L	浅褐色
NH85L	灰色	*NH592P	黑色	YR169L	中黄色
NH120L1	黑色	NH612M	银色	*YR508M	银灰色

注:带"*"的为广州本田雅阁轿车的车身颜色,配件的颜色选择应咨询供应商

举例说明:编号"83 250 - S84 - A01 ZA"表示"天窗控制器总成 B96L(浅蓝色)";"37 830 - PAA - S00"表示"进气歧管绝对压力传感器";"16 400 - PAA - Y11"表示"节气门体总成"。

(2)标准件的编号。

对于螺栓、螺母、垫圈、开口销等标准件,配件号由12位数字来表示,其中1~5位数字为主号码,6~10位表示尺寸,11~12位数字为J/S规格(第12位数字又表示配件的表面处理特征),具体含义如图2-10所示。

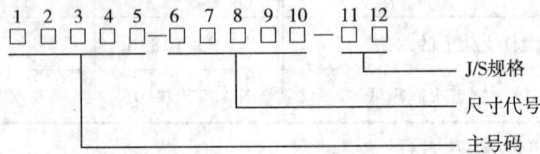

图2-10 广州本田轿车标准件编号的含义

举例说明:编号"95001 - 06016 - 00"表示"带法兰螺栓 M6×16";"93403 - 06025 - 08"表示"带垫圈螺栓 M6×25"。

(3)配件目录代号。

广州本田轿车配件目录中的目录代号,一般由2位英文字母中间夹1位数字组成,分别表示该配件适用的区域(或国家)、车辆级别(表2-9)以及座椅的面料,具体含义如图2-11所示。

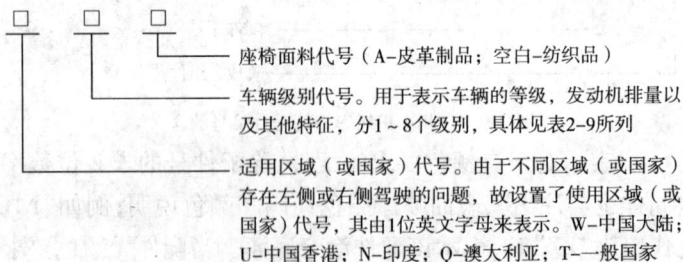

图2-11 广州本田轿车配件目录代号含义

车辆级别代号的含义　　　　　　　　　　　　　　　　　　　表2-9

级别代号	1	2	3	4	5	6	7	8
车辆级别	EXi	VTi	VTi－L	2.0VTi	2.3VTi	V6	V6L	3.0SiR

如配件号"16 400－PAA－Y11"表示"节气门体总成",其配件目录代号为"W2A",表示"中国内地,VTi级车辆,座椅面料为皮革制品"。

二、汽车配件查询工具

汽车配件查询工具主要有微缩胶片配件目录、纸版配件图册和电子配件目录三种形式。三者只是载体的形式不同,但内容是一样的。微缩胶片配件目录目前已基本淘汰,所以不再介绍。

1.纸版配件手册

汽车纸版配件手册(图2-12)是人工查询汽车配件所用的工具。汽车制造厂根据每一种车型编辑一本配件手册,内容包括该车型所有配件的名称、配件编号、单车用量及代用配件编号等详细信息,并附有多种查询方法,如按配件名称、配件编号、汽车总成分类及图形索引(爆炸图)等方法查询。

纸版配件手册使用方便,但也存在一些缺点,如查找效率低,资料无法及时更新;体积大,需要较大的存放空间;易污损,资料完整性难以保证。为此,越来越多的使用者现在多采用电子配件目录进行配件查询。

2.电子配件目录

电子配件目录是帮助配件管理人员应用计算机管理系统正确查询或检索配件的图号、名称、数量、件号及装配位置、立体形状、库存信息、价格等技术资料的工具。其系统查询方式灵活多样,非常方便,并且随着汽车维修和汽车配件经营企业计算机管理的普及,其应用越来越广泛。

目前各大厂商都根据自身的需要开发了相应的汽车配件服务系统,其结构和功能之间有较大的差异,但实际内容是一致的,均包含了所有车辆配件的相关信息。使用电子配件目录系统后,配件以立体装配图等方式显示出来,可以通过计算机很方便地查询到,并且通过定期和厂家修改技术资料的同步升级,查询更准确、方便和快捷。而且目前配件的检索与显示已经做到了三维立体视图,立体视图中的插图号与电子配件目录中的配件号、配件名称、备注说明、每车件数、车型匹配,形成一一对应关系。图2-13为一汽大众电子配件目录主界面。

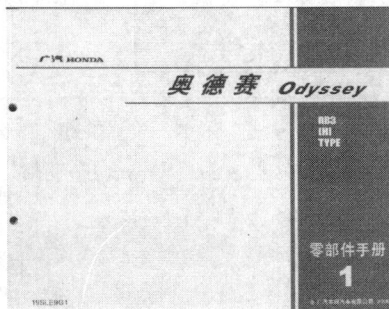

图2-12　广汽本田奥德赛车纸版配件手册

图2-13　一汽大众电子配件目录

电子配件目录功能较传统微缩胶片相比,功能有所增加,配件号的查询与检索更加灵活,可快捷查询车型代码、发动机代码、变速箱代码及装备代码,增加了配件订单功能,并且查询配件时,能同时显示相关的配件替代信息,部分配件增加了价格的显示。

三、汽车配件查询方法

汽车纸版配件手册与电子配件目录查询软件一般均提供了多种查询检索方法与途径,配件管理人员可根据客户的描述,结合具体情况选择不同的查询方法,去查询和确认客户所需配件的相关信息。常用检索方法有按配件图示(图形或图号)索引检索、按配件编号(件号)检索、按配件名称(字母顺序)索引检索、按汽车总成分类检索等,分别介绍如下:

1.按配件图示索引检索

把汽车整车分解成若干个模块,采用图表相结合的方式,如图 2-14 所示,用爆炸图(即立体装配关系展开图)能直观、清楚地显示出各个配件的形状、安装位置及其装配关系,并在对应的表中列出配件名称、配件编号、单车用量等详细信息。这种索引查询方法的特点是能直观、准确、方便迅速地确定所需配件。

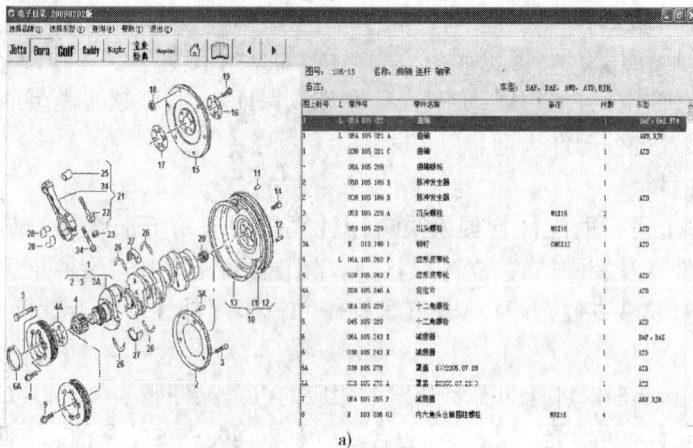

a)

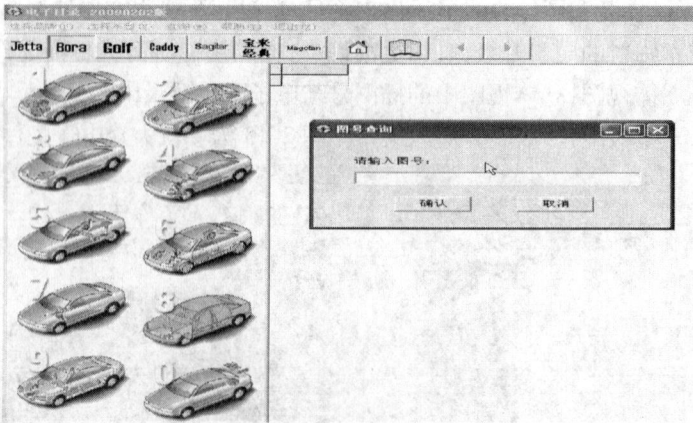

b)

图 2-14　按图示索引检索

a)按配件图形图示索引;b)按配件图号图示索引

2. 按汽车配件号索引检索

一般汽车配件上均有该配件的编号,即配件号。如果配件编号已知,如图 2-15 所示,则可直接输入配件号进行查询,能准确、迅速地查询到该配件的有关信息。一个配件的名称可能因翻译、方言等因素叫法不同,但配件编号是唯一的。配件编号索引是根据配件编号大小顺序排列的,根据已知的配件编号,可以查出该配件的地址编码或所在页码,然后查询其详细信息。

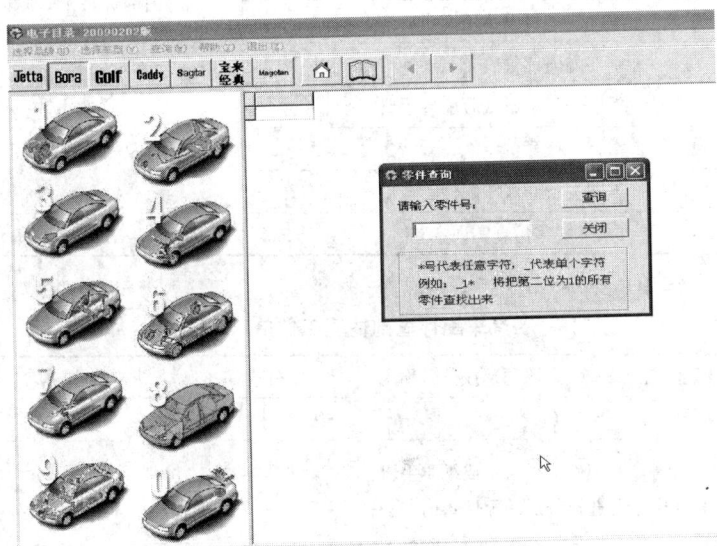

图 2-15　按配件号索引检索

3. 按汽车配件名称索引检索

进口汽车配件手册中,一般均附有按配件名称字母顺序编排的索引,如果知道所需配件的英文名称,即使缺乏专业知识的人员,采用此种方法也能较快地查找该配件的有关信息。

4. 按汽车总成分类索引检索

汽车配件按总成分类,如发动机、传动系、电器设备、转向系、制动系、车身附件等列表,根据配件所属总成,查出对应的地址编号或模块编号,再根据编号查询出该配件的有关详细信息。不同的汽车公司车系分法也有所不同,因此,汽车总成分类索引适用于对汽车配件结构较熟悉的专业人员使用,知道某一个配件属于哪个总成部分,才能够快速查询和确认客户所需要的配件。

实训情境设计

【实训情境描述】

作为一汽大众 4S 店配件管理员,根据客户配件订购需求,现需要利用电子配件目录查询并核对所订购配件相关信息,确定订购配件的名称、配件编号、单车用量等详细信息,从而正确完成配件订购,确保为客户订购的配件准确无误。

【实训情景准备】

1. 实训情境准备（表 2-10）

实 训 情 境 准 备

表 2-10

类别	准备内容	获取渠道
资料	工作单	内部资料和专业维修资料
	汽车配件管理教材	
	汽车配件电子目录使用说明书	
	能力评价表	
工具	汽车配件电子目录或纸版配件手册	厂家工具及相关企业生产的标准化产品
	计算机	
	不同类型的汽车配件	
地点	汽车多媒体仿真实训室	学校自备

2. 实训情境工作单（表 2-11）

汽车配件查询情境工作单

表 2-11

项目名称	项目二：配件信息查询	课题及任务名称	配件查询	时间/学时	4
姓名		学号		班级	组别

能力目标	1. 会收集查看汽车配件电子目录或纸质手册； 2. 能根据实际情况选择合适的配件查询方法； 3. 能正确完成汽车配件号及相关信息的查询； 4. 能记录配件相关信息并解释其含义		
实训组织	课前给每位学生发放实训工作单，学生按照实训工单完成实训操作，做好相关实训记录，并以小组为单位进行实训操作交流，开展自评、小组互评及教师点评		

实训操作	任务分解及完成标准	完成情况记录	
		完成时间	准确性
	学习任务：配件查询		
	1. 收集或查阅不同车型的配件手册（电子或纸质）		
	2. 根据配件查询条件选择合适的查询方法		
	3. 正确完成配件信息查询并记录		
	4. 正确解读配件号及其他相关信息		
	5. 对比分析不同车型配件编写方法的异同		
实训小结			

【实训情景流程】

以一汽大众电子配件目录查询为例说明配件电子查询的方法与步骤：

（1）打开一汽大众电子配件目录，主界面如图 2-16 所示。

（2）进入选择车系界面。点击主界面任意一个位置，均会进入如图 2-17 所示选择车系界面。

图2-16 一汽大众电子配件目录主界面

图2-17 选择车系界面

(3)通过点击车系标志来选择进入车系,并进入如图2-18选择车型的界面。

(4)选择并点击相应车型进入车型各系统界面,如图2-19所示。

图2-18 选择车型界面

图2-19 车型各系统界面

(5)根据查询配件所属类别,点击相应系统,电子目录便会显示该系统所包含的所有配件信息,如图2-20所示。

(6)在界面列表中,根据车型等相关信息,选择并双击所要查询的配件信息行,系统显示该配件详细图片及相关信息,如图2-21所示。

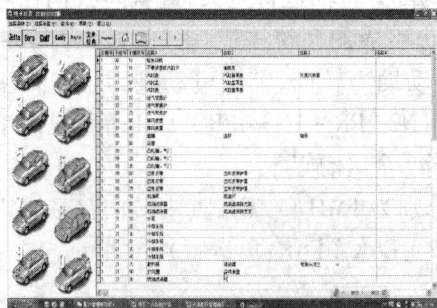

图2-20 发动机系统显示界面

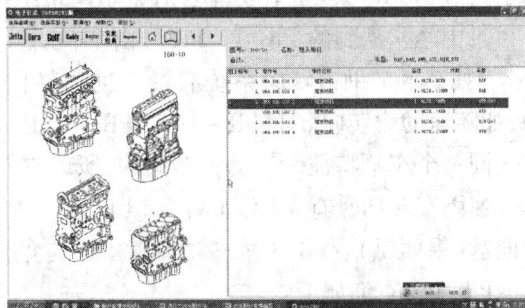

图2-21 配件详细信息显示界面

注意:该界面单击按钮栏最右侧的红色三角按钮,会显示下一条记录的图形和配件信息,单击左侧的红色三角按钮则显示上一条记录的图形和配件信息。单击按钮栏 🏠 ,会

47

返回到主界面。单击📖会返回到选择主组界面。双击显示的图形,图形就会放大,放大后鼠标会变成一只小手,按住鼠标左键就可以拖动图形。单击右键,放大的图形就会缩小。

(7)根据配件信息显示,确定配件号、车型等相关信息与订购数量。

(8)生成订单。双击要选择的配件所在行,会出现"订单信息"窗口,如图 2-22 所示,所选配件信息会在该窗口显示,在"订购个数"编辑框内输入数字。按回车键或单击"确定"按钮。在"总计"编辑框内会显示总数并把订单信息保存起来。单击界面上方的"订单浏览"页,会显示所有订单信息,如要删除订单,单击要删除订单所在行,再单击"删除订单"按钮,然后所有订单信息会被删除。如要生成订单,单击"生成订单"按钮,会在 C:\FAW_VW\order 文件夹下生成 order. txt 订单文件。单击"打印"按钮,会显示打印窗口,可以看到打印预览效果并可以进行打印。单击"返回"按钮,回到图形界面。

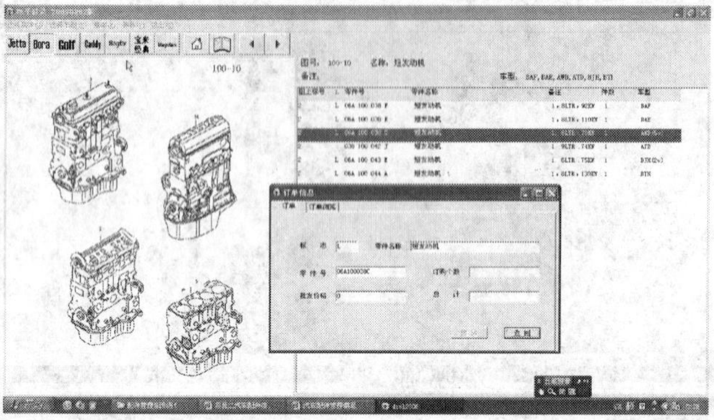

图 2-22　订单生成

知识拓展:装备号(PR)查询应用

每辆车在设计和生产的时候都有很多种配置,为了区分这些配置,德国大众的车型采用了先进的 PR 号配置表功能。对于车型每个零件的配置特征进行定义,这就是我们在电子目录中经常遇到的 PR 号。PR 号由 3 位数字、字母组成的字符构成,书写方法为 PR - 1N1。如车辆的助力转向系统有液压助力转向和电动助力转向,其中电动助力也有很多种,如随速助力转向。而 PR - 1N0、PR - 1N1、PR - 1N2、PR - 1N3、PR - 1N4 等都是用来描述同一个车辆特征——助力转向的,所以它们是同一个"家族"。

速腾车转向盘有 4 种,如图 2-23 所示。PR 号分别为 1MH(3 辐条真皮转向盘)、1ME 转向盘(墨西哥)、2ZB(3 辐多功能真皮转向盘)、2ZB + E6K(E6K:奥运版)。

PR 号的查询如下:

(1)进入新增 PR 号查询程序位置界面,图 2-24 所示。

(2)输入底盘号,如图 2-25 所示。

(3)单击执行,开始查询,如图 2-26 所示。

(4)底盘号对应的 PR 号显示,如图 2-27 所示。

(5)如图 2-28 所示,以 PR 号确定配件号,依据左右、位置、车辆生产时间、PR 号(识别车门内饰板材料,扬声器类型,遥控类型)及内饰组合代码(车辆的内饰颜色搭配)顺序可最终确定配件号。

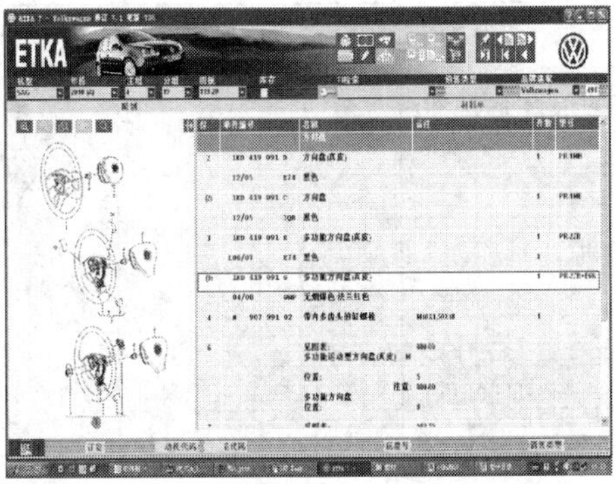

图 2-23　不同 PR 号的转向盘

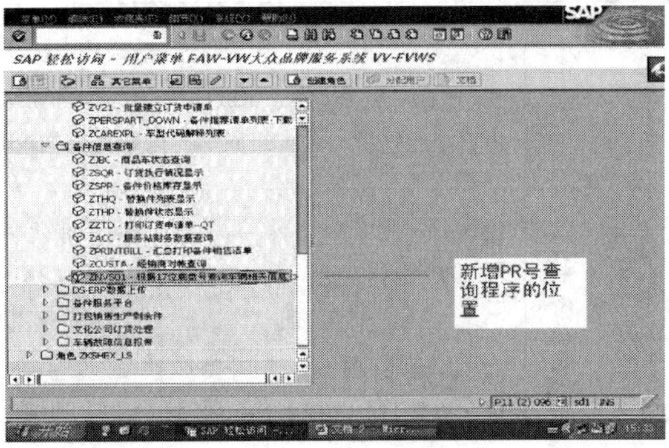

图 2-24　查 PR 号的程序

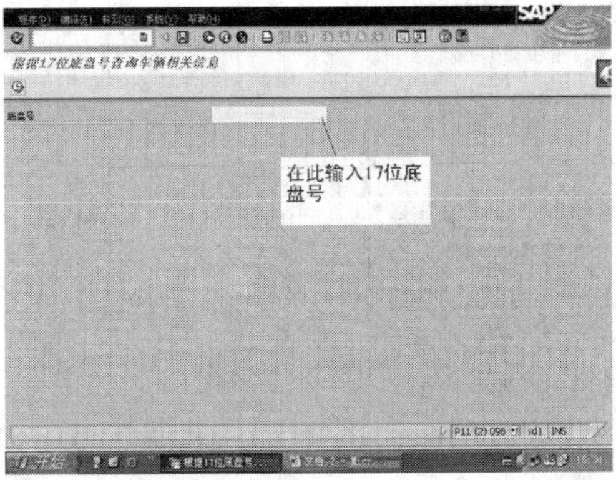

图 2-25　输入底盘号查询

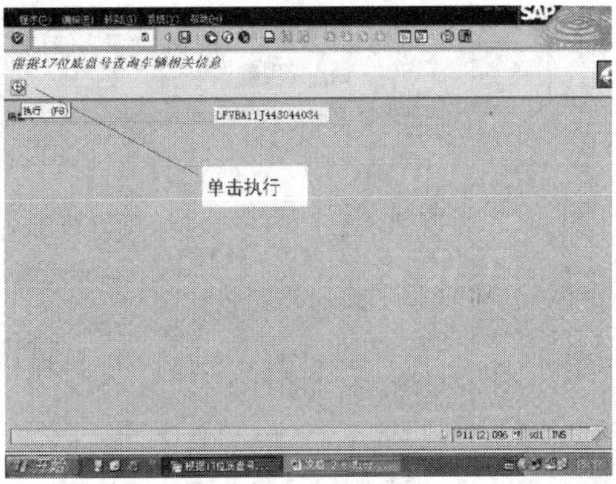

图 2-26　执行底盘号查询 PR 号

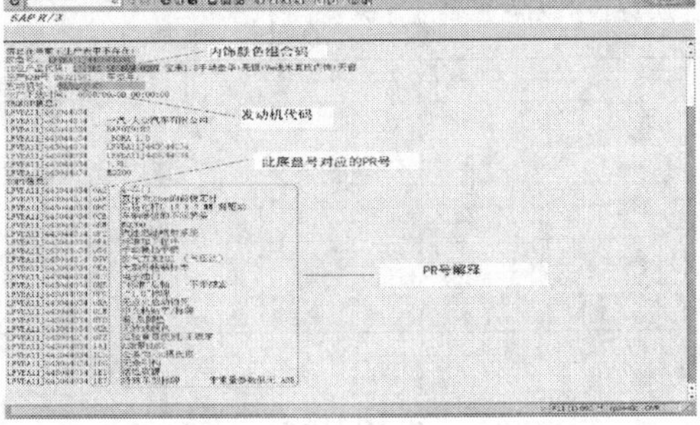

图 2-27　底盘号对应的 PR 号显示

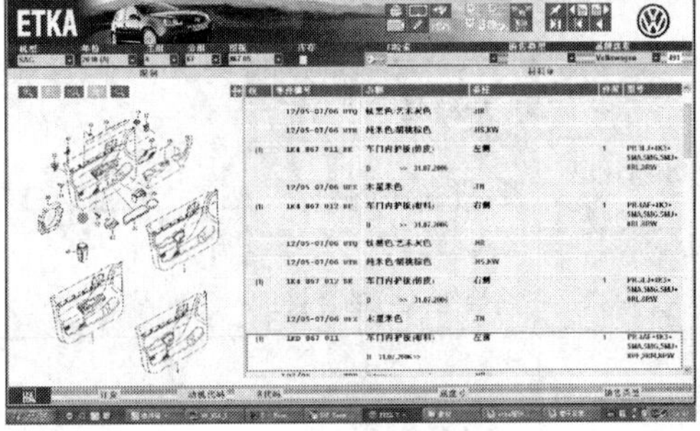

图 2-28　由 PR 号确定配件号

检查评价

实训情境评价(一人一表)

班级：　　　　　　组别：　　　　　　姓名：

项目		评价内容 （请在对应条目的○内打"√"或"×"，不能确定的条目不填，可以在小组评价时让本组同学讨论并写出结论）		评价等级(学生自评)		
				A 全部为 "√"	B 有1~3个 "×"	C 有多于 3个"×"
关键能力自评	工作态度	○按时到场 ○工装齐备 ○书、本、笔齐全 ○不追逐打闹 ○积极接受分配任务	学习期间不使用手机、不玩游戏○ 未经老师批准不中途离场○ 不干扰他人工作○ 无迟到早退○ 上课不做与任务不相关事情○			
	工作素养	○工作服保持干净 ○私人物品妥善保管 ○工作地面无脏污 ○工作台始终整洁 ○节约，无浪费现象 ○有责任意识	无发生安全事故○ 使用后保持工具整齐干净○ 有及时纠正他人危险作业○ 注重环保，废弃物能合理处理○ 未损坏工具、量具及设备○			
	合作及其他	○课前有主动预习 ○与本组同学关系融洽 ○积极参与小组讨论 ○接受组长任务分配 ○工装穿戴符合要求	本小组工作任务能按时完成○ 能主动回答老师提问○ 能主动帮助其他同学○ 注重仪容，不戴饰物、发型合规○ 能自主学习和相互协作○			
专业能力自评		○能独立查阅资料 ○注重工作质量及时自检 ○注重工作效率，时间观念强 ○会分析归纳相互学习 ○设备选择使用符合要求	能独立规范操作○ 能独立完成任务单○ 没有失手坠落物品○ 指出过他人的不规范操作○ 工作质量合格无返工○			

小组评语及建议	他(她)做到了： 他(她)的不足： 给他(她)的建议：	组长签名： 年　月　日
教师评语及建议		评价等级： 教师签名： 年　月　日

项目三　汽车配件订购

项目描述

　　汽车配件订货采购是汽车维修企业的一项重要业务,一般需要根据企业配件的订货周期及库存量等相关信息制订出科学的采购计划,合理选择供货商,利用计算机配件管理系统等不同方式完成订货,同时科学选择配件配送方式,签订订货合同,办理货运相关手续,对到货配件进行验收,并完成配件采购的相关财务结算。

知识目标

　　1.熟悉汽车配件订货流程;

　　2.了解汽车配件订货计划确定方法;

　　3.了解汽车配件订货合同要素与财务结算等相关知识。

技能目标

　　1.会应用计算机汽车配件管理系统进行电子订货;

　　2.会办理配件采购相关运输手续;

　　3.会进行汽车配件验货与财务结算。

素养目标

　　1.养成科学严谨、仔细认真的工作作风;

　　2.树立分工协作及岗位责任意识;

　　3.提高交流沟通及团队合作能力。

建议学时: 16 学时。

项目引导

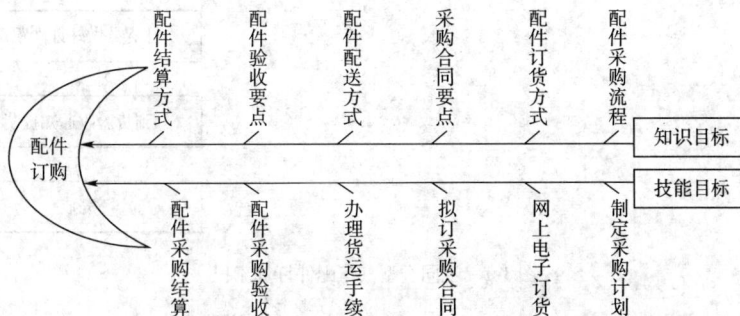

51

课题一　汽车配件订货

汽车配件订货是配件订货员的一项重要工作,也是一项专业性很强的工作。其科学合理性直接影响到配件整体流程能否顺利进行,是影响配件管理的关键因素。

一、汽车配件订货的程序

汽车配件订货根据用途不同,可分为常规订货与紧急订货。常规订货又有库存补充件订货和客户订购件订货两种形式。紧急订货一般为维修厂由于缺件导致修理工作无法进行的急需件订货。汽车配件订货员应提高常规订货的准确率,尽可能减少紧急订货的次数,这样才能有效降低配件的订购成本。不同形式的配件订货可按图3-1所示流程进行。

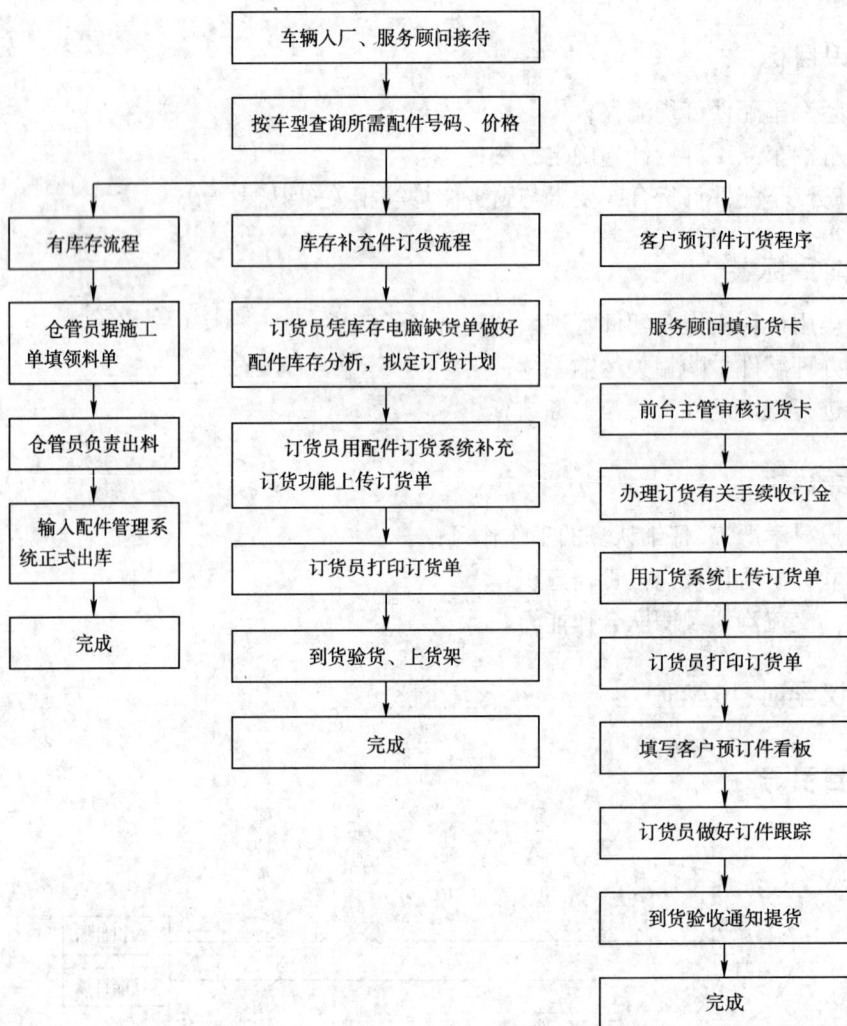

图3-1　不同类型汽车配件订货流程

二、汽车配件订货员工作职责

汽车配件订货是汽车配件订货员(计划员)工作任务,要求订货员要有高度的责任感及敬业精神,熟悉配件订货流程,精通订货业务知识,并具备配件订货的丰富经验,最终保证配件及时供货。配件订货员的工作职责主要有:

(1)与配件经理配合完成厂家或公司下达的配件销售及利润指标任务。

(2)与配件供应商保持良好的供求关系,及时了解掌握配件市场信息并做好预测。

①借助外部媒体及内部资料,掌握企业经营区域内品牌车辆的整车保有量变化、用户类型(出租车、私家车和公务车)、车辆使用状况等市场情况。

②通过内部销售数据,掌握企业自身销售能力与销售趋势、售后维修客户的实际保有量及车型分布等维修技术信息。

③熟悉具有季节性销售特征的配件信息变化,关注厂家有关配件质量信息反馈等。

④及时收集汇总各品牌公司配件的编号、技术革新、价格等相关更改信息,并及时反馈给配件经理。

(3)科学制定配件采购计划,并及时向厂商发出配件订单完成配件订货相关工作。

(4)认真完成配件的入库工作,以实际入库数量为准,打印入库单,做好入库验收工作,并完成配件的相关账务核算及统计工作。

(5)协助配件经理贯彻执行配件仓库管理制度,完成领导交办的其他任务。

三、汽车配件订货计划的制订

1.制订配件订货计划的作业流程(图3-2)

2.缺件信息收集与分析

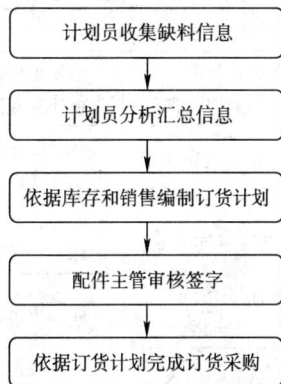

图3-2　制订配件订货计划的作业流程

(1)配件订货员制订配件订货计划,见表3-1。同时需要先做好企业自身配件销售能力及配件相关信息的收集,为科学制定配件订货计划提供依据。

制订订货计划前的信息收集　　　　　　　　　　　　　表3-1

类　别	收集信息内容	获取信息渠道
企业自身市场销售能力	配件销售部门的销售能力、销售特点和销售趋势	内部资料和外部媒体
	企业经营区域内的品牌车辆的市场占有情况	
	售后维修客户的实际保有量、客户流失率、车型分布、使用年限和行驶公里数、维修技术特点	
	配件库存结构、销售历史、销售趋势及缺件情况	
配件销售自身特点	厂家最新的维修技术要求	厂家通报或配件管理系统查询
	是否是新零件、停产件、常用件、易损件	
	是否具有季节性特点,当月是否有促销活动	
	配件的质量信息	
	配件是否有替换件、是否有缺件	
	配件的供货周期及节假日的影响	
	配件交货时间、交货品种、交货数量误差	

（2）分析相关信息,确定库存策略。收集信息后需要对信息进行汇总与分析,对配件属性做出正确的判断。

①确定汽车配件流通等级。汽车配件的流通等级是指汽车配件在流通过程中的周转速度。如表3-2所示,一般分为快流件、中流件和慢流件三级,这三个等级的确定在不同公司有不同的分法,其中影响配件流通等级的因素有多种,见表3-3。

不同公司对汽车配件流通等级的确定　　　　表3-2

公司＼等级	快流件	中流件	慢流件
丰田公司	订货项目90%集中在30万个零件中的3万个零件	7%集中在7万个零件	3%订货项目集中在20万个无库存零件
雪铁龙公司	连续3个月经常使用的零件及周转性较高的产品(A类件)	连续6个月内发生,但又属于周转性次高的产品(B类件)	一年内偶发性的产品或由于各种原因不利于周转的产品(C类件)

影响配件流通等级的因素　　　　表3-3

影响因素	具 体 影 响
车辆投放市场使用周期因素	一般车辆使用寿命10年,前2～3年零件更换少,中间4～5年是更换高峰期,最后1～2年更换又逐渐减少
制造、设计因素	材料选择与设计不当,如三菱公司的帕杰罗V31型越野车因制动器油管的设计问题,导致不少交通事故
使用不合理因素	如某种汽车设计是用于寒冷地区,如果把它用于热带地区就容易出现故障,造成相关零件损坏
燃油、机油选择不当或油质问题	如使用不洁燃油易使三元催化器损坏失效,会影响零件寿命
道路状况因素	如地处山区、丘陵,则制动系、行驶系配件的库存量应有所提高;位于矿区,则空气滤清器、活塞、活塞环等发动机配件库存量应适当提高
季节性因素	夏季来临时,冷却和空调制冷系统配件应多储备;冬季来临前,点火、启动系统配件要准备充足

②确定配件库存策略。根据相关统计结果表明,占配件总数仅10%的快流件的销售收入占销售总额的70%,占配件总数20%的中流件的销售收入占销售总额的20%,而占配件总数70%的慢流件的销售收入仅占总销售额的10%。可见,企业库存零配件的30%,就可以保证获得90%的销售收入。所以,应该库存快流件和中流件,特别是快流件不能缺货,需要有安全库存。

3.拟定订货计划

（1）确定订货品种。

配件订货品种的确定也就是确定库存的最大项目数,它可以通过查询配件需求的历史记录,发现配件需求的规律,最终确定需要库存的配件范围。要确定库存的配件范围,首先需要了解配件各生命周期的特点。任何配件都包含有增长、平稳、衰退三个阶段的生命周期,如图3-3所示。

结合配件生命周期不同阶段的特点,有目的性的做好库存管理,对不同状态的配件应采取不同的管理原则(表3-4),最终实现保证配件最大供应率、降低库存金额的目标。

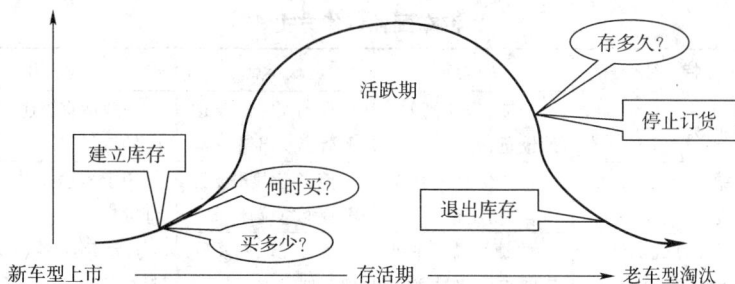

图 3-3　配件生命周期图

不同状态的配件采取不同的管理原则　　　　　表 3-4

序号	零件生命周期不同阶段	类　别	采　取　原　则
1	增长期	非库存管理项目	需一买一
2	平稳期	库存管理项目	卖一买一
3	衰退期	非库存管理项目	只卖不买

（2）确定订货数量。

订货数量的确定取决于库存的深度。库存深度也称零件的标准库存量，是针对每个配件，在考虑订货周期、在途零件和安全库存的前提下，保证配件及时供应的最大库存数量。

①标准库存量的确定。标准库存量 = 配件月均需求 × （订货周期 + 到货周期 + 安全库存周期）。

a.配件月均需求确定。一般采用前 6 个月某配件的每月需求量来计算月均需求，含常规的客户预定和流失的业务需求。

b.订货周期的确定。订货周期是指以月为单位的相邻两次订货所间隔的时间，如订货周期为 2 天，则订货周期 = 2/30 = 1/15（月）。

c.到货周期的确定。到货周期是指以月为单位的从配件订货到搬入仓库为止的时间，如到货周期为 6 天，则到货周期 = 6/30 = 1/5（月）。

d.安全库存周期的确定。由于受到货周期延迟和特殊需求因素影响，一般根据到货周期和市场波动设定安全库存周期。安全库存周期 = （订货周期 + 到货周期）× 0.7，安全库存 = 月均需求 × 安全库存周期。

②订货量的确定。订货量 = 标准库存量 − （在库数 + 在途数）+ 客户预订数。其中：在库数是指订货时的现有库存数量；在途数是指已订货尚未到货的配件数；客户预订数是指无库存、客户预订的配件数。

每个月实际订货根据配件实际库存量、半年内销售量及安全库存量等信息，由计算机根据上述公式计算出一份配件订货数量，配件计划员再根据经验或其他有效依据（如去年同期的销售量、修理车间目前修理的项目、竞争者的销售情况、配件供应商新车销售计划及国产化计划等）再对订货数量进行适当修正。

四、汽车配件的订货方式

汽车配件订货随着订货数量、订货地点及订货市场的不同，分为电话订货、书面订货及网上电子订货等多种方式，每种方式均有自己的特点及适用范围，见表 3-5。

汽车配件订货方式   表3-5

类型	特征	优点	缺点	适用范围
电话订货	靠电话订货	便捷,快速高效,反馈迅速	没有凭据,表达不清容易出错	一般适宜短途,且限于少量急需配件订货
书面订货	靠书面订货单订货	订货信息可靠无误,不易出错	传递速度慢,且不宜汇总统计	用于短途采购或多方配件市场订货
电子订货	靠计算机配件订购系统订货	便捷可靠,并可实时查询相关信息	要有互联网及管理软件支撑	广泛用于各经销商与汽车配件制造厂订货

五、汽车配件计算机管理软件的功用

汽车配件计算机管理系统是针对汽配企业产品的购销、配件的进出、账款的结算等业务而专门开发的,包括配件销售管理、配件采购管理、配件仓库管理、应收应付管理等。汽车维修管理系统一般包含汽车配件管理系统的功能。

1. 汽车配件计算机管理系统的作用

(1)能准确记录,实现企业人、财、物和产、供、销的合理配置与资源共享,加快库存周转,减少由于物料短缺而引起的维修工期拖延,保证企业的财务数据反映实际的成本及企业状况。

(2)便于挖掘企业内部潜力。如网络化的库存管理能够缩短进出货的周期,并减少缺货的可能性,从而减少因库存不当而造成的人力和财力浪费。

(3)实现各车型、故障、工种等的统计与量化,使维修报价、竣工结算、工资分配、奖金提成等方面均有据可依。

2. 汽车维修计算机管理系统功能

(1)接待报修。可记录顾客及维修汽车的信息,确定车辆的维修历史,预报初步修理项目和总价,记录各接待员的接修车辆。

(2)维修调度。在车辆进行修理过程中,计算机可跟踪记录各班组具体的维修工艺及材料、设备的使用情况,便于调度。

(3)竣工结算。可提供结算详细清单,提供各项修理费用、材料领用情况,生成、记录并打印修理记录单,并以历史记录保存。

(4)配件管理。能完成订货入库、出库及库存管理与跟踪,确定最佳订货量,记录应收、应付账款,显示配件存货等功能。

(5)财务管理。能对账目方便地查询、汇总;查询应收、应付账目,及时处理账款;生成日报表等。

(6)生产经营管理。可查询各部门工作情况,并对修理、价格等进行监控,从而实现对生产经营的全面监管。

实训情境设计

【实训情境描述】

某品牌4S店准备进行配件订货,请查询其配件库存量,并结合目前维修项目、订货周期及配件供应情况,制定包含订货品种及订货数量在内的订货计划,提交配件主管审核,并运用汽车配件订货管理系统完成订单上传,同时及时跟踪查询订单执行情况。

【实训情景准备】

1. 实训情境准备(表3-6)

实 训 情 境 准 备

表3-6

类别	准 备 内 容	获 取 渠 道
资料	工作单	内部资料和专业维修资料
	汽车配件图册或配件电子目录、教材	
	软件使用说明书	
	能力评价表	
工具	计算机	厂家工具及相关企业生产的标准化产品
	投影设备	
	汽车计算机配件管理软件	
地点	多媒体仿真实训室	学校自备

2. 实训情境工作单(表3-7)

汽车配件订货实训情境工作单

表3-7

项目名称	项目三:汽车配件订购	课题及任务名称	汽车配件订货	时间/学时	4
姓名		学号		班级		组别	

能力目标	1. 会收集查看配件销售信息、库存量等相关信息; 2. 会分析并制订配件订货计划; 3. 能利用汽车计算机配件管理平台完成配件订货申请单的建立与上传; 4. 能进行订货申请单执行情况的相关查询		
实训组织	课前给每位学生发放实训工作单,学生按照实训工作单完成实训操作,做好实训记录,并以小组为单位进行实训操作交流,开展自评、小组互评及教师点评		

任务分解及完成标准	完成情况记录	
	完成时间	准确性
任务一:订货计划的制订		
1. 收集或查询配件库存量、订货周期、配件缺件等相关信息		
2. 根据订货周期及库存量确定订货品种,并计算出订货量(与系统自动生成对比)		
3. 结合经验、同期销售量等相关信息完成配件订货计划修改		
4. 完成订货计划的审核签字		
5. 选择合适的订货方式		
任务二:配件订货操作		
1. 进入计算机配件订货管理系统,选择进入订货界面		
2. 根据订货计划调整订货量,完成订货申请单的建立		
3. 上传配件订货单		
4. 打印订货申请单		
5. 跟踪查询订货申请单的执行情况		
6. 查询订货申请单的财务状况		
7. 订货申请单的删除		

(左侧合并单元格:实训操作)

实训小结	

【实训情景流程】

以一汽大众配件管理系统功能为例介绍汽车配件订货系统的运用。

1. 进入一汽大众配件管理系统主界面(图3-4)

2. 进入配件管理功能界面(图3-5)

图3-4 一汽大众配件管理软件主界面

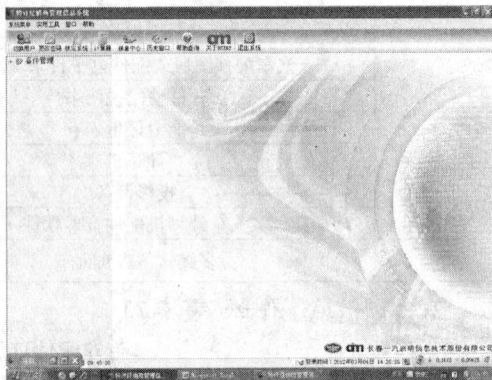

图3-5 配件管理界面

3. 打开配件管理菜单,查看配件管理功能(图3-6)

4. 手工订货

(1)填写订货单。打开"零件"→"订货",进入"订货"窗口界面(图3-7)。按[新增]按钮,添加一张新的订货单。

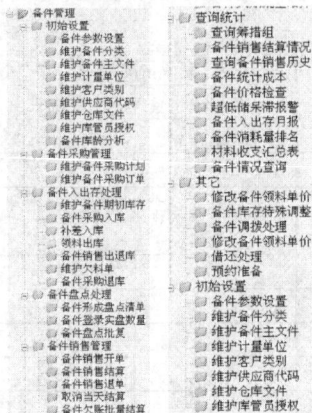

图3-6 配件管理相关功能

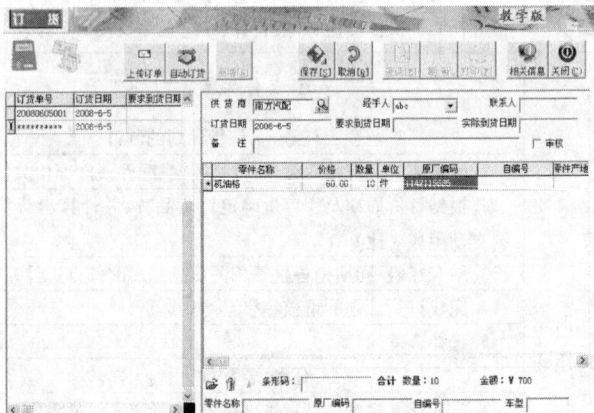

图3-7 进入订货界面

(2)供货商是提供该批配件的人,即你向谁购买该批配件。此项不用输入,单击 🔍 按钮进行选择调入,填写订货相关信息。订货日期保存时系统自动生成,也可以由用户修改;要求到货日期由用户根据实际情况填写;实际到货日期由用户根据实际情况填写。

(3)添加要订货的配件。单击"打开"按钮,弹出如图3-8所示窗口,此窗口列出了所有在零件目录里定义好的零件,选中要订货的零件单击"调入"按钮,弹出如图3-9对话框,输入订货的"价格"、"数量"、"零件产地"、"仓位"后按"确定"按钮返回,所选择的零件将调入到"编辑区"内。

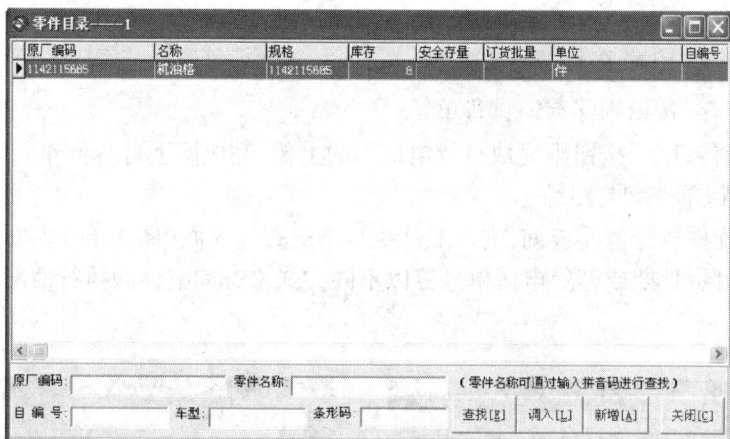

图 3-8 打开窗口

（4）所有信息填写好后，按"保存"按钮保存，按"打印"按钮可打印出此订货清单。注意：要想打印订货单，必须打上"审核"勾，否则不能打印。

5. 自动订货

（1）按"自动订货"按钮，弹出如图 3-10 所示的窗口。

（2）选中导入方式、配件统计时间段、供货商及选择零件价格后，按"导入"按钮，符合条件的记录出现在显示框中。"备料导入"是指在前台业务接待时，在工单中录入的零件及数量，如果库存里该种零件没有或者数量不够，则该零件将作为备料；"安全存量导入"是在零件目录中登记零件属性时，有一项"安全存量"录入框，如果库存里的该种零件的数量少于"安全存量"，则该种零件将作为"安全存量"导入；"全部"则包括以上两种。

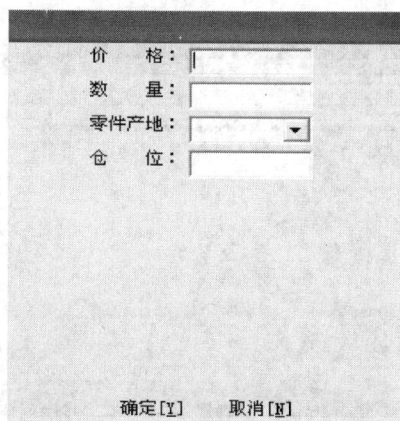

图 3-9 调入窗口

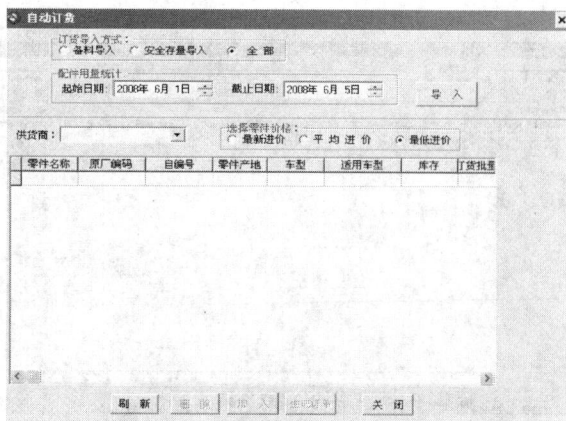

图 3-10 自动订货界面

（3）如果有不想订货的零件，按"删除"可以删除。

（4）按"生成订单"按钮，则当前该窗口的所有零件自动生成一张新的订货单。

（5）如果还想订购其他供货商的零件，则要重新选择供货商，按"导入"按钮，然后再按"加入"按钮，则可以添加到上一张订货单中。

（6）如果订购完成，按"关闭"按钮返回"订货"主窗口。

（7）按"保存"按钮则保存该订货单。

（8）按"上传订单"按钮则完成订货申请单的上传，完成网上订货操作。

6. 订货申请单查询与跟踪

（1）点击配件执行情况查询，进入配件执行情况查询界面（图3-11）。

（2）输入订货日期或订货申请单号等以不同方式来查询配件的执行情况（图3-12）。

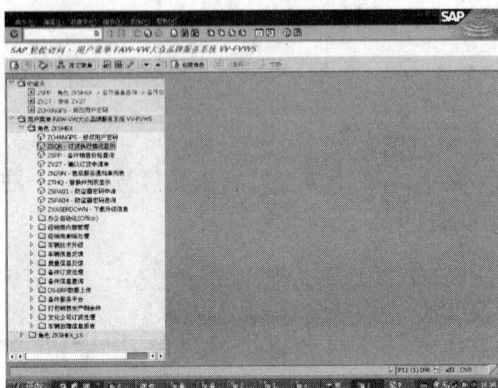

图3-11　订货执行情况显示界面

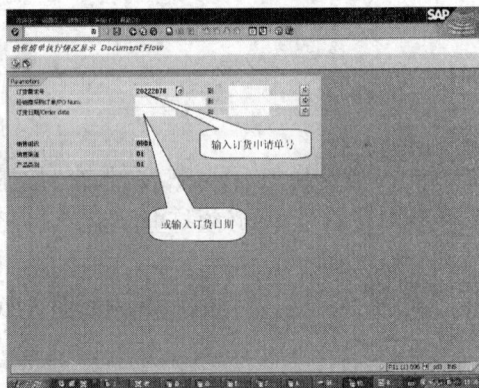

图3-12　以不同方式查询配件订货执行情况

（3）配件订单执行情况显示列表（图3-13）。

（4）双击发货清单号（图3-14）。

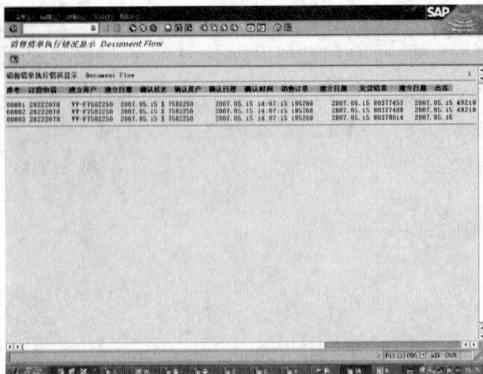

图3-13　销售清单执行情况显示

图3-14　发货清单显示界面

（5）发货清单执行情况将会显示（图3-15）。

（6）点击欠货清单，欠货清单执行情况将会显示（图3-16）。

配件订货注意事项如下：

(1)运用配件管理系统进行配件订货时,有时无法生成订货申请单,主要原因有订货信贷限制、订货次数限制、订货权限限制及其他方面限制。

(2)订货申请单一定要核对准确无误后再上传,上传后将不能浏览或修改。同时,上传后不用打电话上报订单号,订单处理后也不能加减配件,订单一般要求提前 24 小时上传。

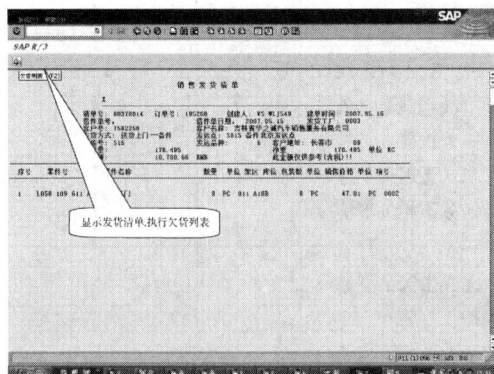

图 3-15　发货清单执行情况显示界面

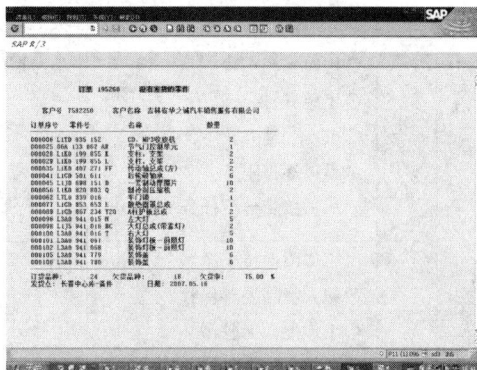

图 3-16　欠货清单显示界面

知识拓展：配件"最佳库存"

　　配件"最佳库存"就是在一定时间段内以最经济合理的成本,取得合理的配件库存结构,保证向用户提供最高的配件满足率,也就是以最合理的库存最大限度地满足用户的需求,这是配件订货追求的最佳目标。配件计划员应该不断完善、优化库存结构,保持经济合理的配件库存,向用户提供满意的服务,赢得用户的信赖,争取最大的市场份额,获得最大的利润,保证企业的长久发展。

　　一辆汽车的零件总数超过几十万个,不可能所有的零件都建立库存,而汽车配件销售的随机性也很大,一般很难预测客户什么时候需要什么配件,降低库存量和资金占有量与提高配件供货率之间是一对矛盾,作为汽车配件经销商,关键在于如何处理好"用最经济合理的成本,取得最大的经济效益"与"提供最高的配件供货率,不丧失每一个销售机会"之间的矛盾。

　　配件供应率和存储成本是衡量库存管理水平的标志,库存成本包括订购成本(采购费、验收入库费)和储存成本(占用资金利息、仓库管理费、罚金)。订货数量过多,资金必然被大量占用,并将增加存储成本;订货量过少,配件将会短缺,将增加订购成本。订货时间过早,存货必然增加,使存储成本上升;订货时间过晚,存量可能不足,导致缺货成本上升。一般总是根据以往的销售记录和近期的市场反馈信息确定库存配件品种的变化及库存量的大小,订购要适时、适量,最终保证企业的维修生产和销售顺利进行。

检查评价

实训情境评价表（一人一表）

班级：　　　　　　组别：　　　　　　姓名：

项　目		评　价　内　容 （请在对应条目的○内打"√"或"×"，不能确定的条目不填，可以在小组评价时让本组同学讨论并写出结论）		评价等级（学生自评）		
				A 全部为 "√"	B 有1~3个 "×"	C 有多于 3个"×"
关键能力自评	工作态度	○按时到场 ○工装齐备 ○书、本、笔齐全 ○不追逐打闹 ○积极接受分配任务	学习期间不使用手机、不玩游戏○ 未经老师批准不中途离场○ 不干扰他人工作○ 无迟到早退○ 上课不做与任务不相关事情			
	工作素养	○工作服保持干净 ○私人物品妥善保管 ○工作地面无脏污 ○工作台始终整洁 ○节约，无浪费现象 ○有责任意识	无发生安全事故○ 使用后保持工具整齐干净○ 有及时纠正他人危险作业○ 注重环保，废弃物能合理处理○ 未损坏工具、量具及设备○			
	合作及其他	○课前有主动预习 ○与本组同学关系融洽 ○积极参与小组讨论 ○接受组长任务分配 ○工装穿戴符合要求	本小组工作任务能按时完成○ 主动回答老师提问○ 能主动帮助其他同学○ 注重仪容，不戴饰物、发型合规○ 能自主学习和相互协作○			
专业能力 自评		○能独立查阅资料 ○注重工作质量及时自检 ○注重工作效率，时间观念强 ○会分析归纳相互学习 ○设备选择使用符合要求	能独立规范操作○ 能独立完成任务单○ 没有失手坠落物品○ 指出过他人的不规范操作○ 工作质量合格，无返工○			
小组评语 及建议		他（她）做到了： 他（她）的不足： 给他（她）的建议：		组长签名： 　　年　月　日		
教师评语 及建议				评价等级： 教师签名： 　　年　月　日		

课题二　汽车配件采购

汽车配件采购是汽车配件管理工作中的一个重要环节,需要根据配件采购程序,坚持采购原则,选择合适的供货商及运送方式,并把好采购验收关,为汽车维修生产提供保障。

一、配件采购人员素质要求

1. 具有一定的政策法律常识和良好的职业道德

汽车配件采购员一方面要熟悉国家与本地区的有关政策、法律法规,同时还要熟知本企业、本部门的各项规章制度,使采购工作在国家政策允许的范围内进行。采购员要坚守采购职业道德,严格按原则与规定程序完成采购。

2. 具备必要的专业知识

汽车配件采购员不仅要熟知汽车配件的名称、规格、型号、性能、商标和包装等知识,还要懂得汽车配件的结构、使用原理、安装部位、使用寿命及互换性等知识;不仅要精通采购业务的各个环节,还要知道进、销、运输、检验、入库保管等各业务环节相互间的关系。

3. 有对市场进行调查与预测的能力

配件采购员要有市场调查能力,掌握本地区车型数量、道路情况、配件消耗情况、主要用户进货渠道和对配件的需求情况、竞争对手的进货情况等信息。同时还要了解生产厂家的产品质量、价格和销售策略。在分析基础上,能预测出一定时期内当地配件市场的发展趋势。

4. 能合理编制采购计划

汽车配件采购员要根据自己掌握的资料,并结合本地区配件销售市场的预测、用户的购买意向、商品的库存、销售计划等相关因素,合理编制采购计划。

5. 能根据市场情况及时修订采购合同

尽管配件采购员对市场进行了预测,编制了比较合适的采购计划,但常常会遇到难以预料的情况,仍需要采购员能根据变化及时修订采购合同,争取减少长线商品,增加短线商品。

6. 要有一定的社交能力和择优能力

汽车配件采购员要求具有一定的社交能力,协调好各方面的关系,要尽最大的努力争取供货方在价格、付款方式、运费等方面的优惠。同时,汽车配件品种繁杂,假冒伪劣产品防不胜防,配件采购员要依靠对进货厂家的产品质量和标记的了解,择优采购。

7. 要善于动脑筋,有吃苦耐劳的精神

汽车配件采购员不仅要善于动脑筋,及时摸清配件生产和销售市场的商情,而且要随时根据市场情况组织货源,在竞争中以快取胜。同时为使企业获得最好的经济效益,需要有吃苦耐劳、精益求精的工作作风。

二、汽车配件采购原则与方式

1. 采购原则

(1)坚持规格、型号、价格及质量综合考虑的原则,合理组织货源,保证配件满足用户的需要。

（2）坚持按质论价，优质优价，合理确定配件采购价格的原则；坚持以销定购、按需进货的原则；坚持"钱出去，货进来，钱货两清"的原则。

（3）坚持采购配件的产品合格证及商标的把关。实行生产认证制的产品，购进时必须附有生产许可证、产品技术标准和使用说明。

（4）坚持对采购的配件进行监督检查原则。在配件采购中，要防止假冒伪劣配件进入市场，不能只强调工厂"三包"，而忽视产品质量的检查。

（5）坚持采购的配件必须有完整的内、外包装。外包装必须有厂名、厂址、产品名称、规格型号、数量、出厂日期等标志。

（6）坚持按合同要求按时发货原则。要求供货单位必须按合同规定时间按时发货，以防出现应季不到或过季到货现象。

2. 采购方式

汽车配件采购常见有集中进货、分散进货、集中与分散相结合及联购合销 4 种类型，具体差别见表 3-8。企业应根据实际情况扬长避短，选择适合自己的采购方式。

汽车配件不同采购方式的比较　　　　　　　　　　　　　　　表 3-8

名称	定义	优点及适用范围
集中采购	由专门机构或专门采购人员统一进货,然后分配给各销售部门销售	避免人力、物力分散,还可以加大进货量,受到供货方重视,节省进货费用
分散采购	企业内部配件经营部门如销售组、分公司自设进货人员自行进货	进货渠道多,进货快捷,多适用于各经销配件产品相对独立
集中与分散相结合	各销售部门提出采购计划,业务部门汇总审核后集中采购	外地采购及非固定进货关系采取集中进货,本地采购及有固定进货关系采取分散进货
联购合销	由配件零售企业联合派人,统一向生产企业进货,然后零售企业分销	适合小型零售企业之间,或中型零售与小型零售企业联合进货,可省费用

三、汽车配件采购程序

1. 选择配件进货渠道

汽车配件进货渠道一般分为 A 类厂、B 类厂、C 类厂（表 3-9），进货时可按三者的优先顺序选择，绝对不能向那些没有进行工商注册，生产"三无"及假冒伪劣产品的厂家进货。

不同进货渠道比较　　　　　　　　　　　　　　　　　　　表 3-9

类别	特 点	定 位	合同签订形式
A 类厂	主机配套厂;知名度高,产品质量优,是名牌产品	进货的重点渠道	采取先订全年意向协议,便于厂家安排生产,具体按每季度、每月签合同
B 类厂	知名度不如 A 类厂,但质量能保证,价格也比较适中	进货的次重点渠道	可签订较短期的供需合同
C 类厂	一般生产厂,配件质量尚可,价格较前两类厂家低	作为补充订货渠道	可采取电话、电报订货的办法,如需签订供需合同,合同期应更短一些

2.选择配件供货商

供货商的选择主要从价格费用、产品质量、交付情况、服务水平 4 方面来评价,见表 3-10。

供货商评价表　　　　　　　　　　　　　　　　　　　表 3-10

评价要素	评 价 方 法
价格费用	价格费用是选择供货商的一个重要标准,市场中存在固定价格、浮动价格和议价,还要考虑运输费用因素,要货比三家,价比三家,择优选购
产品质量	如果价格和费用虽然较低,但由于供应的配件质量较差而影响维修质量,反而会给用户和企业信誉带来损失,因此要选购质量符合规定的产品
交付情况	要考虑供货商能否按合同要求的交货期限和条件履行合同,可用合同兑现率来评价。要首选交货及时、信誉好、合同兑现率高的供货商
服务水平	考虑供货商服务态度、方便用户措施和服务项目等。还要注意就近选择,便于加强联系和协作,实现交货迅速、求援方便、节省运输费用和其他费用、降低库存数量等目标。同时考虑其他供货商的特点,比较相互间的生产技术能力、管理水平等,再作出全面的评价

3.选择供货方式

配件采购时应根据采购条件的不同,选择适当的供货方式,提高配件经营的经济效益,见表 3-11。

不同供货方式比较　　　　　　　　　　　　　　　　　　表 3-11

供货方式	适 用 范 围	优 点
签订合同直达供货	需求量大但任务不稳定或一次性需要	减少中转环节,加速周转
定点供应直达供货	需求量大、产品定型、任务稳定的配件	保证质量,降低采购费用
供销企业门市部直接供货	需求量少,如一个月或一个季度需求量在订货限额或发货限额以下的配件	供货迅速,减少库存积压
按协议供货	需求量少但又属于附近厂家生产的配件	便于及时调整,控制数量

4.选择进货方式

汽车配件零售企业的进货一般有多种方式,实际中要科学选择,见表 3-12。

不同进货方式比较　　　　　　　　　　　　　　　　　　表 3-12

进货方式	定义及特点	适 用 范 围
现货与期货	现货灵活性大,能适应变化情况,有利于加速资金周转	需求量较大而且消耗规律明显的配件,宜采用期货形式,签订期货合同
一家与多家采购	一家采购是指对配件的购买集中于一个供应单位。多家采购是将同一配件分别从两个以上的供应者订购	一家采购有利于采购配件质量稳定,规格对路,费用低,但无法与他家比较,机动性小;多家采购可通过比较选择优秀产品
生产厂与供销企业购买	对同一种配件既有生产厂自产自销,又有供销企业经营	生产厂购买便宜,产需直接挂钩可满足特殊要求。供销企业网点多而广,有利于就近供应,外地进货和小量零星用

续上表

进货方式	定义及特点	适用范围
联合采购	零售企业联合向汽车配件生产单位或到外地组织进货,然后各自分销	相互协作,节省人力,拆零分销,便于运输,降低采购成本,但组织比较复杂
电子采购	电子采购也称为网上采购	费用低、效率高、速度快、业务操作简单、对外联系范围宽广,最具有发展潜力
招标采购	招标采购是在众多的供应商中选择最佳供应商的有效办法	适合大规模采购,体现公平、公开和公正原则,能以更低的价格购到所需的配件
即时制采购	在恰当的时间、恰当的地点,以恰当的数量、恰当的质量采购恰当的配件	是一种先进的采购模式,如按季节采购配件

5.选择配件运输方式

（1）配件运输类型。如表3-13所示,配件的运输方式主要有铁路运输、公路运输、水路运输及航空运输等,各有各的特点和适用条件。选择时主要依据各种运输方式的可运量、发送速度、费用支出、服务质量等指标。

配件不同运输方式比较　　　　　　表3-13

运输方式	优点	缺点	适用范围	应用情况
铁路运输	载运量大,行驶速度快,费用较低廉,不受气候条件限制	受现有铁路线的限制,需要汽车等短途运输工具与之配合	适用于大宗配件长距离运输	是配件输送的主要力量,承担了近3/4的周转量
公路运输	机动灵活,运输面广,运行迅速,运费比铁路低	受道路及气候条件限制,运量大,运距长时运费高	适用于配件部门在当地提货发货	短途运输的主要形式
水路运输	包含内河运输和海运,具有运量大、运价低的优点	速度慢,易受季节和气候变化影响,运输的连续性差	具有内河或江海水路运输条件	我国有许多内河水系,是发挥运输潜力的重要途径
航空运输	具有速度最快且不受地形限制的特点	运费最高	适用运距长、时间要求紧的急需配件的运输	辅助运输手段,在建有机场的少数地区和城市应急使用

（2）配件运输方式选择。配件运输方式在具体选择时应根据每次运输的具体情况进行如表3-14所示各方面因素的考虑。实际工作中,一般是在考虑安全的前提下,从运输速度和运价两方面衡量,在运输时间能够满足要求的情况下,往往采用费用支出较低的运输方式。

配件运输方式选择应考虑的因素　　　　　　表3-14

考虑因素	考虑标准
双方的地理位置、交通环境、气候等条件	地理位置远近,交通是否便利,运输方式是否受到气候天气的影响
运送配件的特征	如包装、外形尺寸及其物理化学特性(如易碎性等)
配件的价值	如贵重、量小、件轻的配件一般可空运;价低、笨重或运送数量大时,则适于铁路运输或水运
配件需求上的特点	对急需的配件,采用运输速度快的运输方式;对批量大、批次多、供货连续性强的配件,则选择不受气候影响,运送时间及时的方式

四、签订汽车配件采购合同

汽车配件买卖合同、运输合同、保险合同等是关于汽车配件的常见合同,其中最主要的是汽车配件买卖合同即采购合同。

采购合同是供需双方的法律依据,是约束双方的权利与义务的法律文书,必须按合同法规定的要求拟定,合同的内容要简明,文字要清晰,字意要确切。品种、型号、规格、单价、数量、交货时间、交货地点、交货方式、质量要求、验收条件、双方职责、权利都要明确规定。

1. 采购合同的签订原则

采购合同应是合同双方进行配件交易行为时,双方签订的书面约定,是当事人双方真实意思的体现,因此,签订合同必须贯彻"平等互利、协商一致、等价有偿、诚实信用"的原则。合同依法签订后,当事人之间法律地位是平等的,权利和义务也是对等的。任何一方不得以大压小、以强凌弱、以上压下,也不能以穷吃富。国家法律不允许签订有损双方合法权益的"不平等条约"或"霸王合同"。一切违背平等互利、协商一致、等价有偿原则的合同为全部无效或部分无效的经济合同。

2. 采购合同的关键条款

配件采购合同的条款没有明确的规定,但为便于双方交易行为的控制,避免引起不必要的操作纠纷,应对配件采购的数量、质量、规格、价格及违约责任等控制点形成关键条款,从而保证双方的利益,见表3-15。

配件采购合同关键条款　　　　　　　　　　　　　　　　表3-15

合同控制要点	关键条款说明
配件的品名、品牌、规格、型号,有时也称为"标的"	标的是指合同当事人双方的权利义务共同指向的对象
配件的数量和质量	确定数量时应考虑配件常见的包装规范,一般以个、件、付、千克等计算;质量是合同的主要内容,一般是型号、等级等
汽车配件的价格、合同价款	价格是指汽车配件的单件(位)价格,合同价款是指合同涉及汽车配件的总金额
履行期限、地点和方式	履行期限是指当事人各方依照合同规定全面完成自己合同的时间。履行地点,是指当事人依照合同规定完成自己的合同义务所处的场所。履行方式,是指当事人完成合同义务的方法
违约责任	违约责任是指合同当事人因过错而不履行或不完全履行合同时应承受的经济制裁,如偿付违约金、赔偿金等
其他	根据法律规定,以及当事人双方要求必须规定的条款,也是买卖合同的主要条款

3. 采购合同签订的注意事项

(1)尽可能了解对方,确认合同签订代表相关信息是否合法,见表3-16。

合同签订前确认相关信息　　　　　　　　　　　　　　　　表 3-16

了解对象	了　解　内　容
对方	是否具有签订经济合同的主体资格,社会组织必须具备法人资格,个体工商户必须经过核准登记,领有营业执照
合同主体	是否具有权利能力和行为能力,是否具备履行合同的条件
法定代表人	是否具有合法的身份证明,代理人签订合同其是否有委托证明
代签单位	是否具有委托单位的委托证明等

(2)签订合同必须遵守国家法律、法规的要求。

(3)合同的主要条款必须齐备。经济合同必须具备明确、具体、齐备的条款。文字表达必须简练、清楚、准确,切不可用含混不清、模棱两可和一语双关的词汇。

(4)明确双方违约责任。合同的违约责任,是合同法律约束力的具体表现,是对双方履行合同的约束。其规定得不明确或没有,合同就失去了约束力,将导致发生合同纠纷时,缺少解决纠纷的依据。

(5)合同的变更与解除。经济合同依法签订后,即具有法律约束力,任何一方不得擅自变更或解除。但在特定条件下,可通过协商在双方均同意情况下变更或解除合同。

五、汽车配件采购验收

1. 汽车配件分类验收

汽车配件采购员在确定了进货渠道及货源,并签订了进货合同之后,必须在约定的时间、地点,对配件的名称、规格、型号、数量、质量检验无误后,方可接收。为了提高工作效率和达到择优进货的目的,可以把产品分成不同检验类型区别实施不同检查验收,见表 3-17。

不同类型商品的分类验收　　　　　　　　　　　　　　　　表 3-17

验收对象类别	验　收　方　法	验　收　说　明
名牌和质量信得过产品	基本免检	名牌也不是终身制,应对这些厂家的产品十分了解,并定期进行抽检
多年多批进货后,发现存在部分质量问题的产品	抽检几项关键项目	通过关键项目抽检,以检查其质量稳定性
以前未经营过的产品	按标准规定的抽检数,技术项目上尽可能全检	对其质量得出一个全面的结论,作为今后进货的参考
以前用户批量退货或少量、个别换货的产品	尽可能全检,对不合格部位重点检验	若再次发现问题,不但拒付货款,还应注销合同,不再进货
一些小厂的产品	检验时一定要严格把好检验关	往往合格率低,而且一旦兑付货款后,很难索赔,尽量不购进

2. 配件采购验收工具

汽车配件质量的好坏,直接关系到使用者的利益和销售企业的商业信誉,但配件产品涉及范围广,要对全部配件作出正确和科学的质量验收,所需的全部测试手段是中、小型汽配企业难以做到的。可以根据企业的实际情况,添置必备的技术资料,如所经营主要车型的图样或汽车配件目录,各类汽车技术标准等,这些资料都是检验工作的依据。购置一些通用检测仪表和通用量具,如游标卡尺、千分尺、百分表、千分表、量块、平板、表面粗糙度比较块、硬度计以及汽车万用表等,这些均是检测必备的常用工具。

3.配件采购验收方法(表3-18)

配件验收类型与方法一览表　　　　　　　　表3-18

验收点	验收方法	处理措施
配件品种	按合同要求,对配件的名称、规格、型号等认真查验	产品品种不符合合同要求,应妥善保管,并在规定的时间内向供方提出异议
配件数量	对照进货发票,先点收大件,再检查包装及其标记是否与发票相符。整箱配件,一般先点件数,后抽查细数;零星散装配件需点验细数;贵重配件应逐一点数;开包点验细数。对原包装配件有异议的,应开箱验收	托运的按托运单上所列数量点清,超过国家规定合理损耗范围的应向有关单位索赔。实际交货数量与合同规定交货数量之间的差额不超过规定的,双方互不退补;超过规定范围的要按照国家规定计算多交或少交的数量。双方有争议时应在规定的期限内提出异议,否则视为履行合同无误
配件质量	采用国家规定质量标准的,按国家质量标准验收;采用双方协商标准的,按照封存的样品或样品记录下来的标准验收	对配件质量提出异议的,应在规定的期限内提出,否则视为验收无误。当双方对质量发生争议时,按照规定由标准化部门的质量监督机构执行仲裁检验

4.配件采购验收不良结果责任划分

汽车配件从产地到销地,要经过发货单位、收货单位(或中转单位)和承运单位三方共同协作来完成,所以必须坚持如表3-19所示一般原则,划清各方的责任范围。

汽车配件运输责任划分　　　　　　　　表3-19

差错发生时段	差错类型	责任方
在铁路、公路运输部门承运前	发货单位工作差错发生的损失	发货单位负责
从接收中转汽车配件起,到交付铁路、公路交通运输部门运输前	所发生的损失和由于中转单位工作处理不善造成的损失	中转单位负责
配件到达收货地,并与铁路公路交通运输部门办好交接手续后	发生损失和由于收货单位工作问题发生的损失	收货单位负责
自承运汽车配件起至交付收货单位或依照规定移交其他单位前	承运前保管的车站、港口从接收配件起发生的损失	除自然灾害全部由承运单位负责

实训情境设计

【实训情境描述】

某汽车配件经营企业根据库存情况及市场近期需求,制定了配件采购计划,请根据配件采购流程,结合已确定的配件供货渠道及供货商,科学合理选择运输方式,办理相关运输手续,并完成配件的采购验收工作。

【实训情景准备】
1. 实训情境准备 (表 3-20)

实 训 情 境 准 备　　　　　　　　　　　　　　表 3-20

类别	准 备 内 容	获 取 渠 道
资料	工作单	内部资料和专业维修资料
	汽车配件不同运输方式所采用的单据	
	采购验收单据	
	能力评价表	
工具	计算机	厂家工具及相关企业生产的标准化产品
	不同类型汽车配件	
	汽车配件验收工具与设备	
地点	配件管理实训室	学校自备

2. 实训情境工作单 (表 3-21)

配件运输与采购验收实训情境工作单　　　　　　表 3-21

项目名称	项目三:汽车配件订购	课题及任务名称	汽车配件采购	时间/学时	4
姓名		学号	班级	组别	

能力目标	1. 会依据采购信息合理确定配件运输方式; 2. 会办理配件运输相关手续; 3. 能进行采购配件验收并填写相关记录		
实训组织	课前给每位学生发放实训工作单,学生按照实训工作单完成实训操作,并做好相关实训记录,并以小组为单位进行实训操作交流,开展自评、小组互评及教师点评		

任务分解及完成标准	完成情况记录	
	完成时间	准确性
任务一:配件采购运输方式的选择与办理		
1. 分析配件采购相关信息,如数量、进货渠道、供货商等		
2. 完成不同配件运输方式的对比分析		
3. 根据配件采购数量及供货商信息合理选择运输方式		
4. 办理配件运输的相关手续		
5. 填写配件运输的相关记录表单		
任务二:配件采购验收		
1. 做好配件采购验收准备工作		
2. 核对配件运输相关资料		
3. 完成实物验收		
4. 填写验收记录表单		

实训小结 (实训操作)

3.实训素材

(1)海运出口货物代运委托单的识别与填写。

海运出口货物代运委托单

代运编号：				制表日期： 年 月 日		
货运港	目的港	出票号		国籍	寄件单位编号	
唛头标记及号码	件数及包装式样	化路规格及型号（中英文）	毛（公斤）重		尺 （立方米） 码	
			毛重		尺 立方码 （尺码不一时需另附表）	
			净重		长 宽 高	
托运人（英文） SHIPPER:					单价 成交价格	
收货人（提单抬头）（英文） CONSIGNEE					需要提单正本 份，副本 份	
通知人（英文）　正本 NOTIFY　副本					信用证号	
代发船舶电报/地址、地址（英文）：					装期 效期	
					可否转船	
					可否分批	
					运费支付	
特约事项：1、信用证要求 2、委托人要求					随附单证	出口货物报关单第三份 商业发票二份 装箱（重量）单二份 信用证副本一份 商检证一份 出口许可证 份
装船情况	船名	航次	提单号	装出日期	货物情况	
填表 说明	1、本表填写四份，加盖公章后连同有关单证寄送进出口外运天津分公司。 2、危险品务烟危险品性能说明书口供					

填写要领：_____

(2)铁路货物运输运单的识别与填写。

承运人/托运人装车　货物指定于　月　日滚入　　××铁路局
承运人/托运人施封　货位：　　　　　　　　**货物运单**
计划号码或运输号码：
运到期限：　　日　　托运人 发站 → 到站 → 收货人　　货票第　　号

托运人填写				承运人填写		
到站	到站（局）			车种车号		货车标重
到站所属省（市）自治区				施封号码		
托运人	名称		托运人邮政编码	经由	铁路货车棚车号码	
	住址		电话	运价里程		
收货人	名称		收货人邮政编码			
	住址		电话	集装箱号码		
货物名称	件数	包装	货物价格	托运人确定重量	承运人确定重量	计费重量	运价号	运价率	运费
合计						
托运人记保险载事项				承运人记载事项		
注：本单不作为收款凭，托运人签约须知风背面				托运人盖章或签字 年 月 日	到站交付日期	发站承运日期

填写要领：_____

(3)公路运输单据的识别与填写。

安徽省道路货物运单
（甲种）

起运日期： 年 月 日　　　　　　　　　　　　　　编号：

承运人	地址 邮编		电话 传真		车费号	运输 证号	车型		挂车 费号
托运人	地址 邮编		电话 传真			装货地点			
收货人	地址 邮编		电话 传真			卸货地点			
货物名称及规格	包装 颜色	体 积 长×宽×高(厘米)	件数	实际重量 (吨)	计费重量 (吨)	货运周转量 (吨公里)	货物等级	运价率	其他杂费 费目 金额	保价、保险 费
合　计										
货物运单签订地均事项	结算方式		付款币种 计价单位		运杂费合计	万 千 百 拾 元 角 分				
	托运人签单或运输合同编号 年 月 日		承运人签单 年 月 日			收货人签单 年 月 日				

填写要领：_____

知识拓展:汽车4S店配件外采与外销控制

　　汽车4S经销商均被要求必须全部使用汽车制造厂原装配件,禁止向制造厂以外的供货渠道采购配件,包括油漆配件。配件外采就是指向汽车制造厂以外供货渠道采购配件的行为。配件外销是指经销商将制造厂配件管理部禁止对外销售的配件进行销售的行为,对允许外销的配件也规定不得低于一定的加价率来外销。汽车制造厂对网络经销商外采与外销行为的控制一般采用飞行检查和神秘客检查相结合,并把配件外采行为的性质分为少量外采行为、一般外采行为、严重外采行为、特别严重外采行为4种类型。不同类型将作出相应的判定与处罚,同时把不配合飞行检查的经销商,也视为配件外采行为。表3-22、表3-23分别为一汽大众对经销商配件外采与外销行为的判定与处罚。

一汽大众配件外采的判定与处罚　　　　　　　　　　表3-22

外采等级	检查方式	判　定　方　式	处　理　方　法
少量外采	飞行检查	外采金额≤1000元	书面批评
一般外采	神秘客检查 飞行检查	神秘客检查出一次外采或1000＜外采金额≤10000元或存在两次以上少量外采	书面批评;点对点通报;处以5万元罚款
严重外采	神秘客检查 飞行检查	检查出两次外采或外采金额＞10000元存在两次以上一般外采	网络通报;处以15万元罚款;撤换配件经理
特别严重外采	神秘客检查 飞行检查	神秘客检查出两次以上外采或外采金额≥100000元或存在两次以上严重外采	网络通报;处以30万元罚款;撤换配件经理,且不得在网络内从事配件工作;视情节取消经销商资格

一汽大众配件外销行为的判定与处罚　　　　　　　　　　表3-23

外销等级	检查方式	判　定　方　式	处　理　方　法
一般外销	神秘客检查 飞行检查	神秘客检查发现外销一次或每月禁止销售配件外销金额≤月采购额5%	书面批评;点对点通报;处以5万元罚款
严重外销	神秘客检查 飞行检查	神秘客检查发现外销两次或月采购额5%＜每月禁止销售配件外销金额≤月采购额10%	网络通报、处以10万元罚款;撤换配件经理
特别严重外销	神秘客检查 飞行检查	神秘客检查发现外销两次以上或每月禁止销售配件外销金额＞月采购额10%	网络通报、处以20万元罚款;撤换配件经理,且不得在网络内从事配件工作;视情节取消经销商资格

检查评价

实训情境评价（一人一表）

班级：　　　　　　　组别：　　　　　　　姓名：

项目		评价内容 （请在对应条目的○内打"√"或"×"，不能确定的条目不填，可以在小组评价时让本组同学讨论并写出结论）		评价等级（学生自评）		
				A 全部为 "√"	B 有1~3个 "×"	C 有多于 3个"×"
关键能力自评	工作态度	○按时到场 ○工装齐备 ○书、本、笔齐全 ○不追逐打闹 ○积极接受分配任务	学习期间不使用手机、不玩游戏○ 未经老师批准不中途离场○ 不干扰他人工作○ 无迟到早退○ 上课不做与任务不相关事情○			
	工作素养	○工作服保持干净 ○私人物品妥善保管 ○工作地面无脏污 ○工作台始终整洁 ○节约，无浪费现象 ○有责任意识	无发生安全事故○ 使用后保持工具整齐干净○ 有及时纠正他人危险作业○ 注重环保，废弃物能合理处理○ 未损坏工具、量具及设备○			
	合作及其他	○课前有主动预习 ○与本组同学关系融洽 ○积极参与小组讨论 ○接受组长任务分配 ○工装穿戴符合要求	本小组工作任务能按时完成○ 能主动回答老师提问○ 能主动帮助其他同学○ 注重仪容，不戴饰物、发型合规○ 能自主学习和相互协作○			
专业能力自评		○能独立查阅资料 ○注重工作质量及时自检 ○注重工作效率，时间观念强 ○会分析归纳相互学习 ○设备选择使用符合要求	能独立规范操作○ 能独立完成任务单○ 没有失手坠落物品○ 指出过他人的不规范操作○ 工作质量合格，无返工○			
小组评语及建议		他（她）做了： 他（她）的不足： 给他（她）的建议：		组长签名： 年　　月　　日		
教师评语及建议				评价等级： 教师签名： 年　　月　　日		

课题三　汽车配件财务结算

　　汽车配件财务结算是汽车配件订购与销售工作的重要环节,需要根据财务结算程序,严格遵照财务支出的相关规定,及时办理配件款项结算,合理填写财务单据,为汽车配件后续订购与销售提供必要的保障。

一、财务结算的方式与方法

1.财务结算方式

　　财务结算按货币支付方式的不同,分为现金结算和转账结算,两者差异见表3-24。

财 务 结 算 方 式　　　　　　　　　　　表3-24

结算方式	定　义	使 用 范 围	结 算 工 具
现金结算	购销双方直接用现金进行结算	小额配件采购与销售	现金
转账结算	双方使用银行的票据和结算凭证,通过划账的方式进行结算	除小额配件采购与销售外采用	汇票、银行本票、支票、汇兑、委托收款、银行汇款和信用证等

2.转账结算类型

　　转账结算按交易双方所处的地理位置分为同城结算和异地结算两种方法,两者区别见表3-25。

转 账 结 算 类 型　　　　　　　　　　　表3-25

结算类型	特　点	结 算 方 法	最常用方法
同城结算	在同一城镇内各结算单位之间发生经济往来而办理的转账结算	支票、委托付款、托收无承付和同城托收承付等方法	支票结算
异地结算	不同城镇的各结算单位之间发生经济往来而要求办理的转账结算	异地托收承付、信用证、委托收款、汇兑、银行汇票、商业汇票、银行本票和异地限额结算等	异地托收承付、银行汇票、商业汇票、银行本票和汇兑结算

二、财务结算工具

1.支票

　　支票结算是最常用的同城结算工具。支票是银行的存款人签发给收款人办理结算或委托开户银行将款项支付给收款人的票据。支票按其支付方式,可分为现金支票(图3-17)和转账支票。现金支票只能用于支付现金,转账支票只能用于转账。

　　(1)支票使用规定。

　　①支票一律记名。中国人民银行总行批准的地区转账支票可以背书转让。

　　②支票金额起点为100元,付款期为自出票日起10天。

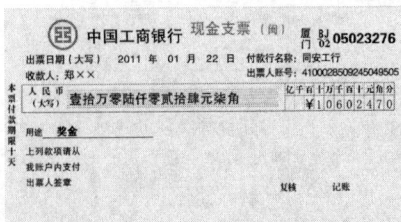

图3-17　现金支票

③签发支票应使用墨汁或碳素墨水填写。未按规定填写,被涂改冒领的,由签发人负责。

④签发人必须在银行账户余额内按照规定向收款人签发支票。对签发空头支票或印章与预留印鉴不符的支票,银行除退票外,按票面金额处以5%但不低于1000元的罚款。

⑤收款人应将受理的转账支票连同填制的进账单送交开户银行。收款人凭现金支票支取现金,须在支票背面背书,持票到签发人的开户银行支取现金,并按照银行的需要交验证件。

⑥已签发的现金支票遗失,可以向银行申请挂失。挂失前已经支付,银行不予受理。已签发的转账支票遗失,银行不受理挂失,可请求收款人协助防范。

⑦存款人领用支票,必须填写"支票领用单"并加盖预留银行印鉴。账户结清时,必须将全部剩余空白支票交回银行注销。

(2)支票的结算程序。

①开设账户办理支票结算。

②付款人根据商品交易、劳务供应或其他经济往来向收款人签发支票。

③收款人将商品发运给付款人,或提供劳务服务。

④收款人将支票送交开户银行入账。

⑤收款人开户银行向付款人开户银行提出清单。

⑥付款人开户银行根据有关规定划转货款或劳务服务款。

⑦收款人开户银行给收款人收妥款项后,通知收款人入账。

⑧付款人与开户银行定期对账。

2. 银行汇票

银行汇票(图3-18)是由出票银行签发,收票银行见票时按实际结算金额无条件支付给收款人或持票人的票据,单位或个人的各种款项结算均可借助于银行汇票。银行汇票可用于转账,注明"现金"字样的银行汇票也可用于支取现金。银行汇票有以下几个特点:

(1)无地域限制。

(2)无起点金额限制。

(3)企业或个人均可申请。

(4)收、付款人均为个人时,可申请现金银行汇票。

(5)有效期一般为1个月。

(6)现金银行汇票丢失可以挂失。

(7)见票即付,在票据有效期内可以办理退票。

3. 银行本票

银行本票(图3-19)是由银行签发的、承诺在见票时无条件支付指定金额给收款人或持票人的票据,单位或个人在同一票据交换区域需支取各种款项时均可使用银行本票。银行本票有以下几个特点:

(1)银行本票一律记名。

(2)不定额银行本票无起点金额限制。

(3)银行本票见票就付。

(4)收、付款人均为个人时,可申请现金银行汇票,现金银行本票可委托人向出票行提示付款。

(5)银行本票付款期限一般不超过2个月。

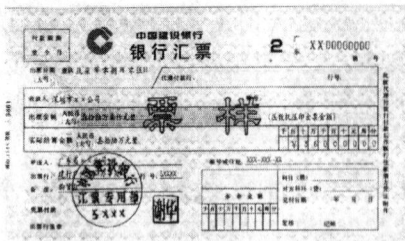

图 3-18　银行汇票

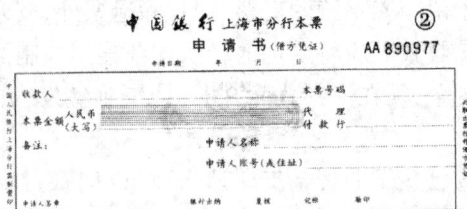

图 3-19　银行本票

4.发票

发票是单位和个人在购销商品、提供或者接受服务以及从事其他经营活动中,开具或取得的收付款凭证。发票又分为普通发票和增值税专用发票两大类。

(1)普通发票。

普通发票是购销商品、提供或接受服务以及从事其他经营活动中收付款的凭证,使用范围比较广泛。普通发票只开具交易数量、价格等内容,不开具税金。

①普通发票开具规定。

a.发票限于领购单位和个人自己填用,不准买卖、转借、转让、代开。

b.开具发票要按照规定的时限、顺序、逐栏、全部联次一次性如实开具,并加盖单位财务印章或者发票专用章。

c.填开发票的单位和个人必须在发生经营业务确认营业收入时开具发票,未发生经营业务一律不准开具发票。

d.开具发票应当使用中文。

②普通发票使用登记、缴销和保管的规定。

a.开具发票的单位和个人,应建立发票使用登记制度,设置发票登记簿,并定期向主管税务机关报告发票使用情况。

b.开具发票的单位和个人,发生转业、改组、分设,以及改变主管税务机关的情况,在办理变更或注销税务登记的同时,要办理发票和发票领购簿的变更、缴销手续。

c.开具发票的单位和个人,都应建立健全发票保管制度,设专人负责,定期进行盘点,保证账实相符。

d.实行"验旧换新"制度的用票单位和个人,领购新发票时,要向税务机关缴销已经填用完毕的发票存根。

(2)增值税专用发票。

增值税专用发票(图3-20)是根据增值税的特点而设计,专供增值税一般纳税人销售货物或应税劳务使用的一种特殊发票。增值税专用发票只限于经税务机关认定的增值税一般纳税人领购使用。增值税一般纳税人销售货物或者应税劳务,应当向购买方开具增值税专用发票。

①增值税专用发票的使用和管理规定。

a. 增值税专用发票统一由国家税务总局委托中国人民银行印钞造币总公司印制，其他任何单位和个人都不得私制。

b. 增值税专用发票只限于增值税一般纳税人领购使用。

c. 纳税人在申请领购增值税专用发票时，应提供经办人身份证明、《增值税纳税人税务登记证》、财务印章或发票专用章的印模，经主管税务机关审查后，核对《专用发票领购簿》。

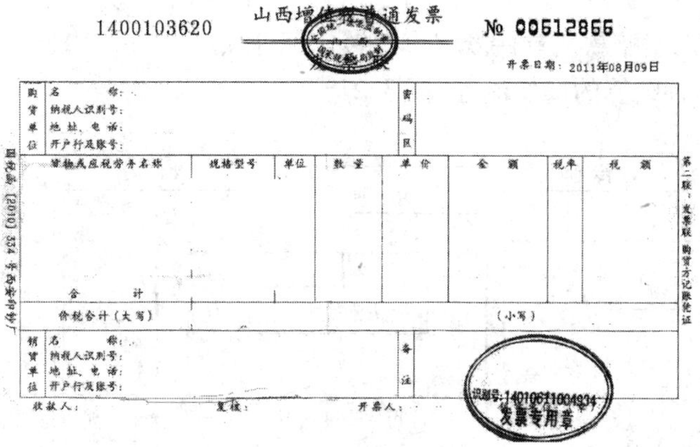

1400103620　山西增值税普通发票　№ 00512866

开票日期：2011年08月09日

购货单位　名　称：
纳税人识别号：
地址、电话：
开户行及账号：
密码区

货物或应税劳务名称	规格型号	单位	数量	单价	金额	税率	税额
合　计							
价税合计（大写）					（小写）		

销货单位　名　称：
纳税人识别号：
地址、电话：
开户行及账号：
备注

收款人：　复核：　开票人：

识别号：14010611004934　发票专用章

国税函〔2010〕334号西安印钞厂

第二联：发票联　购货方记账凭证

图 3-20　增值税专用发票

②增值税专用发票的开具时限规定。

a. 采用预收货款、托收承付、委托银行收款结算方式销售货物的，专用发票的开具时间为货物发出的当天。

b. 采用交款提货结算方式销售货物的，专用发票的开具时间为收到货款的当天。

c. 采取赊销、分期付款结算方式销售货物的，专用发票开具时间为合同约定收款日期的当天。

d. 采取其他方式销售货物、应税劳务或按税法规定其他视同销售货物的行为应当开具专用发票的，应在货物出库、移送或劳务提供的当天填开专用发票。

三、汽车配件的质押结算

为缓解经销商配件采购的资金压力，鼓励经销商建立合理的配件储备，汽车制造厂对配件采购一般要求采用质押结算，不直接收取现金，也不接受任何第三方的垫付款。定额周转质押（即银行承兑汇票质押）是指经销商将其办理的银行承兑汇票以质押物的形式交付给汽车制造厂，作为制造厂向经销商提供定额周转配件的结算保证。配件定额质押也是配件订购查询与财务结算需要了解的相关内容。下面以一汽大众为例介绍定额周转质押相关知识。

1. 质押额度确定

定额周转质押额度的制定一般根据经销商 2 个月为周期的配件订货计划、经销商的维修、销售、索赔状况、经销商的信誉等级与信贷能力、市场变化对经销商销售状况的影响程度、经销商的库存量、库存周转速度及资金周转速度等来综合确定经销商的质押额度。当经销商配件采购可用资金低于规定的定额时，将不能在网上进行配件订购。

2.配件质押结算相关规定

(1)经销商必须建立独立的银行账号。

(2)在配件经营管理中,必须有单独的财务进出明细账目。

(3)当经销商的账号和开户行等信息变更时,应填写《信息通知单》提前通知一汽大众配件管理部销售计划组及财务部会计科配件业务负责人员。

(4)一汽大众有权审计经销商的配件经营账目,经销商应主动配合一汽大众的巡访检查工作。

(5)经销商售后索赔款及首保款将直接转作配件款。

3.汽车配件质押结算的操作流程(图3-21)

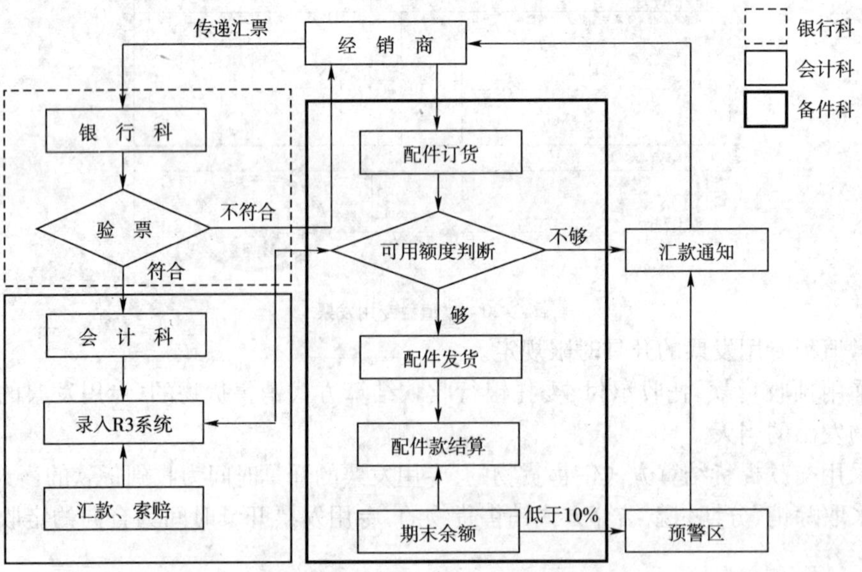

图3-21 一汽大众配件质押操作流程

4.一汽大众定额周转配件质押相关规定

(1)经销商提供的用于质押的银行承兑汇票必须为经销商所在银行开具,出票人为经销商本身,收款人为一汽大众汽车有限公司,背书转让的银行承兑汇票不能用于质押使用。

(2)经销商提供的用于质押的银行承兑汇票必须与配件部规定的质押额度相符。

(3)经销商提供的用于质押的银行承兑汇票由银行科作查询验票处理,符合要求的由银行科保管并把查询后的信息通知会计科,不符合要求的返回经销商。

(4)一汽大众会计科接到银行科的银行承兑汇票信息后作财务入账处理。

(5)经销商在一汽大众财务账上的期末余额不得低于规定质押额度的10%。

(6)为保证配件资金的还款率,严禁经销商以任何理由挪用配件资金。

(7)经销商需变更质押额度时,必须向配件部提出申请,经配件部批准后重新核定质押额度,并在 R/3 系统上作相应修改。

(8)对新入网的经销商,可根据需要办理定额周转配件质押业务。

5.汽车配件质押结算申请流程(图3-22、表3-26)

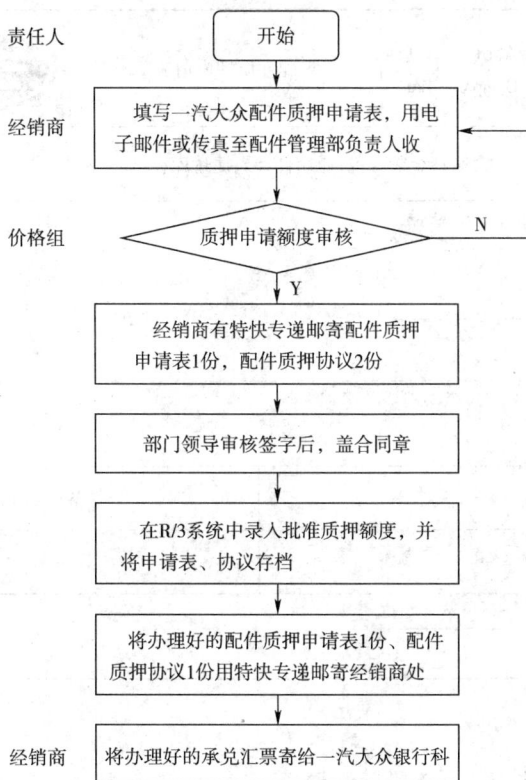

责任人　　　　　　　　　　　开始

经销商　　填写一汽大众配件质押申请表,用电子邮件或传真至配件管理部负责人收

价格组　　　　质押申请额度审核　　　　N

　　　　　　　　　　Y

经销商有特快专递邮寄配件质押申请表1份,配件质押协议2份

部门领导审核签字后,盖合同章

在R/3系统中录入批准质押额度,并将申请表、协议存档

将办理好的配件质押申请表1份、配件质押协议1份用特快专递邮寄经销商处

经销商　　将办理好的承兑汇票寄给一汽大众银行科

图3-22　一汽大众配件质押结算申请流程

配件质押结算申请表　　　　　　　　表3-26

一汽－大众汽车有限公司 FAW－Volkswagen Automotive Company,Ltd.			配件质押申请表		
	日期			编号	
	服务代码			三位一体	1.是　　2.不是
	单位全称			指定代理人	
	状态(在序号上打√)	1.未开业　2.开业　3.停业		代理人电话	
经销商填写内容	车型	库存金额	月订货金额	月维修金额	地区整车保有量
	捷达				
	宝来				
	高尔夫				
	开迪				
	速腾				
	合计				

一汽 – 大众汽车有限公司 FAW – Volkswagen Automotive Company , Ltd.	配件质押申请表	

注：以上信息请详细填写（编号除外）；金额含税；通用件计入捷达库存。

服务总监签字：

公章：

现场代表签字：

申请额度		备件部价格组意见
批准额度		

备件部部长签字：_____

实训情境设计

【实训情境描述】

某汽车 4S 店配件库订货人员在进行配件订货时发现无法进行网上订购，经查询发现配件账户资金不足，要求财务人员进行财务核对并完成配件资金款的补充，同时查询配件销售款支付情况，完成欠款清算。

【实训情景准备】

1. 实训情境准备（表 3-27）

实训情境准备   表 3-27

类别	准备内容	获取渠道
资料	工作单	内部资料和专业维修资料
	配件管理软件使用说明书	
	作业单	
	能力评价表	
工具	计算机	厂家工具及相关企业生产的标准化产品
	投影设备	
	汽车配件管理软件	
地点	多媒体仿真实训室	学校自备

2. 实训情境工作单 (表3-28)

汽车配件资金查询与结算实训情境工作单　　　　　　表 3-28

项目名称	项目三:汽车配件订购	课题及任务名称	配件财务结算		时间/学时	2
姓名		学号		班级	组别	

	能力目标	1. 会网上查询配件余款金额; 2. 会办理配件财务结算相关手续; 3. 能进行配件财务结算并填写相关记录		

	实训组织	课前给每位学生发放实训工作单,学生按照实训工作单完成实训操作,做好相关实训记录,并以小组为单位进行实训操作交流,开展自评、小组互评及教师点评		

	任务分解及完成标准	完成情况记录	
		完成时间	准确性
	任务一:配件财务数据查询		
	1. 打开配件管理软件		
	2. 进入配件信息查询界面		
	3. 进入财务数据查询		
	4. 输入服务站代码		
实训 操作	5. 查询配件余额		
	任务二:配件月底对账		
	1. 月底与主机厂对账准备工作		
	2. 发票周期内销售清单明细列表准备		
	3. 订货执行情况列表准备		
	4. 配件计划员填写的入库清单记录		
	5. 利用 VLOOKUP 函数核对发票金额		
实训 小结			

【实训情景流程】

1. 进入一汽大众 R3 系统(图 3-23)

2. 进入配件信息查询界面(图 3-24)

3. 进入服务站财务数据查询(图 3-25)

4. 输入服务站代码(图 3-26)

5. 查询配件采购可用余额(图 3-27)

6. 经销商在一汽大众财务账上的期末余额不得低于规定质押额度的 10%

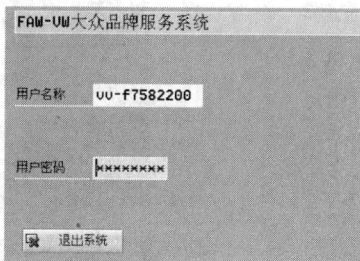

图 3-23　进入一汽大众 R3 系统

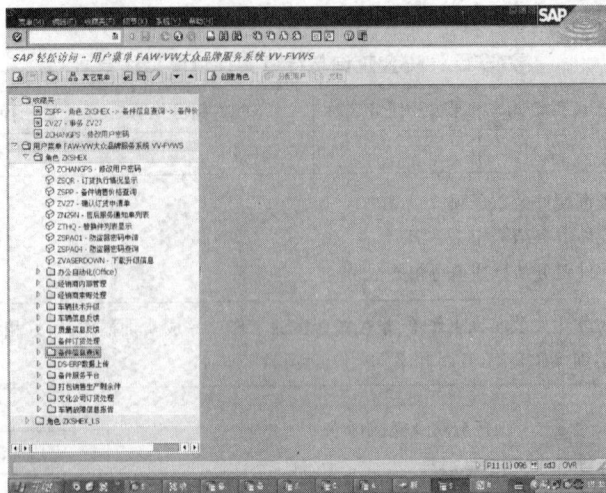

图 3-24　进入配件信息查询界面

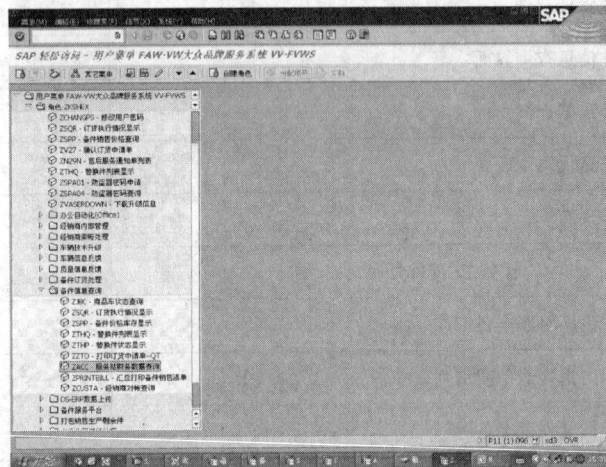

图 3-25　进入服务站财务数据查询界面

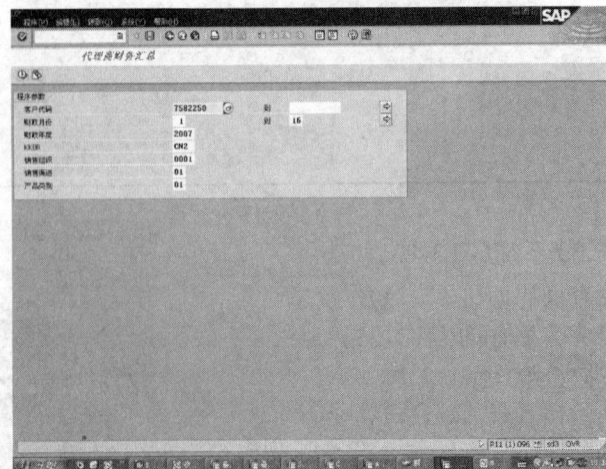

图 3-26　输入服务站代码

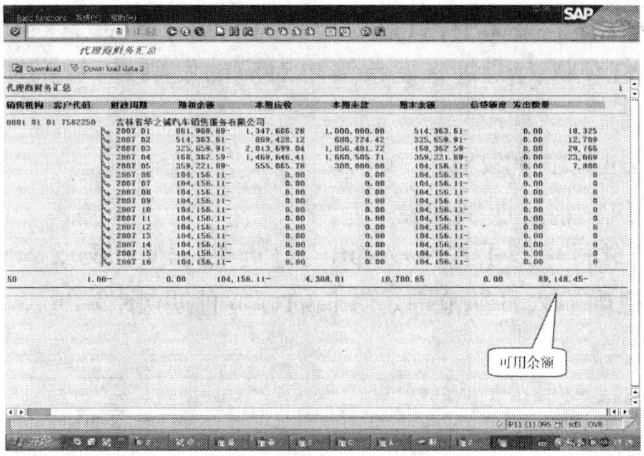

销售机构 客户代码	财政周期	期初余额	本期应收	本期来款	期末余额	信贷额度	发出数量
0001 01 01 7582250	吉林省华之诚汽车销售服务有限公司						
	2007 01	861,969.89-	1,347,606.28	1,000,000.00	514,363.61-	0.00	18,325
	2007 02	514,363.61-	869,428.12	680,724.42	325,659.91-	0.00	12,789
	2007 03	325,659.91-	2,013,699.04	1,856,401.72	168,362.59-	0.00	29,766
	2007 04	168,362.59-	1,469,646.41	1,660,505.71	359,221.89-	0.00	23,069
	2007 05	359,221.89-	555,065.78	300,000.00	104,156.11-	0.00	7,800
	2007 06	104,156.11-	0.00	0.00	104,156.11-	0.00	0
	2007 07	104,156.11-	0.00	0.00	104,156.11-	0.00	0
	2007 08	104,156.11-	0.00	0.00	104,156.11-	0.00	0
	2007 09	104,156.11-	0.00	0.00	104,156.11-	0.00	0
	2007 10	104,156.11-	0.00	0.00	104,156.11-	0.00	0
	2007 11	104,156.11-	0.00	0.00	104,156.11-	0.00	0
	2007 12	104,156.11-	0.00	0.00	104,156.11-	0.00	0
	2007 13	104,156.11-	0.00	0.00	104,156.11-	0.00	0
	2007 14	104,156.11-	0.00	0.00	104,156.11-	0.00	0
	2007 15	104,156.11-	0.00	0.00	104,156.11-	0.00	0
	2007 16	104,156.11-	0.00	0.00	104,156.11-	0.00	0

50 1.00- 0.00 104,156.11- 4,308.01 10,780.65 0.00 89,148.45-

图 3-27 查询配件采购余额

知识拓展:汽车配件月底对账

汽车 4S 服务站在月底时需要同汽车制造厂进行财务对账,即核对配件订购的发票及金额是否有误。快捷有效的月底财务对账一般要用到 3 个文件,分别是销售清单明细列表、订货执行情况明细列表及配件计划员维护填写的配件入库清单记录,以一汽大众为例介绍配件财务对账操作。

1. 下载准备发票周期内的销售清单明细列表

(1)在大 R3 系统中双击选择 ZPRINTBILL - 汇总打印备件销售清单。

(2)按正确格式输入发票日期,如 2011.05.21 到 2011.06.20(图 3-28)。

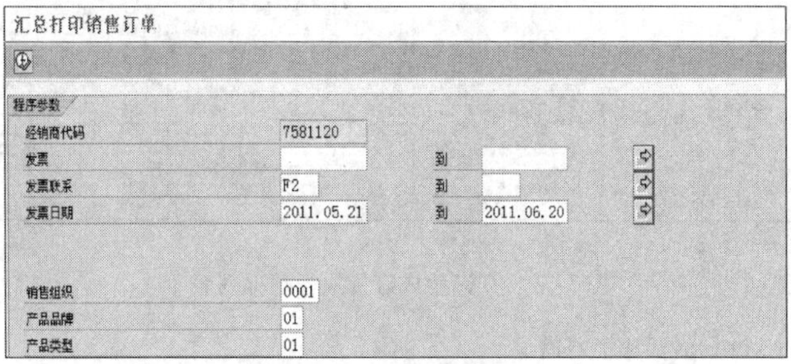

图 3-28 输入发票日期

(3)点击执行键(F8),生成发票日期内的销售清单列表(图 3-29)。

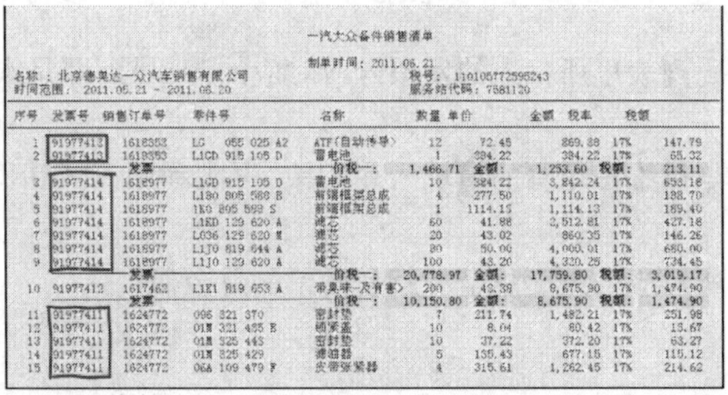

一汽大众备件销售清单

制单时间:2011.06.21

名称:北京德奥达一众汽车销售有限公司　　税号:110105772595243

时间范围:2011.05.21 - 2011.06.20　　服务站代码:7581120

序号	发票号	销售订单号	零件号	名称	数量	单价	金额	税率	税额
1	91977413	1618353	LG 055 025 A2	ATF(自动传导)	12	72.45	869.38	17%	147.79
2	91977413	1618353	L1CD 915 105 D	蓄电池	1	384.22	384.22	17%	65.32
	发票			价税一:	1,466.71	金额:	1,253.60	税额:	213.11
3	91977414	1618977	L1GD 915 105 D	蓄电池	10	384.22	3,842.24	17%	653.18
4	91977414	1618977	L1B0 805 588 B	前端框架总成	4	277.50	1,110.01	17%	188.70
5	91977414	1618977	1K0 805 588 S	前端框架总成	1	1114.15	1,114.13	17%	189.40
6	91977414	1618977	L1ED 129 620 A	滤芯	60	41.88	2,512.81	17%	427.18
7	91977414	1618977	L036 129 620 M	滤芯	20	43.02	860.35	17%	146.26
8	91977414	1618977	L1J0 819 644 A	滤芯	80	50.00	4,000.01	17%	680.00
9	91977414	1618977	L1J0 129 620 A	滤芯	100	43.20	4,320.25	17%	734.45
	发票			价税一:	20,778.97	金额:	17,759.80	税额:	3,019.17
10	91977412	1617462	L1E1 819 653 A	带臭味-及有害>	200	43.38	8,675.90	17%	1,474.90
	发票			价税一:	10,150.80	金额:	8,675.90	税额:	1,474.90
11	91977411	1624772	06B 321 370	密封垫	7	211.74	1,482.21	17%	251.98
12	91977411	1624772	01M 321 485 B	锁紧盖	10	8.04	80.42	17%	13.67
13	91977411	1624772	01M 325 443	密封垫	10	37.22	372.20	17%	63.27
14	91977411	1624772	01M 325 429	滤油器	5	135.43	677.15	17%	115.12
15	91977411	1624772	06A 109 479 F	皮带张紧器	4	315.61	1,262.45	17%	214.62

图 3-29 汇总的销售清单列表

在查询生成的销售清单明细中,黄色为每张发货清单的总金额。序号项目代表清单内的数量单价明细。红色框内为每张发票清单对应的发票号,每张发货清单应对应唯一的发票号。

(4)下载生成 Excel 形式的文件。

2. 下载准备订货执行情况明细列表

(1)在大 R3 系统软件中双击选择:ZSQR - 订货执行情况显示。

(2)在订货日期栏内输入日期范围足够长的订货日期(图 3-30)。

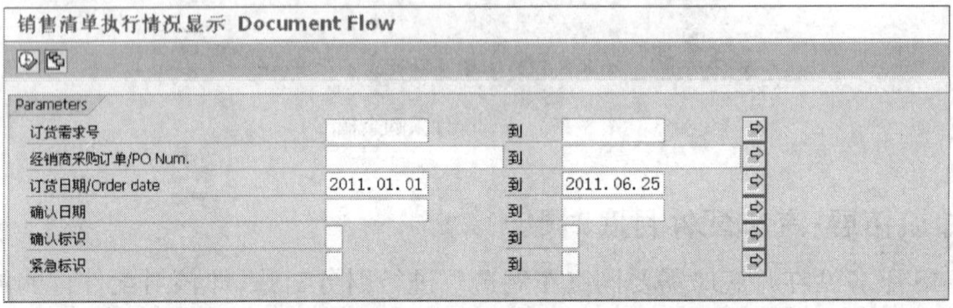

图 3-30 输入订货日期界面

(3)点击执行键(F8),等待生成订货执行情况列表(图 3-31)。

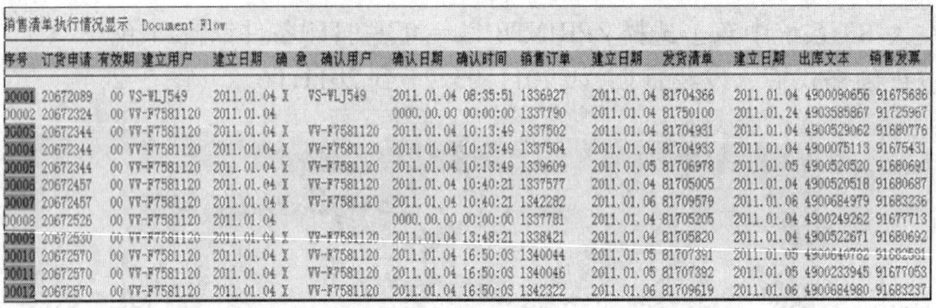

销售清单执行情况显示 Document Flow

序号	订货申请	有效期	建立用户	建立日期	确	急	确认用户	确认日期	确认时间	销售订单	建立日期	发货清单	建立日期	出库文本	销售发票
00001	20672089	00	VS-WLJ549	2011.01.04	X		VS-WLJ549	2011.01.04	08:35:51	1336927	2011.01.04	81704366	2011.01.04	4900090656	91675686
00002	20672324	00	VV-F7581120	2011.01.04				0000.00.00	00:00:00	1337790	2011.01.04	81750100	2011.01.24	4903585867	91725967
00003	20672344	00	VV-F7581120	2011.01.04	X		VV-F7581120	2011.01.04	10:13:49	1337502	2011.01.04	81704931	2011.01.04	4900529062	91680776
00004	20672344	00	VV-F7581120	2011.01.04	X		VV-F7581120	2011.01.04	10:13:49	1337504	2011.01.04	81704933	2011.01.04	4900075113	91675431
00005	20672344	00	VV-F7581120	2011.01.04	X		VV-F7581120	2011.01.04	10:13:49	1339609	2011.01.05	81706978	2011.01.05	4900520520	91680691
00006	20672457	00	VV-F7581120	2011.01.04	X		VV-F7581120	2011.01.04	10:40:21	1337577	2011.01.04	81705005	2011.01.04	4900520518	91680687
00007	20672457	00	VV-F7581120	2011.01.04	X		VV-F7581120	2011.01.04	10:40:21	1342282	2011.01.06	81709579	2011.01.06	4900684979	91683236
00008	20672526	00	VV-F7581120	2011.01.04				0000.00.00	00:00:00	1337781	2011.01.04	81705205	2011.01.04	4900249262	91677713
00009	20672530	00	VV-F7581120	2011.01.04	X		VV-F7581120	2011.01.04	13:48:21	1338421	2011.01.04	81705820	2011.01.04	4900522671	91680692
00010	20672570	00	VV-F7581120	2011.01.04	X		VV-F7581120	2011.01.04	16:50:03	1340044	2011.01.05	81707391	2011.01.05	4900640782	91682581
00011	20672570	00	VV-F7581120	2011.01.04	X		VV-F7581120	2011.01.04	16:50:03	1340046	2011.01.05	81707392	2011.01.05	4900233945	91677053
00012	20672570	00	VV-F7581120	2011.01.04	X		VV-F7581120	2011.01.04	16:50:03	1342322	2011.01.06	81709619	2011.01.06	4900684980	91683237

图 3-31 查询生成订货执行情况列表

(4)下载生成 Excel 格式的文件。

3. 核对

(1)利用 VLOOKUP 函数。把销售清单列表里所有的发票号,代入订货执行情况列表。

(2)订货执行情况列表里所代入的发票号所对应的清单号,即是本次发票对账单里所包含的所有的清单。

(3)根据备件计划员维护填写的清单入库记录,再次利用 VLOOKUP 函数挑选出所有对账用的清单号。

(4)这些清单号所对应的入库总金额就是发票的总金额。

检查评价

实训情境评价(一人一表)

班级：　　　　　　　　组别：　　　　　　　　姓名：

项目		评价内容 （请在对应条目的○内打"√"或"×"，不能确定的条目不填，可以在小组评价时让本组同学讨论并写出结论）		评价等级(学生自评)		
				A 全部为 "√"	B 有1~3个 "×"	C 有多于 3个"×"
关键能力自评	工作态度	○按时到场 ○工装齐备 ○书、本、笔齐全 ○不追逐打闹 ○积极接受分配任务	学习期间不使用手机、不玩游戏○ 未经老师批准不中途离场○ 不干扰他人工作○ 无迟到早退○ 上课不做与任务不相关事情○			
	工作素养	○工作服保持干净 ○私人物品妥善保管 ○工作地面无脏污 ○工作台始终整洁 ○节约，无浪费现象 ○有责任意识	无发生安全事故○ 使用后保持工具整齐干净○ 有及时纠正他人危险作业○ 注重环保，废弃物能合理处理○ 未损坏工具、量具及设备○			
	合作及其他	○课前有主动预习 ○与本组同学关系融洽 ○积极参与小组讨论 ○接受组长任务分配 ○工装穿戴符合要求	本小组工作任务能按时完成○ 能主动回答老师提问○ 能主动帮助其他同学○ 注重仪容，不戴饰物、发型合规○ 能自主学习和相互协作○			
专业能力自评		○能独立查阅资料 ○注重工作质量及时自检 ○注重工作效率，时间观念强 ○会分析归纳相互学习 ○设备选择使用符合要求	能独立规范操作○ 能独立完成任务单○ 没有失手坠落物品○ 指出过他人的不规范操作○ 工作质量合格，无返工○			
小组评语及建议		他(她)做到了： 他(她)的不足： 给他(她)的建议：		组长签名： 　　年　　月　　日		
教师评语及建议				评价等级： 教师签名： 　　年　　月　　日		

项目四 汽车配件仓库管理

📖 项目描述

配件仓库管理是汽车维修企业最重要的业务之一,其一般需要根据企业运营规模的大小及配件库存数量和种类制定科学的管理方案、合理规划仓储、准确完成配件出入库,并以计算机方式建立过程档案信息,同时做好日常管理与盘点,为科学化管理提供依据。

📖 知识目标

1. 理解汽车配件仓储的基本常识及仓位编码的作用;
2. 掌握汽车配件出入库及盘点的规范流程与相关处理方法;
3. 了解汽车配件仓库日常管理要求及细则。

📖 技能目标

1. 能根据仓位编码的信息迅速找到所对应配件的空间位置;
2. 会应用计算机配件管理系统进行配件的出入库登记;
3. 能进行汽车配件日常管理及库存盘点等工作。

📖 素养目标

1. 养成科学严谨、仔细认真的工作作风;
2. 树立分工协作及岗位责任意识;
3. 提高交流沟通及团队合作能力。

⏱ 建议学时:36 学时。

📖 项目引导

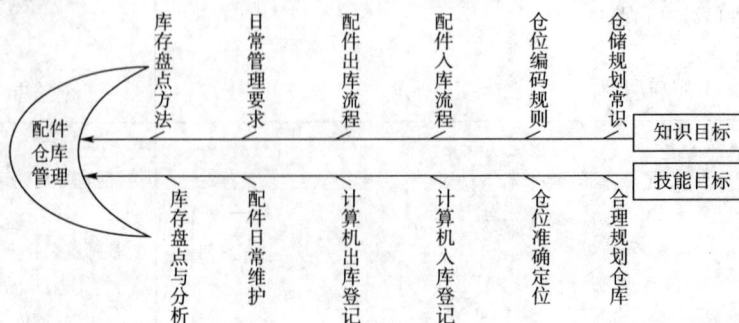

课题一　汽车配件仓储规划

汽车配件仓储规划是实现汽车配件管理的一项基础工作,也是一项计划性很强的工作,其科学合理性直接影响到配件物流链循环及库存管理。

一、仓储的常识

1.仓储的概念

仓储是社会产品出现剩余之后产品流通的产物,当产品不能被及时消耗掉,需要专门的储藏场所存放时,就产生了仓储。当然,对存放在仓库里的物品进行保管、控制、提供使用是仓储动态化的表现。

(1)"仓"即为仓库,是指用于存放、保管、储存物品的建筑物或场所的总称。

(2)"储"的含义是将储存对象储存起来以备使用,具有收存、保护、管理、以备交付使用的意思,也称存。

(3)仓储是对有形物品提供存放场所,对物品存取、保管和控制的过程,是人们的一种有意识的行为。

(4)仓储流程涵盖了商品流通的众多环节,仓储为诸多环节提供了保障,是商品流通的重要组成部分,也是物流活动三大重要支柱之一,如图4-1所示。

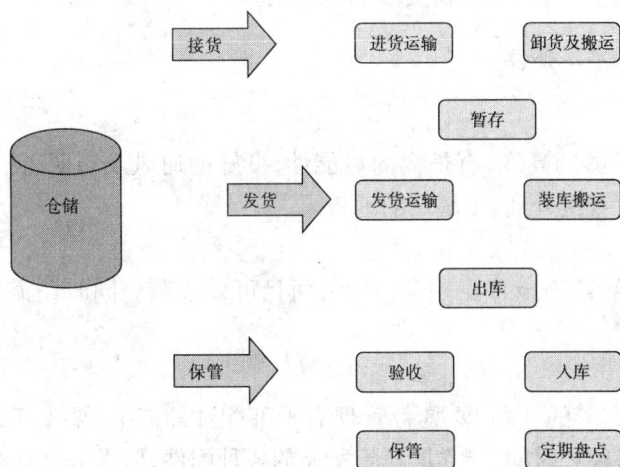

图 4-1　仓储流程图

2.仓储的功能

仓储的价值主要体现在其具有的基本功能、增值功能及社会功能3个方面。

(1)基本功能是指为了满足市场的基本储存需求,仓库所具有的基本的操作或行为。

(2)增值功能则是通过仓储高质量的作业和服务,使经营方或供需方获取除基本功能以外的利益,这个过程称为附加增值。

(3)社会功能是指仓储的基础作业和增值作业给社会物流过程的运转带来不同的影响。

①时间调整功能。一般情况下,商品生产与消费之间会产生时间差,通过储存可以减少货物产、销在时间上的隔离。

②价格调整功能。生产和消费之间也会产生价格差,供过于求、供不应求都会对价格产生影响,因此通过合理的仓储可以消除货物在产销量上的不平衡。

③衔接商品流通的功能。商品仓储是商品流通的必要条件,为保证商品流通过程连续进行,就必须有仓储活动。

3. 仓储的作用

汽车配件仓储是物流仓储的一种,是指对汽车维修正常生产过程中所需的备用配件在确保没有损耗、变质和丢失的情况下进行有效的储存,它是确保维修企业生产过程顺利进行的必要条件之一。汽车配件仓储除了具备仓储的上述功能以外,还具备其自身的独特作用。

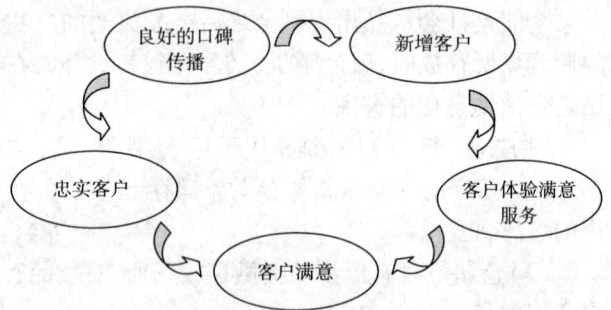

图4-2 客户需求关系循环图

(1)满足客户的需求(图4-2)。

(2)为企业创造利润。

(3)为维修企业的生存及发展提供支柱。

(4)合理控制仓储,为企业提供更多的流动资金。

二、配件仓储的基本条件

1. 仓库

必要的面积,足够的高度,有扩大的可能性,良好的通风及照明,符合安全防火规定。工作方便,运输车可直接开到,耐磨用的地板。

2. 仓库设备

仓库设备要方便且符合需要,不占空间,而且可以改装。同时还需要牢固并且防水,操作容易,价格便宜。

3. 库存系统

库存系统要有完善的计划,要具备管理数千种配件的能力,要便于维持流转秩序,要标记清楚,要节省路径和时间,能立即找到所需的各种配件,要百分之百的可靠。

4. 库存专业知识

工作人员要有库存的专业知识,熟悉库存的方式,了解每一个步骤的意义,从而遵照流程作业,合理存放物品。

三、配件仓库的规划

汽车配件仓库规划与设计应能做到以尽可能低的成本,实现货物在仓库内快速、准确地流动。这个目标的实现,要通过物流技术、信息技术、成本控制和仓库组织结构的一体化策略才能达到。

1. 仓库规划与设计的原则

汽车配件仓库规划时应尽可能地遵循系统简化原则、平面设计原则、物流和信息流的分离原则、柔性化原则、物料处理次数最少原则、最短移动距离,避免物流路线交叉原则、成本与效益平衡原则。

2. 仓库平面布置的要求

(1)要适应仓储企业生产流程,有利于仓储企业生产正常进行,实现最短的运距、最少的装卸环节、最大限度地利用空间与单一的物流方向。

(2)有利于提高仓储经济效益。

①要因地制宜,充分考虑地形、地质条件,满足商品运输和存放上的要求。

②平面布置应与竖向布置相适应。

③总平面布置应能充分、合理的利用。

(3)有利于保证安全生产和文明生产。

①库内各区域间、各建筑物间,应根据"建筑物设计防火规范"有关规定,留有一定的防护间距,并有防火、防盗等安全设施并经过相关管理部门验收。

②总平面布置应符合卫生和环境要求,既满足库房的通风、日照等,又要考虑环境绿化、文明生产,有利于增进职工的身体健康。

3. 仓库的总体构成

(1)仓库结构分类。

汽车配件仓库按结构组成,可分为平房仓库、楼房仓库和货架仓库3种类型。

(2)仓库的空间布局。

仓库的布局是指一个仓库的各个组成部分,如库房、货棚、货场、辅助建筑物、库内道路、附属固定设备等,在规定的范围内,进行平面和立体的全面合理安排。

(3)汽车配件仓库的构成。

一个配件仓库通常由货架区(配件存储区)、卸货区和行政管理区3部分组成,如图4-3所示。

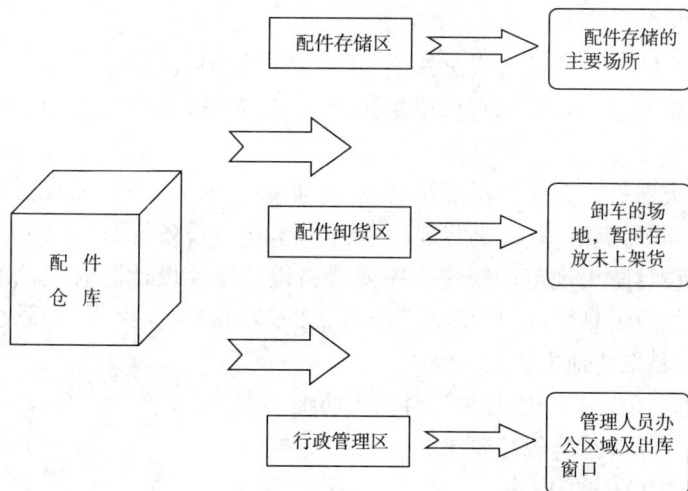

图4-3 汽车配件仓库结构图

①配件存储区。配件存储区是仓库的主体部分,是汽车配件储存放置的主要场所,包括储存货架、主通道、货架间通道。

a.货架是汽车配件放置的基础设施,可存放配件,同时还起着配件的周转和调剂、出入库作业等作用。

b.仓库内至少设一个主通道(专运线),主通道能清楚地从一端看到另一端,主通道的设置常用两种形式,如图4-4所示。

c.在货架之间要设有货架间通道,也称辅助通道。其需要满足两个条件:

Ⅰ.两人逆向行走通畅无阻碍。

Ⅱ.能保证平板推车的顺利通过。

②配件卸货区。配件卸货区是供配件运输车辆装卸配件(图4-5)的场地,为利于仓储配件的入库,卸货区一般设在仓库大门的一侧,便于运送配件的车辆停靠。

图4-4 主要通道在仓库的两种布置形式

图4-5 装卸配件

③行政管理区。行政区主要是仓库行政管理机构区域,一般设在仓库与维修车间衔接的地方。

4.仓库的合理设计

在仓库的空间布局上,要合理设计配件存储区、行政管理区和通道空间的比例,如图4-6所示。

5.仓库的安全规划

(1)库场消防。

从仓库不安全的因素及危害程度来看,火灾造成的损失最大。因此仓库必须认真贯彻"预防为主,防消结合"的消防方针,坚决执行《中华人民共和国消防法》和《仓库防火安全管理规则》。

①常用的灭火器材。需要具备不导电、不腐蚀、不含水分、不污损仪器和设备、毒性低等特点,可用于扑救易燃液体、有机溶剂、可燃气体和电气设备所引起的火灾。

②遵守建筑设计防火规范。新建仓库要严格遵照建筑设计防火规范的规定,仓库的防火间距内不得堆放可燃物品,要保证消防车辆的顺利驶入。灭火器要放置在不妨碍生产情况下最显眼、易取的地方。

③易燃、易爆的危险品仓库必须符合防火防爆要求。

④电气设备应始终符合规范要求。

(2)配件仓储中的防护措施。

汽车配件种类繁多,由于使用的材料和制造的方法不同而各具特点,所以在仓储规划

和设计时就要充分考虑配件仓储的防护措施,主要有以下5种:

①防潮。防潮主要的措施以通风为主,通风的方式可分为自然通风和强制通风(图4-7)两种,其目的主要是控制配件仓储中的湿度。

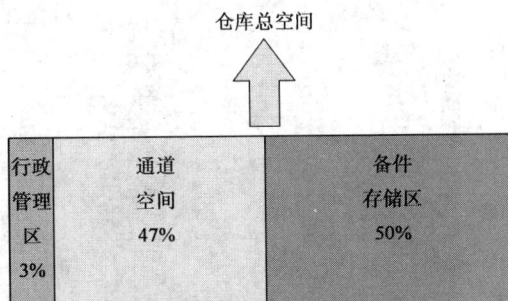

图4-6　仓库空间设计合理比例图

图4-7　常见的鼓风机

②防腐。防腐是保证仓储质量的一项重要措施,汽车配件的防腐主要考虑湿度和日照两个方面的影响。

③防尘。防尘的主要措施是减少库房内灰尘的产生,对湿度进行合理的控制,可减少粉尘的产生,而粉尘产生的源头主要是地面和围壁。

④防鼠。鼠患是仓储的一大危害,在仓库设计过程中要充分考虑鼠患的预防。从仓库的门、窗及通风管道入手,严格控制其在关闭状态下间隙的大小。

⑤防盗。仓库的防盗设施大至围墙、大门、防盗门,小至门锁、窗,应根据法律规定和治安保管的需要安装这些设施,按照规定合理利用配置的相关设备,专人负责操作和管理。

四、配件库仓位的规划

仓位,也称货位和料位,是指货物在仓库中存放的确切位置,仓位的设置要便于迅速找到货料。

1. 仓位规划的原则

(1)料位码(仓位码)的概念。

料位码是标明配件在仓储时存放的准确位置的代码,是空间三维坐标的形象表现。

(2)配件料位码的编制原则。

①配件的存放位置与使用位置都比较接近。

②快流件应存放在与发料窗口接近的位置,方便查找及获取,提高工作效率;慢流件应存放在较后排的货架;同一货架上,快流件存放在中层,慢流件存放在底层或顶层。

③质量大的配件存放在底层货架,体积大的车身塑料件存放在二层阁楼。

④粗、重、长、大的配件,不宜存放在库房深处。

⑤从方便作业、提高效率考虑,配件存放的最高高度应在不用梯子而手能达到的位置。

2. 料位码的编制方法

汽车配件的料位码通常为4位,主要根据"区、列、架、层"的原则进行编排。

(1)按区分类。

料位码的第 1 位是在仓库中的分区,常用大写的英文字母 A、B、C……表示,如图 4-8 所示,也可以按大类分区。

配件仓库中区的划分可根据以下几种形式进行划分:

①综合维修企业可根据主要维修车辆品牌进行划分。

②4S 店可根据配件作用进行划分,即发动机区、底盘区、电器区等。

③4S 店也可按同一品牌的不同车型进行分区,如上海大众帕萨特区、桑塔纳区等。

④部分维修企业的分区可根据配件流通的速度来划分。

图 4-8　配件仓库中区的划分

性质相近和有消费连带关系的配件,要尽量安排在同一区内储存;互有影响,不易混存的配件要隔离存放;消防方法不一样的配件不得一起存放。

(2)按列编排。

料位码第 2 位表示第几列货架,用阿拉伯数字 1、2、3……表示。

(3)按货架号编排。

料位码第 3 位表示每列货架的第几个货架号,可用英文字母以及任意阿拉伯数字表示。

(4)按层编排。

料位码的第 4 位表示每个货架的第几层,用阿拉伯数字 1、2、3……表示。

3.料位码的编制说明

(1)双位组合。

双位组合是指当 26 个字母或个位数字不够用时,对字母或数字进行双位组合,以增加表示的范围。需要注意的是,两个相同的字母组合不能使用,避免发生混淆。

(2)列号、货架号与层号常用的排序方法。

①列号编排顺序。列号编排顺序以仓库发料柜台为三维坐标的原点,料位码的列号依次增大,以便于查找。

②货架号编排顺序。一般有从左到右法[图 4-9a)]、环形法[图 4-9b)]。

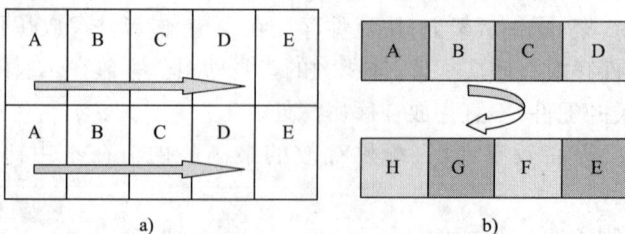

图 4-9　货架号编排顺序
a)从左到右法;b)环形法

③层号编排顺序。层号编排的顺序常用从上至下的方法进行编排,以货架顶层为"1",往下依次增大,对于尺寸较大的配件存放货架,货架的高度与宽度都适当加大,相应该货架的层数也会减少。

(3)料位码的优化措施。

①在地面画出分区的位置线。采用这种措施可以增加视觉效果,有益于在配件查找中快速对区进行定位,减少区位判断时间。

②列的划分。列的划分可采用悬挂的细铁链分割不同货位,便于对相近配件进行细致的划分,使配件的存储位置能更精确的定位。

③对于数量多体积微小的配件,宜采用硬纸板将货架分割成"蜂窝"状微小型配件存储空间(图4-10),并在货位密布的货架中间层上,用醒目的颜色标注该层货签,且一个配件对应一个号位,以便快速寻找货位,也便于对仓储执行"5S"管理。

a)　　　　　　　　　　　b)

图4-10　微小型配件存储

(4)料位码的读取。

料位码的读取要结合电脑操作来完成,如图4-11所示。当配件入库验收后一般先按已经编制好的料位码进行上架,当接到车间的配件领料单后,只要通过电脑系统查询到该配件的具体料位码,就能快速地知道配件存放的具体位置。

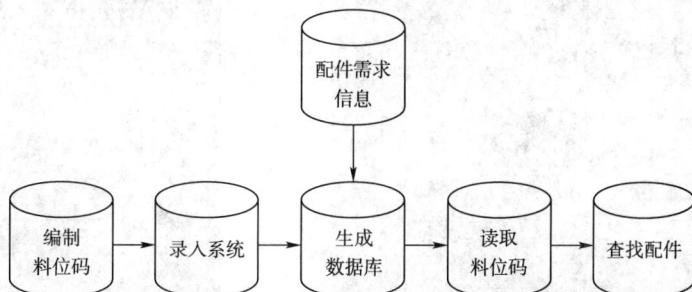

图4-11　料位码的读取流程

五、配件物流配送常识

按照客户的要求,经过分货、拣选等货物配备工作,把最终产品从生产线的末端到消费者手中的移动和存储过程称作物流配送。

1.定义

汽车配件物流配送是指配件生产厂商或者营销商根据购物方的要求,通过分拣配装等准备工作后,最终将产品送到购物方手中的过程。

2.配送的各功能要素

(1)备货。备货是配送的准备工作或基础工作,主要包括筹集货源、订货或购货、集货、进货及有关的质量检查、结算与交接等。

(2)储存。储存有3种类型,如图4-1所示。

储存类型及特点   表4-1

储存类型	定　义	特　点
配送储备	按一定时期的配送经营要求,形成的对配送的资源保证	数量较大,结构完善,视货源及到货情况,可确定周转及保险储备结构及数量
暂存形式一	日配送时按分拣配货要求,在理货场地所进行的少量储存	数量只会对工作方便与否造成影响,不会影响储存总效益,数量上控制不严格
暂存形式二	是分拣、配货之后,形成的发送货物的暂存	主要是调节配货与送货的节奏,暂存时间不长

(3)分拣及配货。分拣及配货是配送不同于其他物流形式的功能要素,是完善送货、支持送货的准备性工作,是决定整个配送系统水平的关键要素。

(4)配装。配装是在单个用户配送数量不能达到车辆的有效载运负荷时,可集中不同用户的配送货物,进行搭配装载。

(5)配送运输。配送运输属于运输中的末端运输,是较短距离、较小规模、额度较高的运输形式,一般使用汽车做运输工具,如图4-12所示。

(6)送达服务。配好的货运输到用户还不算配送工作的完结,还要圆满地实现运到货物的移交,有效地、方便地处理相关手续并完成结算,如图4-13所示。

图4-12 配送运输的主要工具   图4-13 送达服务

3.物流配送的形式与路线

配送的形式与线路,是整个配送网络优化的关键环节。配送的形式有水运、空运及货运等多种形式(图4-14),选择合理的运输方式和工具,制定高效的运输路线,用最少的动力,走最短的里程,花最少的费用,以最快的速度把货物运至用户手中,提高配送的效率。

图4-14　几种常见的物流配送运输方式

实训情境设计

【实训情境描述】

某品牌4S店新到一批汽车配件,请同学们以库管员的身份对配件进行摆放,结合目前所学的仓储知识与编码规则,确定配件的料位码(仓位码),并快速在配件库确定仓位码的具体位置。

【实训情景准备】

1.实训情境准备(表4-2)

实训情境准备　　　　　　　　　　　　　　　　　表4-2

类别	准备内容	获取渠道
资料	工作单	内部资料和专业维修资料
	教材、出库单	
	软件使用说明书	
	能力评价表	
工具	汽车配件若干	厂家工具及相关企业生产的标准化产品
	搬运设备及计算机	
	货架及仓储空间	
地点	仓储模拟实训室	

2. 实训情境工作单(表4-3)

汽车配件仓储规划实训情境工作单   表4-3

项目名称	项目四:汽车配件仓库管理		课题及任务名称	汽车配件仓储规划	时间/学时	2
姓名		学号		班级	组别	
能力目标	1.会收集查看配件的分类特点、存储特色等相关信息 2.会识读并分析配件的编码方案 3.能通过计算机系统确定配件的料位码(仓位码) 4.能根据料位码迅速在仓库内找到仓位					
实训组织	课前给每位学生发放实训工作单,学生按照实训工作单完成实训操作,做好相关实训记录,并以小组为单位进行实训操作交流,开展自评、小组互评及教师点评					

任务分解及完成标准	完成情况记录	
	完成时间	准确性
任务一:配件仓位编码		
1.收集配件基本信息,按相应规律将配件分类		
2.根据仓库实际情况,制定出适应的布局结构		
3.结合经验、实际情况确定配件的搬运方式		
4.完成关于仓库存储"区、列、架、层"的分级布置		
5.制定合适准确的仓位编码		
任务二:配件的仓位读码		
1.根据现场情况迅速识别仓库整体的布局结构		
2.通过计算机系统完成出库单相关仓位编码的制定		
3.会使用计算机确定配件的仓位码(料位码)		
4.能在仓库内快速确定仓位码对应的仓位及实物		
5.能总结分析各仓库的存储类型及编码规则		

实训小结	

(表左侧标注:实训操作)

【实训情景流程】

1. 配件的仓位编码

(1)根据仓库的实际情况,合理进行货架摆放。

(2)分析配件的属性与性能,选择适合的方式进行搬运,如图4-15所示。

(3)对仓库进行"区、列、架、层"的区间分位,并将配件准确摆放到相应位置,如图4-16所示。

图4-15 合理搬运

图4-16 准确摆放

（4）使用计算机进行出库单编辑,注明仓位编码以确定位置,如图 4-17 所示。

	A	B	C	D	E	F	G
1			出库单				
2						No.	
3	订单号:		客户名称:				
4	编码	名称	规格	单位	数量	单价	金额
5							¥0.00
6							¥0.00
7							¥0.00
8							¥0.00
9	合计						¥0.00
10			制单人:			制单日期:	
11							

图 4-17　出库单的计算机制作

2. 配件的仓位读码

（1）进入仓库后,经过简单的辨识能马上确定其区间划分的规律,如图 4-18 所示。

（2）根据配件外包装上的编码,明确其定位规则,如图 4-19 所示。

（3）从计算机上获取一个配件的仓位编码,如图 4-20 所示。

（4）根据其编码信息,快速在仓库中找到对应的实物,如图 4-21 所示。

（5）总结仓储的设计规律,确定编码规则。

图 4-18　仓库的区间规划

图 4-19　货架的定位规则

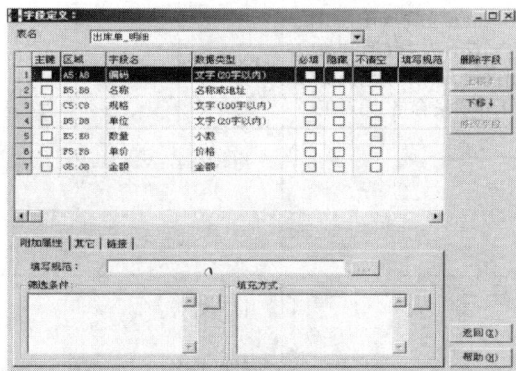

图 4-20　计算机仓位编码的设定

图 4-21　快速找到对应实物

知识拓展:上海大众配件存放规则

在仓库中一般分若干区域,配件不是按配件号码顺序进行摆放,而是按照每个配件的消耗量多少存放,消耗量越大的配件越靠近出货口。上海大众的第 1 区为小配件货架,第 2 区为小配件货架叠高层,第 3 区为运货托架等。配件位置由货区、通道、料架号、层号及格号 5 个属性组织,一般 S 为小件区,M 为中件区,L 为大件区,从而构成配件存放位置系统。如配件货架号 SB155F 表示配件在小件区 B 通道 15 货架 5 层 F 格位置。

检查评价

实训情境评价(一人一表)

班级:　　　　　　　　　组别:　　　　　　　　　姓名:

项目		评价内容 (请在对应条目的○内打"√"或"×",不能确定的条目不填,可以在小组评价时让本组同学讨论并写出结论)		评价等级(学生自评)		
				A 全部为 "√"	B 有 1~3 个 "×"	C 有多于 3 个"×"
关键能力自评	工作态度	○按时到场 ○工装齐备 ○书、本、笔齐全 ○不追逐打闹 ○积极接受分配任务	学习期间不使用手机、不玩游戏○ 未经老师批准不中途离场○ 不干扰他人工作○ 无迟到早退○ 上课不做与任务不相关事情○			
	工作素养	○工作服保持干净 ○私人物品妥善保管 ○工作地面无脏污 ○工作台始终整洁 ○节约,无浪费现象 ○有责任意识	无发生安全事故○ 使用后保持工具整齐干净○ 有及时纠正他人危险作业○ 注重环保,废弃物能合理处理○ 未损坏工具、量具及设备○			
	合作及其他	○课前有主动预习 ○与本组同学关系融洽 ○积极参与小组讨论 ○接受组长任务分配 ○工装穿戴符合要求	本小组工作任务能按时完成○ 能主动回答老师提问○ 能主动帮助其他同学○ 注重仪容,不戴饰物、发型合规○ 能自主学习和相互协作○			
专业能力自评		○能独立查阅资料 ○注重工作质量及时自检 ○注重工作效率,时间观念强 ○会分析归纳相互学习 ○设备选择使用符合要求	能独立规范操作○ 能独立完成任务单○ 没有失手坠落物品○ 指出过他人的不规范操作○ 工作质量合格,无返工○			
小组评语及建议		他(她)做到了: 他(她)的不足: 给他(她)的建议:		组长签名: 　年　月　日		
教师评语及建议				评价等级: 教师签名: 　年　月　日		

课题二　汽车配件入库

汽车配件入库是汽车配件仓库管理的一项重要业务,需要根据企业实际订购的配件种类及数量制定出合理的入库方案,准确地做好验收,快速地进行搬运,整齐规范地完成堆码,并利用计算机配件管理系统完成电子登记建档,对不合格件开展索赔。

一、配件入库流程

库房在收到汽车配件和相应入库验收单的情况下,按照库房实物管理制度清点货物,通过入库搬运、安排货位、上架堆码等工序,按照要求将货物存放到指定地点,并在入库验收单上签字,如图4-22所示。

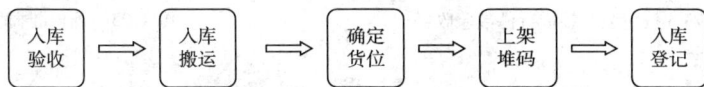

入库验收 → 入库搬运 → 确定货位 → 上架堆码 → 入库登记

图4-22　配件入库流程图

二、汽车配件的入库验收

汽车配件产品种类繁多,不仅有汽车使用过程中的维修配件,还包含如各类汽车美容、油漆等汽车用品,同时汽车配件绝大部分是金属制品,但也有橡胶制品、工程塑料、玻璃、石棉制品等。因此如图4-23所示,配件入库前一定要按照流程进行严格的入库验收。

验收准备 → 到货验收 → 签收货单 → 验收明细 → 填验收表

图4-23　配件入库验收步骤

1. 验收准备

验收前首先要熟悉收受凭证及产品入库通知单等相关订货的资料,准备验收工具。其次要配备足够的人力,根据到货数量及保管要求,确定其存放地点和保管方法等。

2. 到货验收

(1)核对资料。货运公司送货到门口后,应接收送货单或货运单,并核对相关资料。

(2)清点箱数。按送货单数量清点货物件数,按一个包装标签(图4-24)为一个箱头(件数)进行清点。

(3)检查包装。逐一检查货物外包装的完好性,外包装不良时,如图4-25所示,应打开对内装零件进行检查。零件破损时,要在货运单上必须注明,拍照后向供货商申请索赔。

3. 签收货单

如图4-26所示,包装验收后可视实际情况签收货物运输单据,具体签收内容如下:

(1)货物无异常时,签收字样为"实收××件,签收人×××,收货日期×年×月×日"。

(2)货物数量不符时,签收字样为"实收××件,欠××件,签收人×××,收货日期×

年×月×日"。

(3)送货单签署后一联留存作申请索赔备用,另一联交物流公司带回。

图4-24 按包装标签进行件数验收

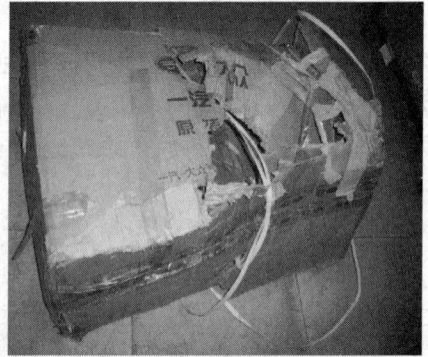

图4-25 外包装损坏

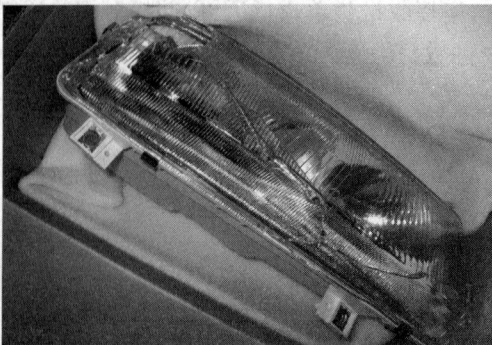

图4-26 签收货物送货单

4. 验收明细

取出发票清单,准备手推车、蓝框等验收工具。确认发票清单为本公司清单、客户名称为本公司的名称,再根据发票清单逐一验收到货配件。对于包装不良、易损件(包括玻璃、灯具、饰条及塑胶制品等)、高价值零件(单价在1000元以上)必须开箱检查,如图4-27所示。

a)

b)

图4-27 破裂的玻璃与塑料易损件

在验收过程中,经常会出现以下几种不良验收习惯,应尽量避免,见表4-4。

不良验收情况列表　　　　　　　　　　　　　　表4-4

序号	不良验收习惯	易造成的问题
1	配件从外包装取出后放置在地上进行验收	验收时容易踩踏配件;验收与未验收配件不易明确区分,容易造成验收差错
2	先将配件从箱中全部取出,丢弃外包装后再进行验收	容易出现配件未完全取出,验收完毕后发现短缺,在垃圾堆中找回配件;发生货损时未能真实反映配件装箱情况,令供应商装箱改善工作难以到位
3	验收时未将所有包装完全打开进行验收	容易出现点漏或点错配件
4	配件到货后未验收先出库,或未验收已上架	容易遗漏验收配件,导致提交错误的短缺申请报告

5. 填验收表

经过以上4个验收步骤与环节后以后,验收人员可以填写验收表格(配件验收表)。对于验收过程中发现的异常问题,可以按要求提交相关资料给供货商,以寻求配件索赔。

三、入库搬运

配件的入库搬运是指将配件搬运进库并放置在指定的储存货架位置上的作业过程。在搬运配件过程中,需要重点注意以下事项:

(1)配件搬运中尽量使用搬运工具,如小型手推车、平板车等,以提高效率。

(2)尽量缩短搬运距离,节省人力。

(3)减少搬运次数,减少搬运时间。

(4)应注意人身及产品安全。

(5)通道不可有障碍物阻碍运输。

(6)各类配件应有明确的产品及路程标志,不可因搬运混乱而造成生产混乱。

四、确定货位

货位即仓位,是指配件在仓库中存放的具体位置。如前所述,根据汽车配件入库单的货架号(仓位码)信息,快速准确地找到配件在库中的实际位置,为后续上架奠定基础。汽车配件在库区中按地点和功能进行划分,不同位置来存放不同类别的货物,且不得随意放置,否则不利于库房的管理与配件查找。具体货位安排详见本项目"课题一　汽车配件仓储规划",但同时还要考虑遵循以下原则:

(1)尽量充分合理利用库房的空间,货位布置要紧凑,提高仓库利用率。

(2)尽量减少配件查找时在库房中行走的距离,从而降低搬运配件的劳动强度。

(3)能够便于以最快的速度找到所需配件。

(4)在不同区域分别存储形状相似的配件,从而降低拿错配件的概率。

(5)随时调整货位安排,满足以上相关要求。

五、上架堆码

如图 4-28 所示,上架堆码就是指入库时将配件整齐、规则地摆放成货垛的作业过程。堆码一般在实际作业中要求注意以下几点:

(1)同类产品按生产日期、规格单独存放。

(2)不同品种的货物分别放置在不同的托盘上(图 4-29)。

(3)贴有"标签"的物品,"标签"应向外与通道平行。

(4)严禁倒置,严禁超过规定的层级堆码。

(5)货架上物品存放重量不得超过货架设计载荷。

(6)在托盘上码放货物时,托盘间应预留合理距离,以便于移动,并避免货物错放。

(7)手工操作时,每一货物托盘上应放置一张"储位卡"。

图 4-28 堆码的基本要求

图 4-29 堆码货架

六、汽车配件的入库建档

产品经验收无误、上架堆码后应立即办理入库相关手续。进行登账、立卡及建档,并妥善保管产品的各种证件、说明书及账单资料,入库建档流程如图 4-30 所示。

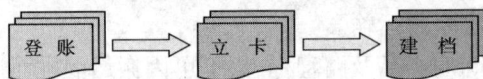

登账 → 立卡 → 建档

图 4-30 入库建档流程

(1)登账。登账是指仓库管理员对每一种规格及不同质量的配件都必须建立收、发、存明细账,以及时反映产品存储动态(登账时必须要以正式的收发凭证为依据)。目前实际作业过程中,登账均是以计算机方式来进行,不仅效率高,而且比较准确,后续查询也相当方便。

(2)立卡。立卡是指货物入库或上架后,将货物名称、规格、数量等内容填在料卡并挂在货位上的作业过程。料卡是一种活动的实物标签,它反映库存产品的名称、规格、型号、级别、储备定额和实存数量,一般料卡直接挂在货位上。

(3)建档。历年的配件产品技术资料及出入库有关资料应存入产品档案(电子或纸质),以便积累产品报告经验,并且产品档案应一物一档,统一编号,做到账、卡、物三者相符,以便查询与盘点。

实训情境设计

【实训情境描述】

某品牌4S店新订购一批汽车配件已经到货,作为库管员在完成配件入库验收的基础上,需要对配件完成后续的入库电子登记、配件搬运及上架堆码等相关作业。

【实训情景准备】

1. 实训情境准备(表4-5)

实训情境准备   表4-5

类别	准备内容	获取渠道
资料	实训工作单,产品入库通知单,产品合格证,发票	内部资料和专业维修资料
	发货单,装箱单,磅码单,货运单	
	区位卡片,产品保管证,产品说明书,库存数目单	
	能力评价表,配件验收表,软件使用说明书	
工具	配件(各类配件)	厂家工具及相关企业生产的标准化产品
	各种搬运及验收工具	
	装有专业汽车管理软件的计算机	
地点	配件管理模拟实训室	

2. 实训情境工作单(表4-6)

汽车配件入库实训情境工作单   表4-6

项目名称	项目四:汽车配件仓库管理	课题及任务名称	汽车配件入库	时间/学时	4
姓名		学号	班级	组别	

| 能力目标 | 1. 会收集查看配件的基本信息;
2. 会识别并填写各种入库时所需的单据;
3. 通过汽车配件计算机管理平台完成配件入库登记工作;
4. 能利用配件入库单正确地完成配件的搬运与上架堆码 ||||||

| 实训组织 | 课前给每位学生发放实训工作单,学生按照实训工作单完成实训操作,做好相关实训记录,并以小组为单位进行实训操作交流,开展自评、小组互评及教师点评 ||||||

实训操作	任务分解及完成标准	完成情况记录	
		完成时间	准确性
	1. 入库验收		
	2. 配件搬运		
	3. 确定货位		
	4. 上架堆码		
	5. 登记建档		
实训小结			

【实训情景流程】

1. 验收准备

（1）以 3 人为一组组成承担验收工作的库管员小组，并准备相应的验收工具（图 4-31）。

（2）校检所需要的相关器材，准备搬运工具（图 4-32）。

（3）将配件产品及相关资料会同外包装箱模拟运输到指定地点（图 4-33）。

图 4-31　分组准备

图 4-32　准备搬运工具

2. 核对资料

（1）确认送货单（或货运单）内容并记录。

（2）以抽检一箱为例，核对整理其入库通知单、产品合格证、发货单、装箱单、磅码单及承运部门提供的运单等必要证件。

①清点数量。按一个包装标签为一个箱头（件数）进行清点。

②检查包装。对收到的零件逐一检查外包装的完好性。对不良包装所装零件进行检查时如遇内装零件破损或件数缺失时，在货运单上必须注明，拍照后向供货商申请索赔。

③签收。上述流程全部进行完后，签署送货单（或货运单）。

④明细验收。取出发票清单（在包装箱上找到标有"内附发票"字样的箱头，打开包装在红色胶带内的发票清单），准备验货。

⑤如图 4-34 所示，根据发票清单逐一验收零件，核对零件的编码和数量，需要专业技术检验的则通知企业相关技术部门单独检验。

图 4-33　运输到位

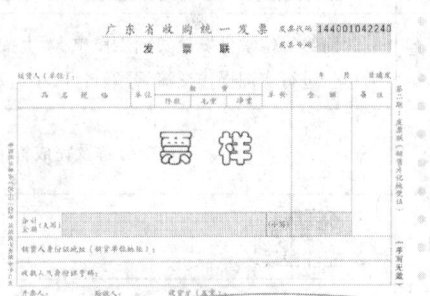

图 4-34　发票样式

3. 填写验收记录

（1）完成上述步骤以后，验收人员填写配件验收表（表 4-7）。

（2）凡有问题的配件产品做好相关记录，后续转入索赔工作流程。

配件入库验收表　　　　　　　　　　　　　　　表 4-7

年　　　月　　　日　　　　　　　　　　编号

采购单号		零件名称					料号		
供应商							数量		
检验项目	检验标准	抽样结果记录							
		1	2	3	4	5	6	7	8
结果		审核						检验者	

4.录入登记建档

（1）电子录入。

①打开菜单"零件"→"入库"→"采购入库"，打开入库的窗口，如图 4-35 所示。

②单击"新增"按钮或按"Alt + A"，添加一个新的入库单，填好"经手人"等信息。

③单击"供货商"旁的"🔍"按钮，弹出一个选择供货商的对话框，如图 4-36 所示，光标自动定位在"简称"上，在"简称"输入框内输入要查找的供货商并按回车。如果找到，则光标就自动定位查询结果上，否则按"新增"按钮进入供货商编辑窗口，如图 4-37 所示。

图 4-35　进入"采购入库"

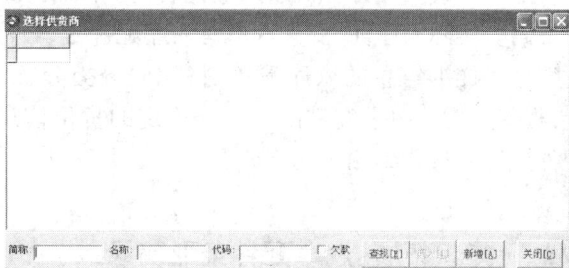

图 4-36　选择供货商

录入供货商的资料后（供货商的输入有利于您日后统计给供货商的付款情况及其零配件的供货情况），按"确认"按钮保存并回到图 4-38 所示的窗口。

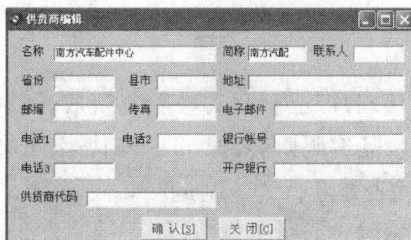

图 4-37　编辑供货商

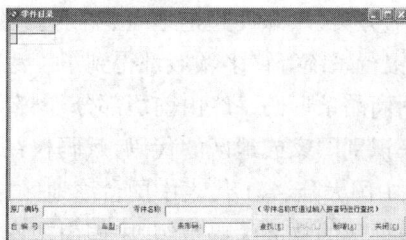

图 4-38　返回目录

④添加入库零件。按窗口底部的"调入零件"按钮，弹出零件选择窗口，如图 4-38 所示，光标自动定位在"零件名称"输入框中，输入要查找的零件名称，按"查找"按钮，如果找不到，则按"新增"按钮进入零件属性界面录入（图 4-39）。录入完后按"确认"按钮保存并

打开图4-40对话框,输入"价格"及"数量"后按"确定"回到图4-38界面,按"关闭"按钮返回"采购入库"主画面,按"保存"按钮,这张入库单里的零件就会自动添加到库存里去。

图4-39 零件属性输入

图4-40 价格与数量输入

⑤单击"打印"按钮打印入库单。

(2)立卡建档。

创立区位卡片,妥善保管产品的各种证件及产品说明书。设立产品库存数目单,建立产品档案,如图4-41所示。

5.上架堆码

配件完成入库计算机录入登记后,就可以在第一时间上架堆码。实际入库前,要先获取有入库配件号、名称、数量及货架号等详细信息的入库清单,将配件分类分拣到配件车上,根据入库清单上配件的货架号确定的货位信息,直接将配件搬运并放置到相应的货架上。

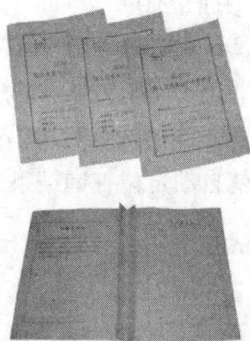

图4-41 产品档案

知识拓展:汽车配件条形码录入

条形码是将宽度不等的多个黑条和空白,按照一定的编码规则排列,用以表达一组信息的图形标识符(图4-42)。常见的条形码是由反射率相差很大的黑条(简称条)和白条(简称空)排成的平行线图案。条形码可以标出物品的生产国、制造厂家、商品名称、生产日期、图书分类号、邮件起止地点、类别、日期等许多信息,因而在商品流通、图书管理、邮政管理、银行系统等许多领域都得到了广泛的应用。

通用商品条形码一般由前缀部分、制造厂商代码、商品代码和校验码组成。其中前缀码是用来识别国家或地区的代码,赋码权在国际物品编码协会,如00～09代表美国、690～695代表中国大陆、471代表中国台湾地区,489代表香港特区。制造厂商代码的赋权在各个国家或地区的物品编码组织,中国由国家物品编码中心赋予制造厂商代码。

计算机条形码的射频识别技术即RFID(Radio Frequency Identification),是一种非接触式的自动识别技术。它通过射频信号自动识别目标对象,可快速地进行物品追踪和数据交换。将RFID系统用于智能仓库货物管理,有效地解决了仓储货物信息管理,如图4-43～图4-45所示。

检查评价

实训情境评价(一人一表)

班级:　　　　　　　组别:　　　　　　　姓名:

项目		评价内容 (请在对应条目的○内打"√"或"×",不能确定的条目不填,可以在小组评价时让本组同学讨论并写出结论)		评价等级(学生自评)		
				A 全部为 "√"	B 有1~3个 "×"	C 有多于 3个"×"
关键能力自评	工作态度	○按时到场 ○工装齐备 ○书、本、笔齐全 ○不追逐打闹 ○积极接受分配任务	学习期间不使用手机、不玩游戏○ 未经老师批准不中途离场○ 不干扰他人工作○ 无迟到早退○ 上课不做与任务不相关事情○			
	工作素养	○工作服保持干净 ○私人物品妥善保管 ○工作地面无脏污 ○工作台始终整洁 ○节约,无浪费现象 ○有责任意识	无发生安全事故○ 使用后保持工具整齐干净○ 有及时纠正他人危险作业○ 注重环保,废弃物能合理处理○ 未损坏工具、量具及设备○			
	合作及其他	○课前有主动预习 ○与本组同学关系融洽 ○积极参与小组讨论 ○接受组长任务分配 ○工装穿戴符合要求	本小组工作任务能按时完成○ 能主动回答老师提问○ 能主动帮助其他同学○ 注重仪容,不戴饰物、发型合规○ 能自主学习和相互协作○			
专业能力自评		○能独立查阅资料 ○注重工作质量及时自检 ○注重工作效率,时间观念强 ○会分析归纳相互学习 ○设备选择使用符合要求	能独立规范操作○ 能独立完成任务单○ 没有失手坠落物品○ 指出过他人的不规范操作○ 工作质量合格,无返工○			
小组评语及建议		他(她)做到了: 他(她)的不足: 给他(她)的建议:		组长签名: 　年　　月　　日		
教师评语及建议				评价等级: 教师签名: 　年　　月　　日		

图 4-42　条形码示例

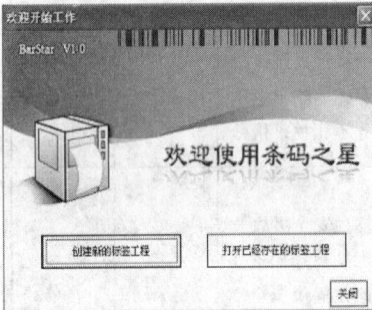

图 4-43　条形码扫描器

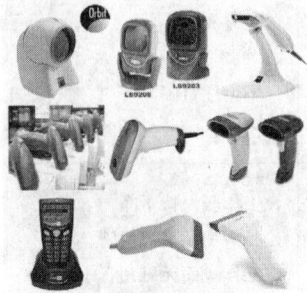

图 4-44　条形码的计算机输入图

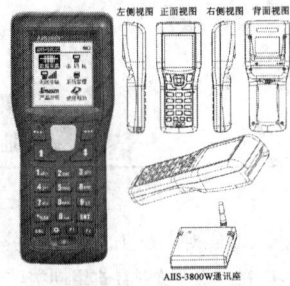

图 4-45　各种类型的射频识别设备

课题三　汽车配件日常管理

汽车配件仓库的日常管理一般推行 5S 管理。其不仅为了更科学地进行库存管理,也为了有一个安全、高效、高品质、人际和谐、精神状态朝气蓬勃的工作环境,最终使企业能够实现降低成本、提高配件供应率、降低损耗、经营效益最大化。

一、汽车配件 5S 日常管理要求

汽车配件仓库 5S 日常管理要求对仓库内配件进行正确的摆放,对货架进行正确的标记,对不同的配件归类摆放,并对整个配件库进行清洁、整顿与保持,具体要求见表 4-8。

某 4S 店仓库管理细则　　　　　　　　　　　　　表 4-8

项目	管 理 要 求
1	仓库如发现不用的物料或报废的物料,应及时与相关部门沟通,及时清理,并做好状态标记
2	把长期不用但具有可用价值的物料,按指定区域定点防护存放,并标记好物品属性、存放日期、最长使用期限,必要时申请技术人员进行实物判定,盘点时应再次做好防护处理
3	物料、物品、成品要按指定区域分类规划,放置时要做到安全、整齐、美观并成水平直角摆放,要有标记和品质状态
4	物料、物品要做到账、物、卡三物一致
5	区域通道和消防通道要保持通畅无阻,不脏乱,区域识别油漆线则根据实际损毁情况进行重复画线,通道用绿色,物品放置区用黄色,不良品区用红色油漆

项目	管　理　要　求
6	部门设备要自行清洁、保养,对公用设备、载具由部门负责人安排清洁、保养,需维修时应填写维修标记卡,并填写好时间、保修人、部门等内容
7	物料架和物料要摆放整齐,各区域负责人必须负责管理好区域内的物品,防护清洁整理工作,并且要保护好状态标记
8	地面、墙面、楼梯、办公桌椅、电气设备等要保持清洁,要畅通无阻,任何情况下都不准堵塞电闸与消火栓
9	仓库通风要好,保持干燥清爽的环境,灯具、安全网、电梯、风扇、窗户等设备以及卫生死角各区域负责人要随时清扫,禁带火种入库,及时保修故障
10	仓库区域物品要做好各种安全防护措施,防护雨布不用时要折叠保管,定点存放,对非人为破坏的防护用品如不能修复则做报废处理,报废前由管理部门检查核实
11	物品卸载时要轻拿轻放,对超重物品或带有毒性的物品不准单人运载,装卸完物品后要及时清扫现场,各类搬运载具在空置时要成水平直角摆放在指定区域
12	不准随意踩、坐物品及运输载具,为搬运人员设置指定休息区域,同时规划好个人物品统一存放处
13	仓库主管或班(组)长每月要在上、中、下旬3个时间段内自行安排员工学习5S知识,并留有学习记录
14	办公室有效文件、资料、相关记录和其他物品,要分类规划,定点防护存放。在使用过程中,文件资料记录要做好保管措施
15	桌椅要摆放整齐,办公区、地面、墙角应清洁干净,抽屉内要整洁不杂乱,人行通道要保持畅通无阻,电气设备要做好安全防护措施,禁止吸烟
16	仓库工作人员应避免在工作时与交接人员发生争吵,不能自行处理的事情,应立即请求部门负责人协助处理解决,要使用文明用语,使用电话礼仪
17	不准在仓库打瞌睡、吃零食、看小说、串岗、聚集聊天、追逐嬉戏打架、骂人,着装要整洁、待人礼貌、使用文明用语、掌握电话礼仪,有时间观念

二、仓库管理员岗位职责

仓库管理员作为库房管理实施者,其工作职责是做好仓库配件的日常管理,对配件的质量进行验收,对仓库的安全工作进行定期检查,同时与配件部门其他人员及时进行沟通和协调(表4-9)。

仓库管理员职责　　　　　　　　　　　　　　　　　表4-9

序号	职　责　内　容
1	严格按照仓库保管原则及5S实施要求开展管理工作
2	掌握查询该品牌新旧车型零件的应用知识与零件编码体系的方法
3	接到配件货单后,一定要严格按照该品牌的接货程序进行验收与收货
4	对于预订配件,仓库管理员必须合理地安排好预留仓位,同时立即填写好到货通知书,及时通知维修前台联系客户来店领取配件
5	到货通知书在配件订货人员签字确认后,一联提交给维修前台,另一联由仓库管理员贴在预留仓位上进行标示
6	认真做好库房内防火,防盗与防水工作,及时发现安全隐患,及时报告
7	做好相互交接,如遇到休息与休假时,应把所遗留或未完成的工作进行书面交接
8	管理员在日常工作中,必须与配件部各岗位人员及时沟通,协调各部门做好工作

三、配件仓库日常管理

1. 配件仓库日常管理细则

（1）仓库管理员必须保证仓库库容整洁、有序，通道畅通（图4-46），并负责配件的验收、保管、发放及盘点工作。

（2）对到货的配件进行检查时，如发现数量与随货清单不相符的，应及时与配件计划员说明，并向供应商反馈。

（3）对每天的入库状态进行复核，对于错误入库的配件及精品，应及时上报零件部主管说明问题所在，并进行纠正处理。

（4）每天必须进行动态盘点，及时将仓库待料情况反馈至配件计划员，提高配件的供应率。

（5）每天对配件库存区域、收发货区域进行检查，及时进行合理的调整。

（6）必须做好日常盘点跟进工作及定期盘点工作，并对库存进行分析。如有超出异常的配件，应及时通报给零件部主管。

（7）必须按照要求把库存配件分类存放，做到标志清楚、摆放整齐、便于搬运。

（8）每种配件必须确定其安全库存量，并根据实际库存情况及时进行采购。

（9）做好仓库的防漏、防潮检查，如发现仓库漏雨，应及时报部门领导并通知相关部门处理。

（10）保持仓库及四周水电设施、消防器材完好。

（11）配件进出库时，配件员应及时把相应的数据输入计算机，做到库、物、号三者相符。

（12）验收不合格的配件禁止办理入库手续。不能及时处理的退货，由仓管员存放于指定的地点并做好标志。

（13）验收合格的配件，验收人员签字后由仓管员在物料包装上注明配件的入库日期后搬入仓库分类上架（图4-47）。

图4-46　保持仓库的整洁卫生　　　　图4-47　包装注明入库日期

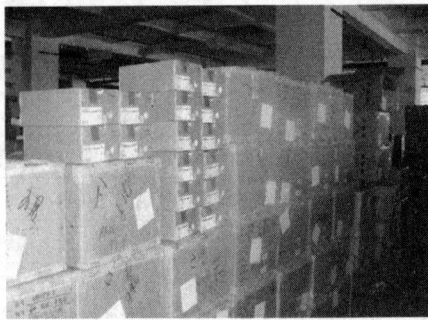

（14）对于预约服务订购的配件，须按客户分类存放于预约服务备品专柜，并标明客户姓名。

（15）如图4-48所示，按照5S的要求进行仓库管理。

2. 配件仓库的摆放要求

（1）常用配件放在最靠近主通道的地方。

（2）常用配件放在最容易着手的地方（货架中间层）。

（3）重的配件放在下层，轻的配件放在上层。

（4）同种配件要放在一个货盒，一个配件只能有一个货位号。

（5）同种配件要尽量堆集，留出空间存放新车型配件。

（6）堆集时配件标签向外，字码要向上。

（7）无法把配件标签向外的，在外包装朝外方向写上配件编号。

（8）不能平放的配件要竖着放，如车门、发动机盖等。

（9）通道上绝对不能堆放配件。

（10）易燃品（如机油、化清剂等）要单独存放。

（11）玻璃一定小心放置，摆放在不易被刮到的位置。

3. 配件部门管理考核指标

配件仓库每月均进行以上指标的考核，评价"OK"为合格，"NG"为不合格，不合格的项目必须在后面的备注说明情况和原因。

四、库存配件的日常维护

汽车配件的存储必须根据不同的材料、结构形态、质量及技术性能等多方面的要求，采取相应的措施，保证存储安全，避免存储期间发生霉变、失准、变形、破损等现象。

1. 汽车配件的存储条件与措施

（1）汽车配件存储条件。

①密封。

②通风（图4-49）。可分为利用通风降温、增温和利用通风散潮两种。

③吸潮。吸潮是与密封配合，用以降低库内空气湿度的一种有效方法。

图4-48 5S管理标准

图4-49 注意通风

（2）汽车配件存储措施。

汽车配件都应存储在仓库或有遮盖的干燥场地内，无有害气体侵蚀和影响，且通风良好，不得与化学性、酸碱性配件一起存放。

①存储汽车配件的仓库应保持相对湿度不超过75%，温度在20～30℃之间。对于橡胶产品，特别是火补胶，则须在能够保持环境温度不超过25℃的仓库内存放。

②对于电器配件、橡胶制品配件、玻璃制品配件，由于这些配件自重小，属于轻型产品，不能碰撞和重压，否则将会使这些配件产品工作性能失准、变形甚至破裂，应该设立专

仓存储,如图 4-50 所示。

③对于蓄电池的存储,应该避免重叠过多和碰撞,防止电极和蓄电池盖因重压受损,而且应注意加注电解液塞孔的密封,防止潮湿空气侵入。

④除应保持存储场地干燥外,还应在各配件的包装箱内放置防潮防蛀药品以防止霉变及蛀虫生长。

⑤根据配件材料、结构、体型、重量、性能等不同特点,安排不同的仓位和采取不同的堆垛方法,确定合理的堆垛数量,以保持存储的安全。

⑥对于易吸潮生锈的配件,除应保持仓库地面干燥外,还应在配件堆垛的底层设置离地至少有 15cm 空隙的架空地板(图 4-51),使空气得以流通。

图 4-50　专仓存储　　　　　　　图 4-51　离地间隙 15cm 的架空地板

⑦存储配件的堆垛相互之间以及堆垛与墙之间都必须留有间距,墙距宽度一般规定为 0.1 ~ 0.3m,垛距之间为 0.5 ~ 1m,这必要的间距是保证存储配件的通风条件。

2. 金属类配件的防锈与除锈

配件仓库存储的配件中金属类的配件所占比例较高,而金属类配件与空气或化学物品直接或间接接触都容易锈蚀,这是由于金属表面受到周围介质的化学作用或电化学作用而遭受破坏的,因此存储仓库日常管理中对于配件特别是金属类配件的养护是主要工作内容之一。

(1)创造良好的储存条件。

认真选择储存场所,保持库房干燥,保持库内外清洁,清除堆垛周围杂物,不使材料受到沾污和附着尘土。

(2)金属制品的防锈。

①密封法防锈蚀。一是干燥空气封存法(控制相对湿度法)。当空气相对湿度控制在 35% 左右时,金属则不易生锈,非金属也不易生霉。二是充氮封存法。氮气的化学性质比较稳定,在货物包装中,充入干燥的氮气,隔绝了水分、氧气等腐蚀性介质,从而达到使金属不易生锈、非金属不易老化的目的。

②涂油防锈。涂油是一种广泛应用的防锈方法,涂油可借油层的隔离作用,使水分和大气中的氧及其他有害气体,不易于接触金属制品表面,从而防止金属类备件锈蚀,或减缓金属锈蚀速度。采用涂油防锈的材料应根据金属备件的性质选择。金属配件进行了涂油防锈之后,为了进一步地使其与空气隔绝,还应该选择具有一定的隔离作用而且性能可

靠的纸类及各种塑料薄膜。

③纸类包装纸通常包括以下几类：

a. 羊皮纸。有 1 号和 2 号两种，前者用于精密零件，后者用于一般零件的内包装。如图 4-52 所示。

b. 仿羊皮纸。纸质稍坚韧，用于较高要求的电器配件、零件的内包装。

c. 中性石蜡纸。含有 2% 硬脂酸铝的石蜡浸涂中性纸，防潮性能好，适用于一般备件内包装。

d. 横纹牛皮石蜡纸。中性石蜡纸双面涂石蜡，用于一般钢铁制配件。

e. 牛皮纸。强度高，适用于经涂防锈油脂后的一般金属配件内包装用，如图 4-53 所示。

图 4-52　工业所用的羊皮纸

图 4-53　用于包装的牛皮纸

④塑料薄膜及复合塑料薄膜类包装材料包含以下几类：

a. 塑料薄膜。透明，韧性好，可热焊，耐油耐酸，且能防水防潮，用于内包装。原料通常为聚氯乙烯、聚乙烯、聚丙烯等。

b. 塑料复合纸。由塑料薄膜与防锈纸复合压制的包装材料，既能防锈又能防潮。

c. 铝型薄膜。由塑料薄膜与铝箔复合而成。铝箔的防水、防潮、不透气性较塑料薄膜更好，且能防紫外光，故包装性能良好，适用于精密零件、电讯器材、仪表等的包装。

（3）金属制品的除锈

①手工除锈。主要是通过擦、刷、磨，以除去锈迹。

②机械除锈。常见的有滚筒式除锈、抛光机除锈等。

③化学除锈。这是借助于能够溶解锈蚀物的化学品或药物将锈蚀层除掉的一种先进的方法，除锈后保持金属原有的色泽，对人体无腐蚀性。

五、汽车配件的价格管理

1. 定价遵循的一般原则

（1）比较定价。

参考替代商品价格来定价是最简便可行的定价方式。市场中 90% 的商品都存在替代品，这时就要参考替代品的价格，以其为基础，而后把自己的产品与替代商品进行综合比较，如品牌知名度、服务、产品性能等。

（2）善于以价值导向定价。

要根据为顾客所能创造的价值或顾客认为这个商品值多少钱来定价。而不是传统常用的扣除成本后加上利润或完全参考竞争对手的定价方法,前者的定价方法不仅能让你赚到更多钱,顾客还更愿意接受。比如奔驰汽车、劳斯莱斯汽车等,其实它们的售价远高于成本,但如果按照成本法推算,而后加上一般汽车的利润,售价也许会拦腰斩断,大大降低了利润,可销路不仅不会提升,反而会下跌。

(3)定价时要考虑对价格的各种影响因素。

比如市场需求、竞争对手、季节、政策法规等各方面,这些都影响商品的定价。

(4)定价的战略作用。

一些企业将商品价格定得很高,以差异于中、低端市场,产生价值感与稀缺效应。

(5)价格波动不可波及产品线中的其他产品。

降价促销等调整产品价格行为一定要划分出清晰的界限,不要让模糊的降价影响了其他产品。

(6)差别定价。

为了不流失顾客,可以采用差别化定价策略。

(7)模糊定价。

把一些畅销产品与滞销商品或两种滞销商品进行组合定价销售,这样可以把高利润或附加利润隐藏在低价产品背后。

(8)不可轻易上涨或下调价格。

要认清这样一个概念,降价不仅容易损伤整体品牌形象,而且一旦降价就很难再涨回去,而涨价也容易降低消费者对品牌的好感度,甚至产生严重的拒买现象。

2.一汽大众汽车配件价格调控

(1)一汽大众配件加价率政策统一调整加价率,在文件中有一个统一调整的模块,将配件加价率按车系由高向低调整,再调整特殊加价率,这样就可以将加价率调整得准确无误。

(2)对配件文件的配件采购价格进行定期对比检查调整,只有采购单价准确,加价率准确,配件的出库价格才能够符合一汽大众的价格政策。

(3)一汽大众有关配件加价率的管理规定。捷达件加价20%;宝来A4/高尔夫A4/宝来经典/新宝来/高尔夫A6加价率25%(车型代码包含1J/2J/1P/15/98);开迪/速腾加价率30%(车型代码包含2K/9L);迈腾/进口迈腾/CC加价率35%。通用车型备件按照最低车型加价率加价。机油加价率20%(出租车机油LN 052 107 E4加12个点出65元/桶)。事故车件加价率40%(事故车件仅包括四门两盖、翼子板、顶盖、侧围、保险杠皮、保险杠骨架、水箱框架、散热器格栅、前大灯、尾灯、雾灯共13类)。发动机、变速箱、车身、轮胎加价率15%。01M再制造变速箱加价率15%(旧件返还条件下加价率为18%)。

总之,一汽大众目前规定的配件加价率有12%、15%、18%、20%、25%、30%、35%、40%,共8种。

六、汽车配件的安全管理

汽车配件仓库安全管理是汽车维修企业生产管理的重要组成部分,是关系到国家、企业财产和人员生命安全的大事,一定要高度重视。安全管理的对象是生产中一切人、物、环境的状态管理与控制,安全管理是一种动态管理。实施安全管理过程中,必须正确处理五种关系,坚持六项基本管理原则。

1.5 种基本关系

(1)安全与危险并存。安全与危险在同一事物的运动中是相互对立、相互依赖而存在的。保持生产的安全状态,必须采取多种措施,以预防为主,危险因素是完全可以控制的,如图4-54 所示。

(2)安全与生产的统一。生产是人类社会存在和发展的基础。如果生产中人、物、环境都处于危险状态,则生产无法顺利进行。

(3)安全与质量的包涵。安全第一,质量第一,两个第一并不矛盾。安全第一是从保护生产因素的角度提出的,而质量第一则是从关心产品成果的角度而强调的。

(4)安全与速度互保。生产的蛮干、乱干,在侥幸中求得的快,缺乏真实与可靠,一旦酿成不幸,非但无速度可言,反而会延误时间。

(5)安全与效益的兼顾。在安全管理中,投入要适度、适当,精打细算,统筹安排(图4-55)。既要保证安全生产,又要经济合理,还要考虑力所能及。

图4-54　消火栓的预防检查　　图4-55　有效规划有利于实现安全与效益的兼顾

2.6 项基本原则

(1)管生产同时管安全。安全寓于生产之中,并对生产发挥促进与保证作用。因此,安全与生产虽有时会出现矛盾,但从安全、生产管理的目标、目的,表现出高度的一致和完全的统一。

(2)坚持安全管理的目的性。没有明确目标的安全管理是一种盲目行为。盲目的安全管理,充其量只能算作花架子,劳民伤财,危险因素依然存在。

(3)必须贯彻预防为主的方针。安全生产的方针是“安全第一、预防为主”。

(4)坚持“四全”动态管理。安全管理不是少数人和安全机构的事,而是一切与生产有关的人共同的事。

(5)安全管理重在控制。进行安全管理的目的是预防、消灭事故,防止或消除事故伤害,保护劳动者的安全与健康。

(6)在管理中发展、提高。安全管理是在变化着的生产活动中的管理,是一种动态管理,其是不断发展的与变化的,以适应变化的生产活动,消除新的危险因素。

实训情境设计

【实训情境描述】

某品牌4S店准备给新到的一批配件定价,请同学以库管员的身份使用电脑上的管理软件给本批零件制定出合理规范的价格,同时完成此类信息的数据采集与维护工作,并且要确保以后能直接使用电脑软件进行配件的价格管理。

【实训情景准备】

1. 实训情境准备(表4-10)

实训情境准备 表4-10

类别	准备内容	获取渠道
资料	工作单	内部资料和专业维修资料
	汽车配件(零部件)图册或配件电子目录、教材	
	软件使用说明书	
	能力评价表	
工具	计算机	厂家工具及相关企业生产的标准化产品
	投影设备	
	汽车配件管理软件	
地点	多媒体仿真实训室	

2. 实训情境工作单(表4-11)

汽车配件价格管理实训情境工作单 表4-11

项目名称	项目四:汽车配件仓库管理	课题及任务名称	汽车配件价格管理	时间/学时	2
姓名		学号	班级	组别	
能力目标	1.能明确仓库管理员岗位职责和义务; 2.会使用计算机完成配件的价格维护; 3.会使用计算机软件进行配件价格管理				
实训组织	课前给每位学生发放实训工作单,学生按照实训工作单完成实训操作,做好相关实训记录,并以小组为单位进行实训操作交流,开展自评、小组互评及教师点评				

	任务分解及完成标准	完成情况记录	
		完成时间	准确性
实训操作	**任务一:配件的价格管理**		
	1.收集配件基本信息,按车厂车型将配件归类		
	2.根据此类配件的实际销售情况和厂家要求定价		
	3.结合经验、实际情况确定本批配件所采用的利润系数		
	4.确认相关信息,得到计算机给出的定价结果		
	任务二:配件价格数据的维护		
	1.根据配件信息,迅速查询出该类配件的价格类别		
	2.通过其价格类别得出其具体的商品利润系数		
	3.能根据要求修改商品利润系数,重新定义价格类别		
	4.会使用时间范围内进货价的"最高价"、"最低价"、"平均价"定价		
实训小结			

【实训情景流程】

以欧亚笛威汽车管理软件为例,说明配件价格的管理与软件数据维护。

(1)进入系统主界面,如图 4-56 所示。

(2)从菜单上选择设置→车型设置,进入"车型设置"窗口,如图 4-57 所示,按规定选择本批零件的车厂车型,如无相关信息需手动添加。

图 4-56　欧亚笛威汽车管理软件界面

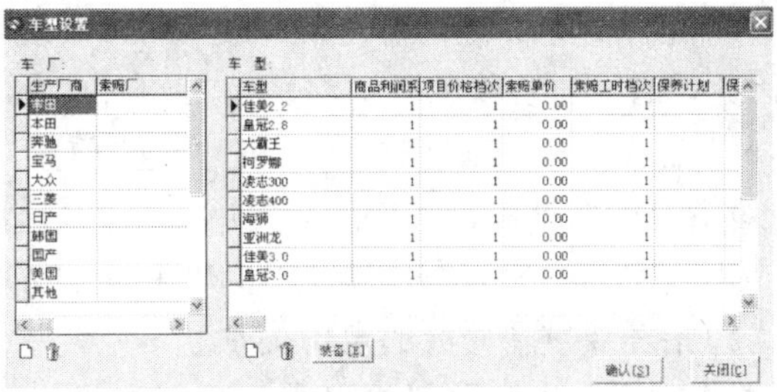

图 4-57　车型车厂设置

(3)根据此类配件的实际销售情况和进价,制定出 3 ~ 5 个利润系数。

(4)按照老师的要求、结合实际情况确定本批配件所采用的利润系数及价格类别,如图 4-58所示。

(5)按"确认"按钮后,系统开始按照用户所定的条件对零件进行定价,并在"定价结果"框里显示更新了多少条零件记录,得到计算机给出的定价结果,如图 4-59 所示。

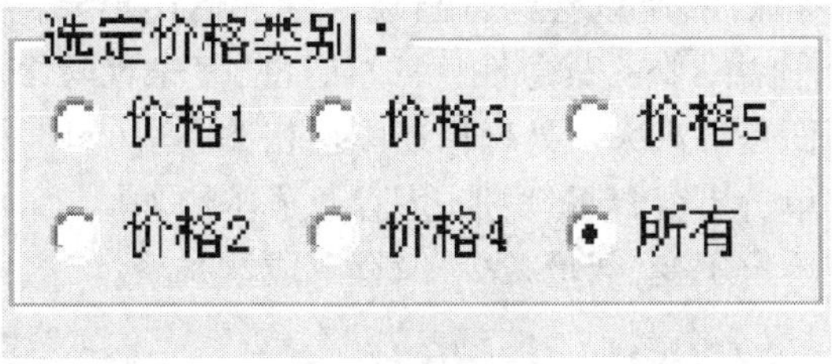

图 4-58　选定价格类别

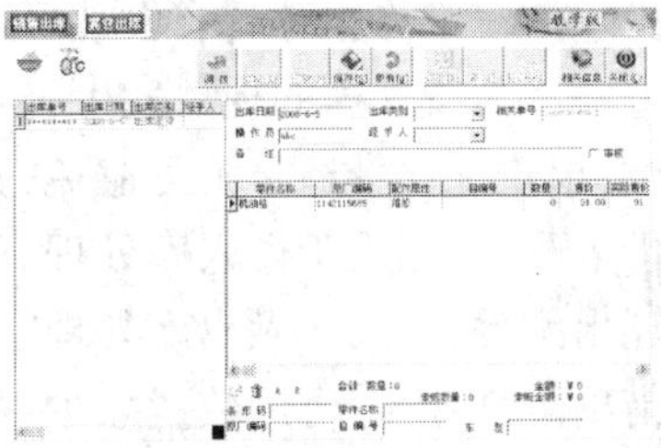

图 4-59　得到定价结果

(6)根据现场给出的配件信息,迅速查找出其车厂车型及价格类别,如图 4-60 所示。

(7)通过已知给出的价格类别得出其具体的商品利润系数。

(8)根据老师的要求修改商品利润系数,重新定义价格类别。

(9)打开"零件"→"自动定价",进入"自动定价"窗口(图 4-61),该窗口共划分为 3 个部分。使用某特定时间范围内进货价的数据采集来定价,按统计日期范围内进价的"平均价"、"最高价"或"最低价"乘以利润系数得出这批零件的售价。

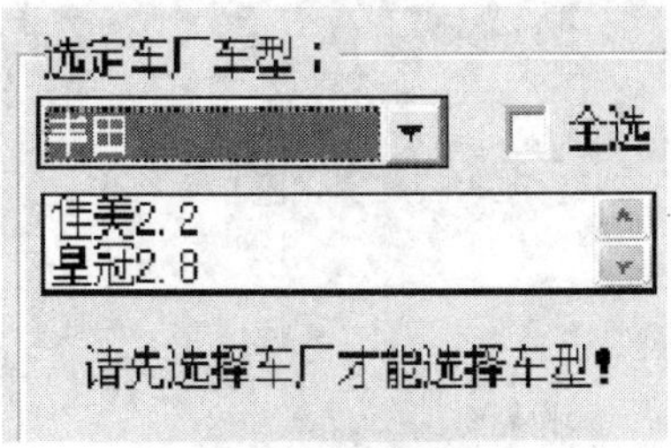

图 4-60　选定车厂车型

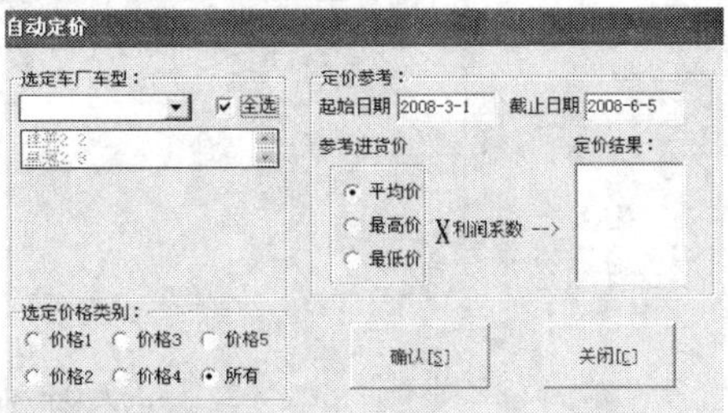

图 4-61　数据维护下的自动定价

注意事项如下：

（1）运用配件管理系统进行自动定价，必须根据进价的高低，设置不同的利润系统。例如，想将500元以下（包括500元）零件乘以1.4的利润系数，500元以上的零件乘以1.3的利润系数，则应设置如下：0,500（回车1.4）500,1.3即可。

（2）售价计算公式为：售价＝进价×进价利润系数。

（3）配件的进价与售价是经常变动的，系统会保存每个零件的每一次入库的价格记录，因此就有了进货价的"平均价"、"最高价"与"最低价"之分。

（4）在选定车厂车型时，如果在"全选"前打勾，即对所有的车型的配件进行定价，否则就可对指定的车型进行定价。只要单击车厂车型下拉选择框，选择相应的车厂，例如选择了"丰田"车厂，则所有车厂属于"丰田"的配件都将被重新定价。

（5）指需要重新修改的定价类别。本系统每个配件都提供了5个价格档次，用户可根据需要指定不同出库类别调用哪一个零件价格。定价也一样，用户可以自动指定哪个价格档次，或者全部价格都进行自动定价。

（6）自动定价是为了方便报价，而报价主要是用于客户询价。产生的报价单，可以通过相关信息直接转成销售单。

知识拓展：汽车配件的借还处理

由于汽车维修服务具有鲜明的行业特殊性，所以会经常出现配件的借还现象。虽然原则上并不希望这样的现象发生，但由于车辆维修的紧急性、事故认证的复杂性等多种原因所致，出现配件借还是不可避免的。下面是一汽大众处理借还配件相关办法（图4-62）。

借入配件：相当于做入库处理。配件单价不变，数量增加，库存总成本增加。

还出配件：相当于做出库处理。配件单价不变，数量减少，库存总成本减少。

借出配件：库存可用数量减少，库存总成本不变。

还入配件：库存可用数量增加，库存总成本不变。

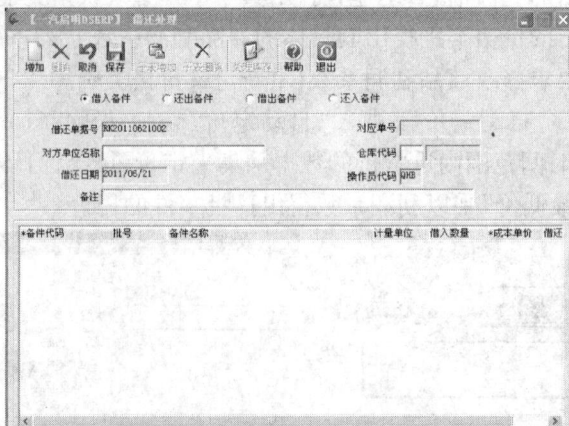

图4-62 一汽大众配件借还处理操作界面

检查评价

实训情境评价（一人一表）

班级：　　　　　　　组别：　　　　　　　姓名：

项目		评价内容 （请在对应条目的○内打"√"或"×"，不能确定的条目不填，可以在小组评价时让本组同学讨论并写出结论）		评价等级（学生自评）		
				A 全部为 "√"	B 有1～3个 "×"	C 有多于 3个"×"
关键能力自评	工作态度	○按时到场 ○工装齐备 ○书、本、笔齐全 ○不追逐打闹 ○积极接受分配任务	学习期间不使用手机、不玩游戏○ 未经老师批准不中途离场○ 不干扰他人工作○ 无迟到早退○ 上课不做与任务不相关事情○			
	工作素养	○工作服保持干净 ○私人物品妥善保管 ○工作地面无脏污 ○工作台始终整洁 ○节约，无浪费现象 ○有责任意识	无发生安全事故○ 使用后保持工具整齐干净○ 有及时纠正他人危险作业○ 注重环保，废弃物能合理处理○ 未损坏工具、量具及设备○			
	合作及其他	○课前有主动预习 ○与本组同学关系融洽 ○积极参与小组讨论 ○接受组长任务分配 ○工装穿戴符合要求	本小组工作任务能按时完成○ 能主动回答老师提问○ 能主动帮助其他同学○ 注重仪容，不戴饰物、发型合规○ 能自主学习和相互协作○			
专业能力自评		○能独立查阅资料 ○注重工作质量及时自检 ○注重工作效率，时间观念强 ○会分析归纳相互学习 ○设备选择使用符合要求	能独立规范操作○ 能独立完成任务单○ 没有失手坠落物品○ 指出过他人的不规范操作○ 工作质量合格，无返工○			
小组评语及建议		他（她）做到了： 他（她）的不足： 给他（她）的建议：		组长签名： 　　　年　月　日		
教师评语及建议				评价等级： 教师签名： 　　　年　月　日		

课题四 汽车配件出库

汽车配件出库是汽车配件管理员的日常工作之一,出库要做到迅速和准确,必须要依据合法的出库凭证,同时要遵循合理发放和出库的原则,防止配件长期积压、生锈或辅料过期变质。但出库凭证不全则一定不能出库,在出库后要做好配件出库的登记。

一、配件出库的流程

汽车配件出库必须严格遵循出库的规章制度,做到"先审后验再分检,检查发货速登记"的14字方针。在配件出库的整个过程中,绝不允许靠个人的主观臆断而擅改规章,也不允许由于操作过程的熟练与私人交情的薄厚而省略环节。标准的汽车配件出库流程如图4-63所示。

二、配件出库的管理制度

汽车配件出库的管理制度当前并没有一个统一的标准,不同的企业对该项制度的制定是不一致的。但从宏观综合来看的话,规范领料、合理借用、正常销售与及时索赔成了所有汽车维修企业出库管理制度的核心内容。以下为某品牌汽车专营店的配件出库管理制度:

(1)仓管部门应在下列几种情况下出货:

①维修作业领料。

②维修换件借用。

③顾客购买。

④索赔。

(2)除上述各项出库外,公司仓库部可视实际情形的需要出库。

图 4-63 配件出库流程图

(3)各项出库均须有统一的领料单证,同时由领取人亲笔签名方可领取。

(4)使用部门、个人急需用料情形下,库管员可事先电话通知部门负责人方可按领用人的要求正确填写出库单并出库,但事后要补签手续。

(5)任何出货仓管人员均应于出货当日将有关资料入账以便存货的控制。

(6)各部门人员向仓管部门领货时,应在仓库的柜台办理,不得随意自行进入仓库内部,各仓管人员应阻止任何人擅自入内。

(7)发料人在配件出库时,应详细检查商品的性能品质及附件是否优良或齐全。

(8)配件领出后,严禁出货人擅自将所领出的物品移转给其他人或部门。

(9)库存配件外借,出库后一律限于当天归还仓库。

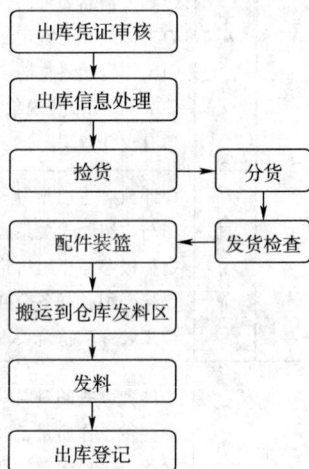

三、配件出库的要求

（1）发货时先通过系统打印出库单，再由发货人和领料人共同验货、清点，确认单货相符、数量正确、质量合格后在出库单上签字确认。

（2）不允许先发出配件，事后补办领料手续。

（3）打印出库单前，必须认真核对，确认相关料位码、配件编码、名称、适用车型等信息与需求配件完全一致，杜绝出库配件名实不符。

（4）仓管员每收发一项配件都必须及时准确录入系统，及时在进销存卡上准确记录收发时间和数量。

（5）汽车配件出库，要求做到"三不三核五检查"，即：

①"三不"是指未接单据不登账，未经审单不备货，未经复核不出库。

②"三核"是指在发货时，要核实凭证、核对账卡、核对实物。

③"五检查"是指对单据和实物要进行品名检查、规格检查、包装检查、件数检查、重量检查。

四、汽车配件出库类型

1.客户购买销售出库

汽车4S专营店一般不允许配件外销，对于少量外销配件一般是更换操作比较简单的，如机油、冷却液、滤清器等，或者是销售给本品牌的其他网店。

2.维修企业正常领料出库

汽车维修正常作业时，由维修班组派人领料，并有领料人在领料单上签字确认的配件领料出库。出库单上类型注明是维修。

3.维修换件借用出库

有些情况下，车辆在维修过程中，需要通过更换新件来判断旧件是否损坏，这时维修人员会向配件部门借一个新件，这种情况下的出库称为借用出库。维修人员需要填写维修借用单。

4.索赔出库

由于索赔而进行的配件出库叫索赔出库。由于索赔的特殊性，索赔件的出库也必须特别注明。

5.预出库

预出库是指在车辆维修过程中，需要更换的一些配件配件库没有，但是急需要更换的，则需要由客户确认先付款订货等配件到达后形成的出库。这种情况与一般出库情况不同，要采用预出库单。

五、配件出库的成本核算

核算配件的出库成本，有助于合理储备配件数量，并能科学指导配件库存计划的制订，从而实现节约企业成本，提高配件经营效率。

汽车维修企业一般采用先进先出法、加权平均法或个别计价法确定发出存货的成本。

1. 先进先出法

先进先出法是指根据先购进的存货先发出的成本流转假设对存货的发出和结存进行计价的方法。采用这种方法的具体做法是先按存货的期初余额的单价计算发出存货的成本,领发完毕后,再按第一批入库存货的单价计算,以此从前向后类推,计算发出存货和结存货的成本。

例如,假设配件库存为零,1 日购入 A 产品 100 个,单价 2 元;3 日购入 A 产品 50 个,单价 3 元;5 日销售发出 A 产品 50 个,则发出单价为 2 元,成本为 100 元。

2. 加权平均法

加权平均法也称为全月一次加权平均法,是指以当月全部进货数量加上月初存货数量作为权数,除以当月全部进货成本加上月初存货成本,计算出存货的加权平均单位成本。

$$存货的加权平均单位成本 = \frac{月初结存货成本 + 本月购入存货成本}{月初结存货数量 + 本月购入存货数量}$$

$$月末库存存货成本 = 月末库存存货数量 \times 存货加权平均单位成本$$

$$本期发出存货的成本 = 本期发出存货的数量 \times 存货加权平均单位成本$$

$$= 期初存货成本 + 本期收入存货成本 - 期末存货成本$$

3. 个别计价法

个别计价法又称"个别认定法"、"具体辨认法"、"分批实际法"。采用这一方法是假设存货的成本流转与实物流转相一致,按照各种存货,逐一辨认各批发出存货和期末存货所属的购进批别或生产批别,分别按其购入或生产时所确定的单位成本作为计算各批发出存货和期末存货成本的方法。

个别计价法的计算公式是:

$$发出存货的实际成本 = 各批(次)存货发出数量 \times 该批次存货实际进货单价$$

例如,某工厂本月生产过程中领用 A 材料 2000kg,经确认其中 1000kg 属第一批入库材料,其单位成本为 25 元;600kg 属第二批入库,单位成本为 26 元;400kg 属第三批入库,单位成本为 28 元。本月发出 A 材料的成本计算如下:

$$发出材料实际成本 = 1000 \times 25 + 600 \times 26 + 400 \times 28 = 51800 元$$

实训情境设计

【实训情境描述】

某品牌 4S 店机修组准备正常领料一批配件,请同学们以库管员小李的身份按规定进行各项检查审验并顺利将配件出库。其中,要明确区分配件出库的类型,对审验后的结果要进行正确的处理并能独立制作出估算(结算)明细单。

【实训情景准备】

1. 实训情境准备(表 4-12)

实 训 情 境 准 备 表4-12

类别	准 备 内 容	获 取 渠 道
资料	工作单	内部资料和专业维修资料
	出库单、估算(结算)明细单、教材	
	软件使用说明书	
	能力评价表	
工具	计算机	厂家工具及相关企业生产的标准化产品
	模拟配件(机油格)、投影设备	
	汽车配件管理软件	
地点	仓储模拟实训室	

2.实训情境工作单(表4-13)

汽车配件出库实训情境工作单 表4-13

项目名称	项目四:汽车配件仓库管理	课题及任务名称	汽车配件出库	时间/学时	2
姓名		学号		班级	组别

能力目标	1.熟练掌握汽车配件的出库流程; 2.了解并记忆配件出库的管理制度; 3.能严格按照配件出库的要求进行规范操作; 4.会使用电脑软件进行配件出库; 5.了解配件出库的成本核算方法		
实训组织	课前给每位学生发放实训工作单,学生按照实训工作单完成实训操作,做好相关实训记录,并以小组为单位进行实训操作交流,开展自评、小组互评及教师点评		

	任务分解及完成标准	完成情况记录	
		完成时间	准确性
实训操作	**任务一:配件的出库审核**		
	1.确定配件出库的类型(维修出库、销售出库还是索赔出库)		
	2.确认工单号并打印领料清单,按照清单上的内容逐一清点并签字		
	3.生成并打印配件出库单		
	4.确认相关信息,制定结算单据		
	任务二:配件的出库内容		
	1.根据工单给出的配件信息,制作领料单和出库单		
	2.输入零件出库信息并可以使用计算机进行打折处理		
	3.能根据销售出库的类型,制作出估算明细单		
	4.能根据销售出库的类型,制作出结算明细单		
实训小结			

【实训情景流程】

以一汽大众配件管理系统功能来说明汽车配件出库操作过程。

1.维修出库

（1）确认机修工维修领料的工单号（图4-64）和领料清单，并按要求打印领料清单。

（2）按照领料单上的零件编码及数量，迅速准确地清点零件。

（3）配件管理员（库管员）及机修工在领料台上逐一确认零件无误后，在领料单上签字确认，如图4-65所示。

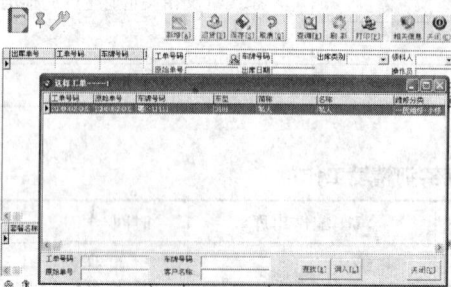

图4-64 确认工单号

图4-65 核实无误后签字确认

（4）生成并打印配件出库单，如图4-66所示，要保证机打和手写两种模式。

（5）由配件出库单上的货架号、数量等相关信息快速查找实物配件，确认相关信息无误，完成维修出库，如图4-67所示。

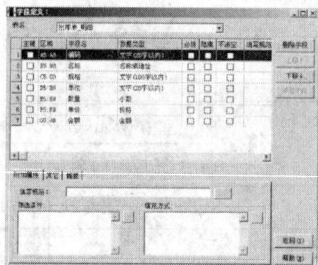

图4-66 出库单明细

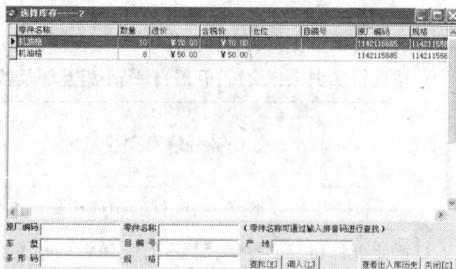

图4-67 选定相关配件

2.销售出库

（1）如果是针对不在场维修的客户，先要进入系统的零件零售系统，如图4-68所示。

（2）在顾客名栏中输入客户名称，单击"检索"键或选择新建客户信息。

（3）如图4-69所示，选定出库零件，并进行打折处理。

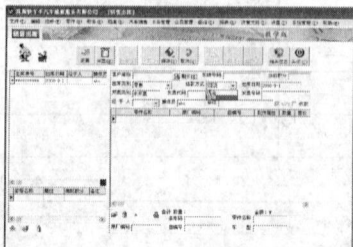

图4-68 零件出库零售系统

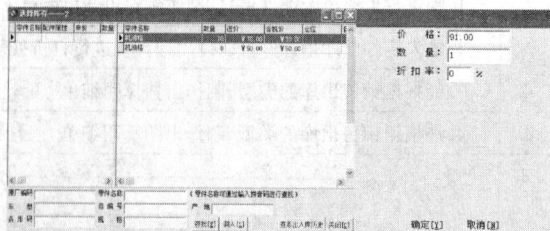

图4-69 选定出库零件并进行打折处理

（4）制作估算明细单（图4-70）。

（5）确认无误，制作结算明细单（图4-71）。

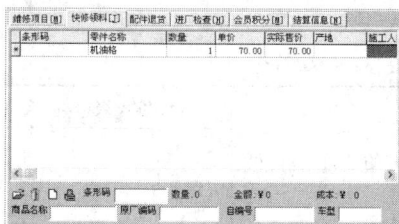

图4-70　制作估算明细单　　　　　　　　　图4-71　制作结算明细单

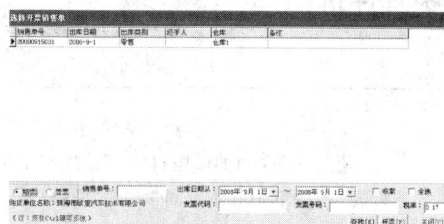

（6）客户付款后，配件管理员将实物配件交付客户，并再次核对配件型号、计算机系统记录号和配件包装配件号等相应信息是否一致，避免错发。

知识拓展：汽车经销商配件退库

退库是经销商在经营汽车配件过程中有时会将有质量问题的配件返回原厂的作业过程，不同厂家对退货有不同的要求，一汽大众经销商退库的流程如图4-72所示。

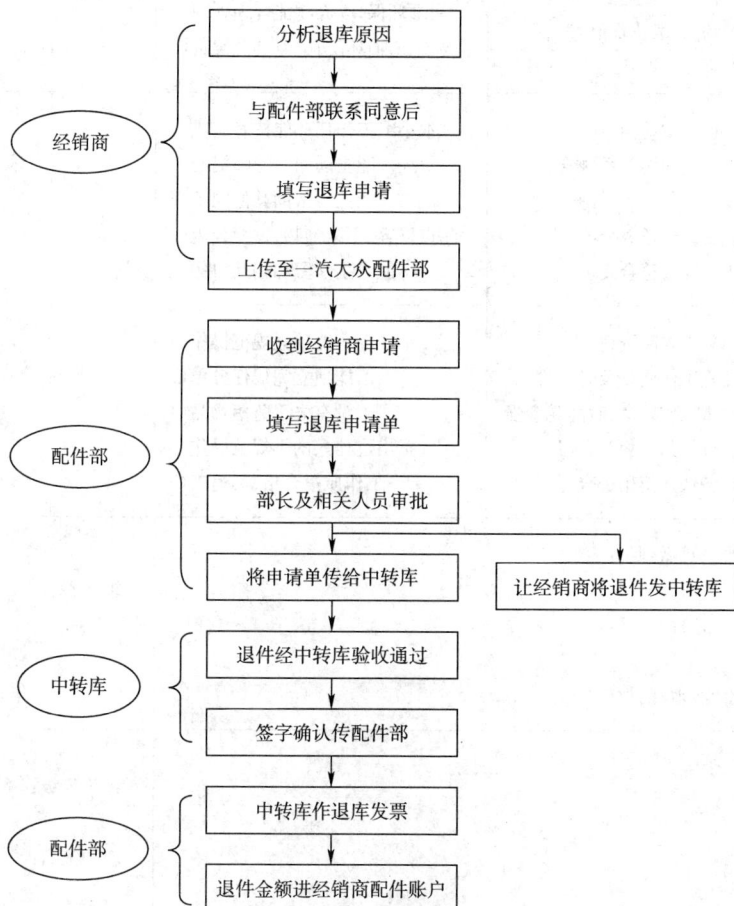

图4-72　汽车经销商配件退库流程图

检查评价

实训情境评价（一人一表）

班级：　　　　　　组别：　　　　　　姓名：

项目		评价内容 （请在对应条目的○内打"√"或"×"，不能确定的条目不填，可以在小组评价时让本组同学讨论并写出结论）		评价等级（学生自评）		
				A 全部为 "√"	B 有1~3个 "×"	C 有多于 3个"×"
关键能力自评	工作态度	○按时到场 ○工装齐备 ○书、本、笔齐全 ○不追逐打闹 ○积极接受分配任务	学习期间不使用手机、不玩游戏○ 未经老师批准不中途离场○ 不干扰他人工作○ 无迟到早退○ 上课不做与任务不相关事情○			
	工作素养	○工作服保持干净 ○私人物品妥善保管 ○工作地面无脏污 ○工作台始终整洁 ○节约，无浪费现象 ○有责任意识	无发生安全事故○ 使用后保持工具整齐干净○ 有及时纠正他人危险作业○ 注重环保，废弃物能合理处理○ 未损坏工具、量具及设备○			
	合作及其他	○课前有主动预习 ○与本组同学关系融洽 ○积极参与小组讨论 ○接受组长任务分配 ○工装穿戴符合要求	本小组工作任务能按时完成○ 能主动回答老师提问○ 能主动帮助其他同学○ 注重仪容，不戴饰物、发型合规○ 能自主学习和相互协作○			
专业能力自评		○能独立查阅资料 ○注重工作质量及时自检 ○注重工作效率，时间观念强 ○会分析归纳相互学习 ○设备选择使用符合要求	能独立规范操作○ 能独立完成任务单○ 没有失手坠落物品○ 指出过他人的不规范操作○ 工作质量合格，无返工○			
小组评语及建议		他（她）做到了： 他（她）的不足： 给他（她）的建议：		组长签名： 　年　月　日		
教师评语及建议				评价等级： 教师签名： 　年　月　日		

课题五　汽车配件库存盘点

为了及时掌握库存配件的变化情况,避免配件的短缺丢失或超储积压,保证配件库存存货的位置和数量的正确性,仓库管理人员必须定期对配件库存进行盘点。配件的库存数是否与系统的数量一致;每日的流动部分是否正确得到了统计,为配件采购计划的制订、配件内部管理的水平及以工作人员的责任心等提供充分的依据。

一、库存盘点基础

1. 库存盘点的定义

汽车配件库存盘点是指仓库定期对库存汽车配件的数量进行核对,清点实存数与账面数是否相符,查明汽车配件有无变质、失效等情况而开展的工作。

2. 库存盘点的类型

汽车配件库存盘点一般分为每日一次的日常盘点、半年或一年一次的定期盘点。日常盘点在不同的品牌配件部门也称为动态盘点或是永续盘点,主要是针对每天出库入库的配件进行盘点,核实账物是否相符,便于及时发现问题并作相应更正。定期盘点也称实地盘点或者月盘,其盘点时间间隔由各配件部门根据自身的情况确定,目的是进行所有类别的配件的数量盘点,并进行配件质量检查与修正,核对账与账、实物与账的相符情况,如图4-73 所示。

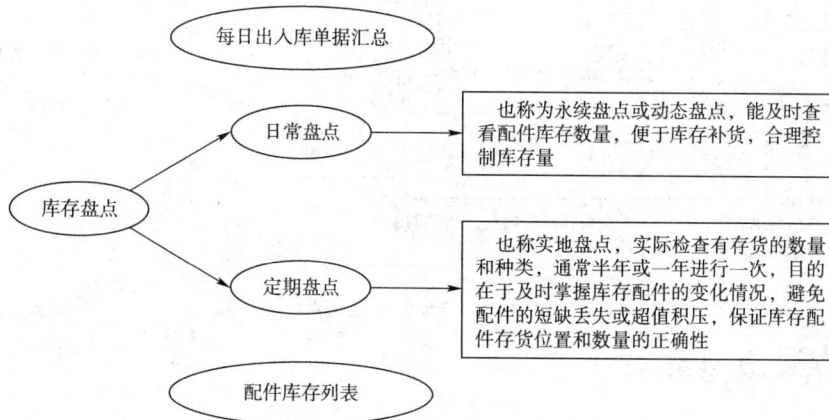

图4-73　盘点类型及目的

3. 库存盘点的内容

库存盘点的内容包括:盘点配件的数量、盘存货位、核对账与实物、核对账与账。

二、库存盘点的工作程序

日常盘点一般每天进行,盘点对象以每日有过出入库记录的配件为主,如图 4-74所示。

定期盘点是一段时间内定期对仓库内的配件进行盘点,对配件进行质量和数量两方

面核对,核对零件的数量、盘存货位、核对账与实物、核对账与账,如图 4-75 所示。

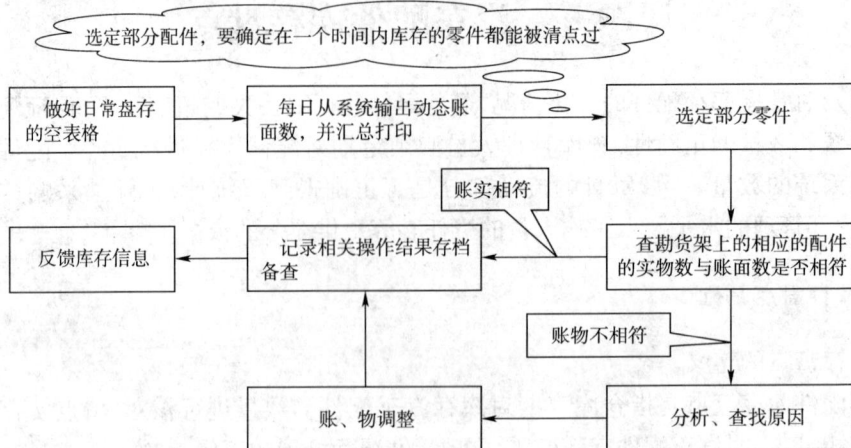

图 4-74　日常盘点的步骤

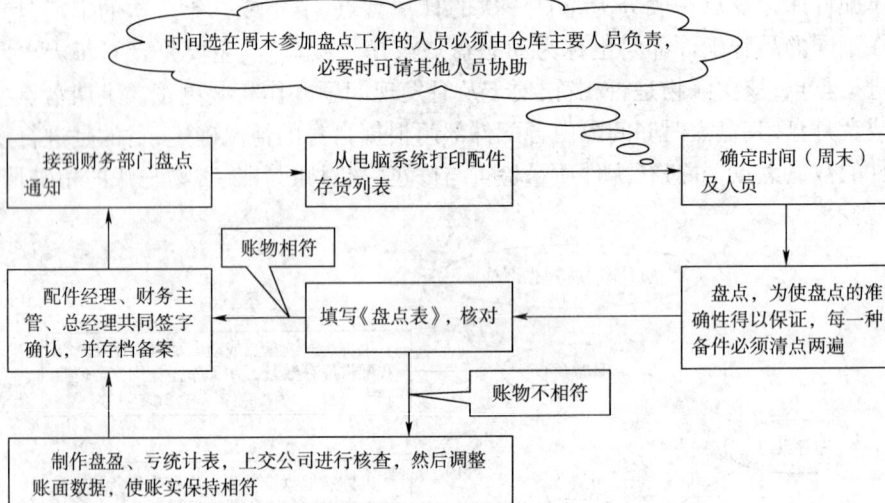

图 4-75　定期盘点的步骤

三、库存盘点的步骤与要求

1. 盘点前准备

(1)成立盘点工作组,制定盘点方案,确定盘点的范围、方式及日程表等工作安排。

(2)召开动员会,必要时对盘点人员进行培训,各盘点小组负责人、管理员及盘点人员组织各自的碰头会,明确分工,确保盘点工作务实高效。

(3)盘点前,物料要先整理归类,放置在同一区域,准备好盘点用的报表、表格、卡片、手叉车、堆高机、人字梯等。

(4)完成在途件及车间借用物料登记表等相关查询。查询可按供应商代码、零件号、订单号、订货日不同条件进行查询,系统会根据检索条件生成在途零件清单,如图 4-76 所示。

对于生产线或维修车间存在借用工具或配件情况的,还有未使用完物料情况的,应查询车间借用物料登记表,通知车间按退料手续退还仓库。若为成品应立即办理入库,同时任何的借料、欠料都必须在盘点日期前处理完成。

图4-76　在途零件清单

2. 盘点实施

(1)组织分工。盘点由盘点总指挥统一部署,下设盘点小组、稽核小组、统计小组、保障小组等。4S店配件部门可酌情减少稽核小组与保障小组,而由盘点小组和统计小组组成。各盘点小组组长与对应仓管员负责分管库位区域的盘点,各部门部长到岗督促、协调盘点过程中的细节,遇到任何异常及时向总指挥报告,这样从组织上保证盘点工作责任到人。

(2)盘点方法。盘点物料时,最好一人盘点,一人核点,并且"盘点统计表"每小段应核对一次,无误者互相签名确认。若有出入者,必须重新盘点。应将生产线物料与仓库物料区分开来。盘点过程中如发现呆滞品、报废品等没有货位码的物料,都集中到一个指定的地方并记录,以便仓管员判定并给予物料编制货位码。某品牌4S店配件盘点工作流程图如表4-14所示。

某品牌 4S 店配件盘点工作流程　　　　　　　　　　表 4-14

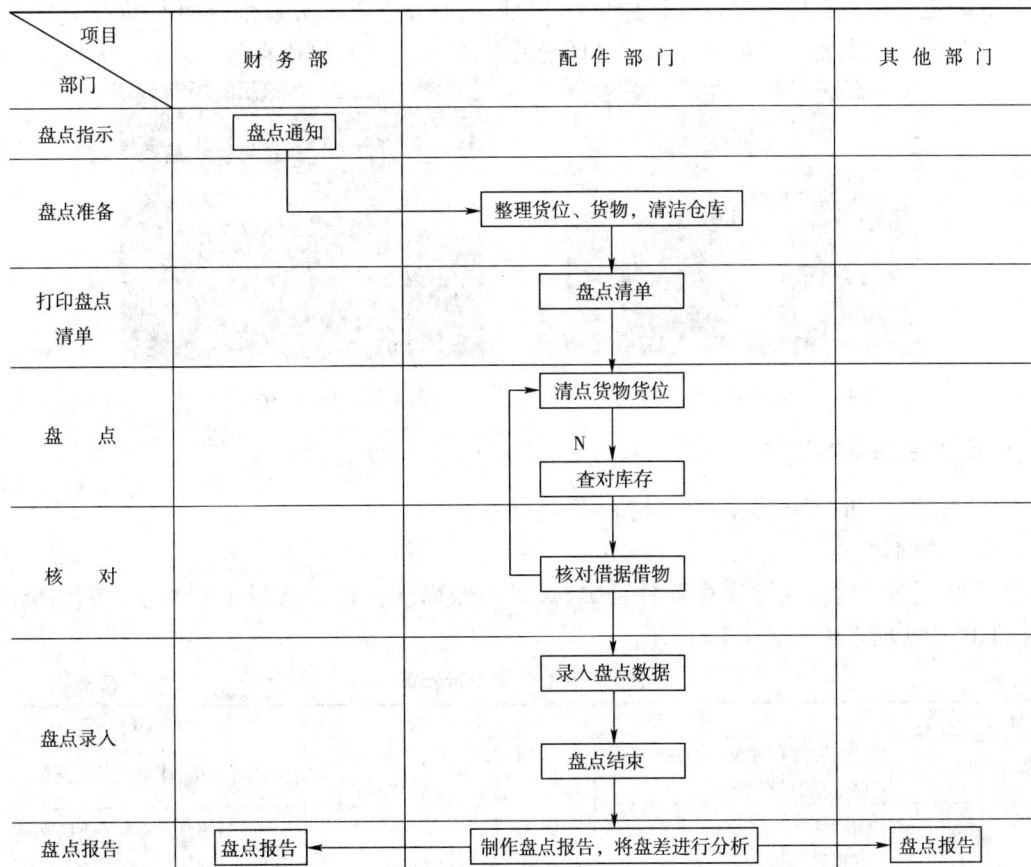

项目　部门	财务部	配件部门	其他部门
盘点指示	盘点通知		
盘点准备		整理货位、货物,清洁仓库	
打印盘点清单		盘点清单	
盘点		清点货物货位　N　查对库存	
核对		核对借据借物	
盘点录入		录入盘点数据　盘点结束	
盘点报告	盘点报告	制作盘点报告,将盘差进行分析	盘点报告

（3）盘点注意事项。日常盘点时，注意对所有订购人员的订单状态进行了解，同时，对所有的订单进行整理，对当天订单必须清晰明确地知道归属于哪一份待件的工单或是订购联系单。对不入在电脑系统的货物，仓库管理员应及时建立库存账务，登记好每一次出入库情况。必须做好日常盘点跟进工作及定期盘点工作，并对库存进行分析，对超出异常的配件，应及时通报给配件部主管。对于客户订购的不入仓库库存的配件，应该存放于独立的货架或空间，如图4-77所示。

四、库存盘点的注意事项

（1）每天上班时必须先进行动态盘点。

（2）仓管员每天不少于2次巡视库存配件，发现丢失或被盗应及时上报。

（3）做好后勤保障与异常情况应对。盘点工作如出现人员未按时到位，应及时报告相关领导并通知储备人员到岗；如出现小组盘点进度落后于计划，小组负责人应报告领导，及时采取措施。

（4）盘点要注意安全。货架高层严禁人员攀爬，高空作业一定要看准、走稳；化学品搬运，要轻拿轻放；金属类物品搬运，一定要戴上手套；玻璃和塑料类的一定要轻拿轻放。

（5）异常配件处置。变质、损坏等配件，由仓管员报仓库负责人和维修部现场审核，确认后申请报废，同时将待报废品单独存放，加"待报废"标志，并做好统计。

（6）盘点尽量在周末进行，以免影响正常业务，且盘点工作必须在24小时内完成。

（7）盘点信息要及时反映在库存管理看板上，以便合理控制库存量，如图4-78所示。

图4-77 客户订购件单独存放

图4-78 仓库库存管理看板

五、盘点结果的处理

盘点结果一般有账物相符、账物不符两种情况。

1. 账物不符

账物不符即仓库实际库存配件种类、数量与账面配件记录数量不相符合，其具体结果、原因及处理方法如表4-15所示。

不同类型的账物不符处置 表4-15

账物不符类型	概 念	原 因	处 理 方 法
盘亏	实际库存种类、数量少于账面记录数量	借用、漏出单、产品损耗、串账	核查补单、登记、上报、调账
盘盈	实际库存种类、数量多于账面记录数量	串账、车主开单未领料、出库总成件拆下新件	调账、核查并调整账面、检查补单并登记

2.呆滞配件的处理

呆滞配件是指仓储中当库存时间超过一定时间而未能销售出库的配件,其原因及处理方法见表4-16。

呆滞件的分析与处理　　　　　　　　　　表4-16

序号	呆滞件原因	处 理 方 法	预 防 措 施
1	库存不合理车型老化或停产	1.汇报财务进行报废处理:存储时间长影响其使用性能的配件; 2.低价或打折处理给其他经销商或修理企业; 3.与车间沟通,优先给事故车选用; 4.及时沟通,在特优服务店搞活动时打折销售; 5.与二级网店沟通,可调货或打折处理	进行全员培训,通过奖励提高供应率和订货的准确率
2	配件老化或移动损坏		提高保管水平,做好配件养护,减少配件老化或损坏现象
3	事故车订货后未更换		建立奖罚制度,提高事故车定损精度
4	客户预订但已处置		建立配件预订制度和流程

实训情境设计

【实训情境描述】

某品牌4S店要进行定期库存盘点,请同学们以库管员小李的身份按照定期盘点的要求对仓库内的配件进行盘存,对账实不符以及呆滞配件进行相应的处理。

【实训情景准备】

1.实训情境准备(表4-17)

实训情境准备　　　　　　　　　　表4-17

类别	准 备 内 容	获 取 渠 道
资料	工作单	内部资料和专业维修资料
	教材、盘点清单	
	软件使用说明书	
	能力评价表	
工具	汽车配件若干	厂家工具及相关企业生产的标准化产品
	计算机	
	汽车配件管理软件	
地点	仓储模拟实训室	

2.实训情境工作单(表4-18)

汽车配件盘点实训情境工作单   表4-18

项目名称	项目四:汽车配件仓库管理	课题及任务名称	汽车配件库存盘点	时间/学时	2
姓名		学号		班级		组别	

能力目标	1.了解库存盘点的定义、类型和内容,能明确区分其差别 2.熟练掌握盘存的工作程序、具体步骤与要求及注意事项 3.会使用计算机进行盘存的电子操作 4.能根据盘存结果来进行及时准确的处理
实训组织	课前给每位学生发放实训工作单,学生按照实训工作单完成实训操作,做好相关实训记录,并以小组为单位进行实训操作交流,开展自评、小组互评及教师点评

任务分解及完成标准	完成情况记录	
	完成时间	准确性
任务一:盘存的工作流程		
1.对头天的配件出入库情况进行核实		
2.打印头天配件出入库记录,汇总在盘点表待查		
3.将所有入库记录的配件品种汇总在表中,为日常盘点做准备		
4.到仓库内进行实物盘点		
5.将盘点结果汇总到盘点表中		
任务二:盘存的结果处理		
1.根据最终的盘点结果确定其类型		
2.明确盘亏或盘盈时的处理方式		
3.挑选材质还可以呆滞配件进行折价销售		
4.与车间和服务前台沟通好,优先选用		
5.上报实在无法使用的呆滞配件,申请报废处理		

实训操作 (左侧纵向标题，对应任务一和任务二各行)

实训小结	

【实训情景流程】

1.盘存准备

(1)登录汽车配件管理软件,进入配件管理系统(以欧亚笛威软件为例)。

(2)打开"报表—仓库报表—零件出入库日统计表",弹出如图4-79所示的窗口,输出所要查询的时间段。

(3)输入统计日期,按"预览"按钮,弹出如图4-80所示的窗口。

(4)记录相应信息,汇总到盘点表(图4-81)中。

（5）如图4-82所示，到仓库进行实物盘点。

（6）将盘点结果准确填写到盘点表的相应位置。

2. 盘存结果处理

（1）将账物不符的库存分类，搞清楚是盘亏还是盘盈以及形成原因。

（2）对盘亏库存进行核查补单、登记上报（图4-83）和调账处理。

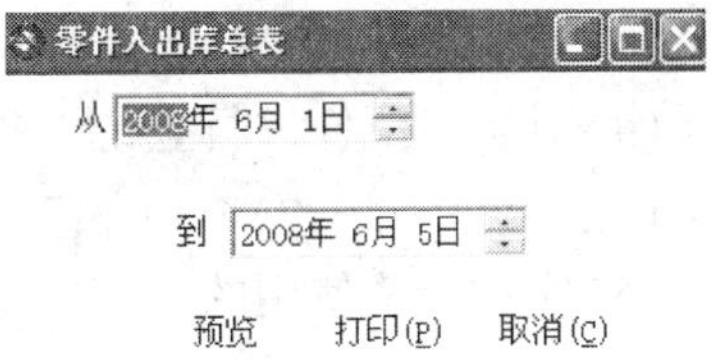

图 4-79 输入起止时间

页码：1   打印日期：2008-6-5 16:48:39

零件入出库总表
2008年6月1日至2008年6月5日

入库日期	入库成本	出库成本		期初成本	期末成本
		出库成本	出库销售		
2008-6-3	500.0000	50.0000	70.00	0.0000	450.0000
2008-6-5	700.0000	70.0000	91.00	450.0000	1030.0000
合计	1200.0000	120.0000	161.00		

图 4-80 零件入出库总表

输入公司名称
盘 点 表

盘点部门：

盘点人员：   日期：

序号	日期	品名	型号/规格	单位	实物账	台帐	差异	备注

制表/日期：   审核/日期：

图 4-81 盘点表

图 4-82 实物盘点

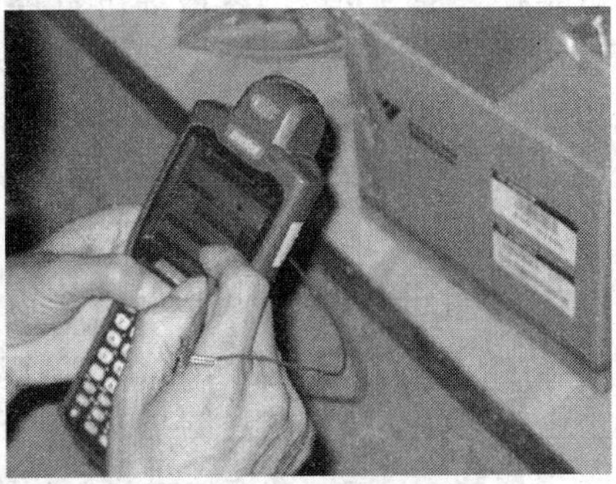

图 4-83 使用条码机进行登记上报

133

（3）对盘盈库存进行核查补单、登记上报和调整处理。

（4）对呆滞配件进行登记上报后，优先打折销售并及时与车间、前台以及二级网店联络沟通。

（5）实在无法使用的呆滞配件要上报上一级部门，申请报废处理，如图4-84所示。

图4-84 集中报废处理

注意事项如下：

（1）日常盘点时配件部门一般选择配件到货之后的时间段进行盘点，盘点时应该针对有过动态变化的配件进行原账面数、新增数（该次到货数）、减少（出库）数、仓库实物数的统计。

（2）盘点时，选取相同时间点的账面数、新增数、减少数和实际库存数。尽量不要在此期间发生新的出入库记录，或有产生则另外记录，盘点完再汇总。

（3）对盘盈（亏）的配件应说明原因。

知识拓展：库存分析

合理的库存分析有助于真正意义上帮助企业实现配件的"最佳库存"，而所谓的"最佳库存"就是在一定时间段内以最经济合理的成本，取得合理的配件库存结构，保证向用户提供最高的配件满足率，也就是以最合理的库存最大限度地满足用户的需求，这是配件订货追求的目标。配件计划员应该学会制作完成库存分析表，不断完善、优化库存结构，保持经济合理的配件库存，向用户提供满意的服务，赢得用户的信赖，争取最大的市场份额，获得最大的利润，保证企业的长久发展。

合理的库存分析，至少可以从4个方面对汽车维修企业起到帮助：第一，压缩了总库存量；第二，解放了被占压的资金；第三，使库存结构合理化；第四，节约了管理力量。一般说来，企业的库存反映着企业的水平，调查企业的库存，可以大体搞清该企业的经营状况。库存分析一般采用ABC分析法进行。虽然ABC分析法已经形成了企业中的基础管理方法，有广泛的适用性，但目前应用较广的，还是在库存分析中。

检查评价

实训情境评价(一人一表)

班级: 组别: 姓名:

项目		评价内容 (请在对应条目的○内打"√"或"×",不能确定的条目不填,可以在小组评价时让本组同学讨论并写出结论)		评价等级(学生自评)		
				A 全部为 "√"	B 有1~3个 "×"	C 有多于 3个"×"
关键能力自评	工作态度	○按时到场 ○工装齐备 ○书、本、笔齐全 ○不追逐打闹 ○积极接受分配任务	学习期间不使用手机、不玩游戏○ 未经老师批准不中途离场○ 不干扰他人工作○ 无迟到早退○ 上课不做与任务不相关事情○			
	工作素养	○工作服保持干净 ○私人物品妥善保管 ○工作地面无脏污 ○工作台始终整洁 ○节约,无浪费现象 ○有责任意识	无发生安全事故○ 使用后保持工具整齐干净○ 有及时纠正他人危险作业○ 注重环保,废弃物能合理处理○ 未损坏工具、量具及设备○			
	合作及其他	○课前有主动预习 ○与本组同学关系融洽 ○积极参与小组讨论 ○接受组长任务分配 ○工装穿戴符合要求	本小组工作任务能按时完成○ 能主动回答老师提问○ 能主动帮助其他同学○ 注重仪容,不戴饰物、发型合规○ 能自主学习和相互协作○			
专业能力自评		○能独立查阅资料 ○注重工作质量及时自检 ○注重工作效率,时间观念强 ○会分析归纳相互学习 ○设备选择使用符合要求	能独立规范操作○ 能独立完成任务单○ 没有失手坠落物品○ 指出过他人的不规范操作○ 工作质量合格,无返工○			
小组评语及建议		他(她)做到了: 他(她)的不足: 给他(她)的建议:		组长签名: 年 月 日		
教师评语及建议				评价等级: 教师签名: 年 月 日		

项目五　汽车配件销售与索赔

项目描述

配件销售推介技巧与索赔是汽车配件经营的一项重要业务,从业人员基本素质、配件销售的规律与特点与销售流程的熟悉、配件推介技巧等是开展配件业务经营的关键,配件销售企业店头管理以及索赔业务的开展,则是提升企业服务水平与经营效益的关键。

知识目标

1. 了解汽车配件销售从业人员基本要求;
2. 了解汽车配件销售的特点、规律及销售技巧;
3. 掌握配件销售企业店头管理的要点与方法;
4. 掌握配件推介方法与索赔业务流程。

技能目标

1. 能按照店头销售管理进行店头布置;
2. 会使用配件销售技巧进行有效的配件推介;
3. 能进行汽车配件索赔业务办理。

素养目标

1. 养成科学严谨、仔细认真的工作作风;
2. 树立分工协作及岗位责任意识;
3. 提高交流沟通及团队合作能力。

建议学时:22 学时。

项目引导

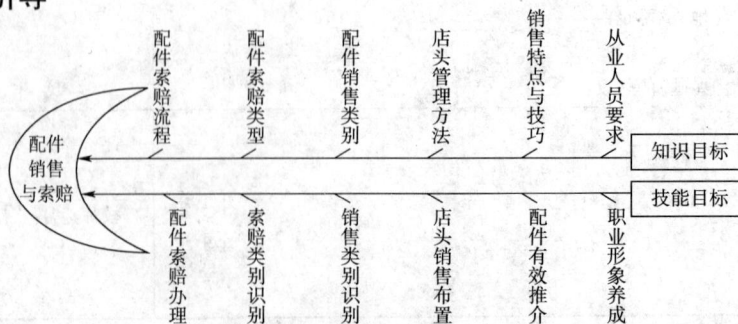

课题一　汽车配件销售基础

汽车配件销售是一项专业性很强的工作,与其他日常商品的销售相比,在专业知识与行业经验方面的要求很高。作为汽车配件营销企业的销售人员,除了要掌握客户心理学、销售学及与人沟通等方面的通用知识与能力外,还需要掌握汽车构造、汽车维修常识、物流仓管及计算机基本操作等方面的知识与技能。

一、汽车配件销售人员的基本要求

汽车配件营销与管理行业对从业人员要求非常高,除相应的专业知识、从业经验要求较高外,具备良好的职业形象尤为重要,其关系到从业者个人乃至整个企业的经营业绩和顾客满意度的好坏。良好职业形象应从以下几个方面培养。

1.汽车配件销售人员的外在形象要求

(1)得体的仪容要求(表5-1)。

配件销售人员仪容规范　　　　　　　　　　　　　　表5-1

项目	要　　求	男性注意点	女性注意点
头发	洁净、整齐,无头皮屑。不染发,不做奇异的发型	不留长发或光头,前发不附额、侧发不掩耳、后发不及领	发型大方得体,长发盘于脑后,不要使用过于华丽的发饰
脸	洁净	胡子应刮干净、修整齐	可化淡妆,施粉适度,不留痕迹
眼睛	无眼屎,无睡意,不充血,不斜视。如果佩戴眼镜,应端正、洁净明亮,不允许在工作场所佩戴有色眼镜		眼影不宜过浓,不可以使用人造眼睫毛
耳朵	经常清洗耳朵,做到内外干净,无耳屎。不要穿耳孔,戴耳环		
鼻子	鼻孔干净,不流鼻涕,鼻毛不外露		
口腔	牙齿整齐洁白,口中无异味,嘴角无泡沫,洽谈时不得嚼口香糖等食物	有吸烟嗜好者,应该注意牙齿的保洁,及时清除牙斑和色素沉着	不宜用深色或艳丽口红,引起顾客不恰当的联想
身体	勤洗澡,勤换衣物,身体无异味;不要使用刺鼻的香水		
手	随时保持手的洁净,指甲应经常修理保持整齐,不应留长指甲。不戴除结婚戒指以外的其他戒指		不应涂指甲油
服装	在工作时间内,穿着工作装,佩戴工作牌,保持良好的形象	上衣口袋不要插笔,全身所有口袋不要因放钱包、名片以及钥匙等物品而鼓胀;领带端正整洁,不歪不皱,长度以其下端不超过皮带扣的位置为标准	忌在工作时间穿时装、艳装、晚装、休闲装、无袖装和超短裙。服装整洁无皱,胸部不能袒露
鞋袜	鞋袜搭配得当,鞋面保持洁净亮泽,不宜钉铁掌,鞋跟不宜过高、过厚和怪异,袜子干净无异味	不应该穿白色的袜子	应穿丝袜,要高于裙子下摆,袜子不要褪落和脱丝

（2）专业的仪态要求（表5-2）。

汽车配件销售人员仪态规范   表5-2

项目	要求	男性注意点	女性注意点
站姿	抬头、挺胸、立腰、收腹、直颈、下颚微收，两肩放平	给人"劲"的美感；两手自然下垂放两侧，或双手相握、叠放于腹前，或者相握于身后；双脚叉开，与肩同宽。忌腿乱抖，东张西望	给人"静"的优美感；两手置于身体两旁，或者双手相握或叠放于腹前，两腿并拢，两脚跟相靠或成丁字步
坐姿	自信挺拔	坐在椅子或沙发的前1/3，挺直端正，不要前倾或后仰，双手自然放膝上，两膝平行分开比肩略窄；切忌跷二郎腿，随意脱鞋，把脚架起	先将裙角向前收拢，坐于椅子的2/3处，上身挺直，双脚交叉或并拢，两手自然放于身前
走姿	抬头挺胸，坚定自信	避免双脚"八字"行走	背部挺直，双脚平行前进，避免做作
蹲姿	右脚向后退半步后蹲下，臀部朝下，脊背保持挺直	男士两腿间可留有适当的缝隙	女性双腿定要并紧
微笑	热情真诚自然		
视线	两眼视线落在对方鼻间，偶尔直视客户双眼。恳请对方时，注视对方双眼。目光大方、自然、不卑不亢，切忌斜视。"生客看大三角，熟客看小三角，不生不熟看倒三角"		
指引	食指以下靠拢，拇指向内侧轻轻弯曲，指示方向		
握手	①握手时要保持手的清洁、干燥和温暖，要注意先问候再握手； ②伸出右手时，手掌应呈垂直状态，五指并用，与对方握手时间不超过3s，切记不要用左手握手； ③与多人握手时，遵循上级在先、主人在先、长者在先、女性在先的原则，按顺序握手，不可越过其他人正在相握的手去同另外一个人握手； ④不能戴手套握手或握完手后擦手； ⑤握手时应目光平视对方，不能左顾右盼； ⑥握手时用力要适度，切忌手脏、手湿、手凉和用力过大； ⑦与女性握手时用力要轻、时间要短，不可长时间握住女性的手； ⑧为了表示对顾客的格外尊重和亲密，可以双手与对方握手		
名片	①原则上应当使用名片夹；名片可放在上衣口袋（但不可放至裤兜）；要保持名片的清洁平整； ②递交名片：双手食指弯曲与大拇指夹住名片左右两端恭敬地送到对方胸前。名片上的名字反向对自己，使对方接过就可以正读； ③接受名片：用双手去接，接过名片要专心地看一遍，然后自然地阅读一遍，以示尊重或请教不认识的名字；不可漫不经心地往口袋里一塞了事，尤其是不能往裤子口袋塞名片；若同时与几个人交换名片，又是初次见面，要暂时按对方席座顺序把名片放在桌上，等记住对方后，将名片收好		

2.汽车配件销售人员应具有优秀的内在品性基础

（1）自信。

（2）销售时的热忱。

（3）积极乐观。

（4）勤奋。

（5）诚实。

（6）信守承诺。

（7）耐心。

3.汽车配件销售人员的综合能力要求（表5-3）

汽车配件销售人员综合能力要求

表5-3

项　目	内容要求
观察能力	与客户交谈时对客户语言信号、身体语言、思考方式等的观察和准确判断,并对后续谈话内容与方式及时修正和改善
语言能力	流畅清晰,突出重点,表达恰当,语气委婉,语调柔和,通俗易懂
社交能力	人际交往的能力。需拓宽知识面,掌握社交礼仪,主动与人交往
记忆能力	牢记产品性能特点,客户资料
劝说能力	是衡量销售人员水平高低的一个重要标准
演示能力	促使客户对产品直接产生兴趣
核算能力	对销售工作绩效及销售计划执行的必要核算评估
应变能力	灵活冷静地进行突发事件的处理
学习能力	汽车技术日新月异的发展,配件销售人员的知识结构也要同步更新
工量具使用	懂得一般工、量具的使用操作
计算机操作	具备对计算机一般操作及软件使用能力

4.汽车配件销售人员应具备的知识结构

汽车配件销售人员在知识结构方面要求较高,包括汽车构造知识、汽车维修知识、配件商品知识、客户心理知识、相关法律法规知识、保险理赔知识和物流运输知识等。

二、汽车配件销售的特点

1.较强的专业技术要求

（1）现代汽车科技含量高,技术复杂,对汽车配件销售人员有较高的专业要求。除了军用之外,在民用领域往往首先在汽车上实践和应用,使得现代汽车的科技含量越来越高。

（2）零配件品种复杂多样。一辆汽车通常由1万到2万个零部件组成,在其生命周期内约有3000多种零件存在损坏和更换的可能;而且汽车品牌众多,同一品牌有众多车系,同一车系有众多升级换代产品,同一代产品又有不同的配置和年款。

（3）零配件的一一对应性强。汽车配件对应性很强,除了一些标准件外,不同类别的汽车零配件极少通用。

（4）借助专门的汽车配件管理软件进行销售管理。汽车配件的产品信息包括品名、编码、规格、产品属性、适用车型等。商务信息包括商品数量、价格、仓位、客户信息、销售历史记录、订货管理等,只有通过专门的管理软件才能使进、销、存、财务管理等各业务环节在同一信息管理平台上进行。

2.企业库存数量大,资金要求高

　　由于汽车配件经营品种多样以及汽车故障发生的随机性,经营者为了满足各种需求,要求有相当数量的库存支持,大部分资金占用在库存储备及在途商品上。

　　3. 容易产生呆滞商品

　　汽车整车的生命周期一般为10到15年,汽车配件的供应也具有相应的生命期限,随着汽车工业的发展,汽车价格的降低,整车更新淘汰节奏在加快;再加上针对原厂配件的替代品种繁多,汽车配件经营企业的库存商品中很容易产生呆滞现象,时间一过就变成了废品。

　　4. 聚点经营,专业市场特色突出

　　汽车配件经营企业喜欢聚点经营,形成具有行业特色的专业市场——汽配城。目前,我国许多大中城市都有这样的专业汽配城,如广州的广园东路—永福路—横枝岗路这个三角区域就集中了致友汽配城、永福汽配城、金永福汽配城、利远汽配城等;长沙的中南汽车世界、三湘汽车生活广场、马王堆汽配城等;重庆的老顶坡汽车城,成都的红牌楼汽配城,哈尔滨解放路汽配街,郑州的新世界汽配城等都是著名的汽车配件集散专门市场。

三、汽车配件消耗规律

　　1. 汽车配件消耗的季节性规律

　　一年四季的自然规律给汽车配件市场带来不同季节的需求,通常具有季节需求特征的汽车配件见表5-4。

汽车配件季节需求差异对比

表5-4

季节特性	对汽车的影响	需求季节变化大的零件
雨季	漏雨、潮湿、水淹	雨刮系统零件、车身密封零件、天窗零件、车门玻璃升降系统零件、雨布、地毯等
炎热的夏天	水温高、空调要求高、发动机磨损加快	发动机冷却系统零件、发动机大修零件、制冷空调零件等
寒冷的冬天	冷却液容易结冰、暖气要求高、雪地防滑	防冻液、空调暖气系统零件、雪地防滑辅助零件

　　2. 地域性规律

　　在城市,人口稠密,路况复杂,汽车启动和停车次数较为频繁,相关机件磨损大,需求多,如启动系统零件、制动系统零件、离合器、电器设备零件等;在山地、高原,因山路多,弯路急、坡度大,颠簸频繁,使汽车制动系统、减震系统、悬架组织、变速系统、传动系统的零件较为容易损坏,需求量大。

　　在平原地区,轿车多,轿车零件需求相对大。

　　在高原、山地地区,越野车多,相应车型的零部件需求也相对较多,例如,我国新疆、云南等地区的越野车零部件的需求大于其他平原地区省份。

　　3. 汽车零件故障渐发期规律

　　汽车在正常使用寿命期内,零配件的损坏是随机的,具有偶发性,零件消耗却有一定规律可循。在时间上,具有前 3 年内发生机件故障的几率较低,零件需求较少,从第 4 年开始逐渐进入故障渐发期,配件需求增多的规律;在配件类别上,存在耐用件与易损件规律。例如,新车发动机第一次大修里程在 15 ~ 20 万 km 之间,对活塞、活塞环、连杆、连杆瓦、曲轴、曲轴瓦、气门、大修包等发动机大修零件需求较大。

4. 事故车配件需求规律

事故车对配件的需求通常来自撞击破损,所以,车辆发生事故时容易碰撞的部位相关零件损坏较多。如前后翼子板、倒车镜、前后保险杠、前后风挡玻璃、灯具、前悬架臂、弹簧、减振器等。

5. 汽车设计或装配缺陷导致的配件需求规律

新车面世后,如果某些零件发生早期损坏,对配件需求非常大,超出正常水平,则该零部件可能存在设计或装配上的缺陷,形成因设计或装配缺陷导致的配件需求规律。例如第一代桑塔纳 3000 车型曾经发生过因方向机普遍漏油而导致方向机修理包需求特别大的情况。

四、汽车配件销售技巧

在配件销售企业中,常常出现这样的现象,有的销售人员业绩优秀,有的则业绩平平,甚至糟糕。之所以出现这么大的差别,其中一个很重要的原因是业绩优秀的销售人员善于运用一些销售技巧,打动顾客,最终成交。汽车配件销售要注意使用如下一些技巧。

1. 准确把握顾客心理,提供热情周到的服务,满足客户需求

(1)用户购买汽车配件的心理活动过程可以划分为 4 个阶段(图 5-1)。

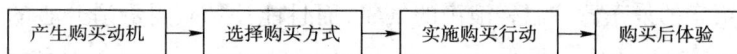

产生购买动机　→　选择购买方式　→　实施购买行动　→　购买后体验

图 5-1　用户购买配件的心理活动四阶段

(2)客户在购买过程中通常有如下心理需求:

①希望受到尊重和热情接待;

②希望购买的配件质量有保证;

③希望能先看货后付款;

④价廉物美;

⑤我需要的配件品种齐全,可以一站完成采购;

⑥万一买错了可以退货;

⑦能帮我包装好,甚至代我发货;

⑧能够与我长期合作,以后凭电话或邮件订货;

⑨购买过程轻松愉快。

2. 采用恰当的配件推介话术

销售人员在准确识别顾客需求的前提下,应及时采用恰当的方式与话术向顾客推介商品,使顾客从潜在的购买者向现实的购买者转变。汽车配件推介通常使用 FAB 逻辑

话术：

（1）FAB产品推介逻辑话术的含义（图5-2）。

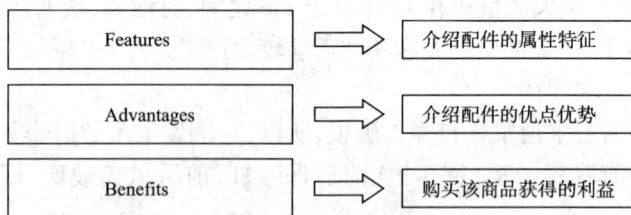

Features	⇒	介绍配件的属性特征
Advantages	⇒	介绍配件的优点优势
Benefits	⇒	购买该商品获得的利益

图5-2　FAB的含义分析

在向顾客推介商品过程中，将商品本身的特点、商品所具有的优势、商品能够给顾客带来的利益有机地结合起来，按照一定的逻辑顺序加以阐述，形成完整而又有效的推介话术。

（2）推介层次及逻辑顺序（图5-3）。

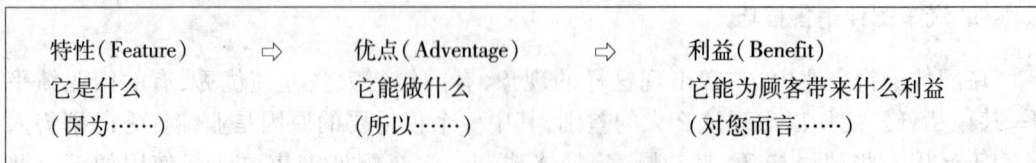

特性（Feature）	⇨	优点（Adventage）	⇨	利益（Benefit）
它是什么		它能做什么		它能为顾客带来什么利益
（因为……）		（所以……）		（对您而言……）

图5-3　FAB推介层次与逻辑顺序

（3）应用举例：向客户推介汽车香水。

先生/小姐，我为您介绍这款绿色环保车用香水（F），它清香自然，采用天然香料调配而成，留香时间长，对人有提神醒脑，调节心情的作用，更重要的是它对人体无害（A），选用这款香水可以给您的爱车营造温馨浪漫的气氛，而且能让您获得舒适开心的旅途（B），是您不错的选择。

3.善于抓住机遇促成交易

（1）识别顾客的成交信号。通常顾客在成交前都会不自觉地表现出一些成交信号，见表5-5，此时销售人员要能敏锐地识别出这种信号。

顾客成交前的信号表现　　　　　　　　　　　　　表5-5

成交信号类型	成交信号表现	销售人员应对办法
语言信号	开始谈论如下问题：库存量、交货时间、方式、付款方式、售后保障、讨价还价、提出转换洽谈环境或地点等	时刻留意顾客，认真观察顾客表现出来的不同状态，对方的语言、动作、表情的细微变化往往就是顾客的"购买信号"
动作信号	认真看说明书、仔细端详商品、陷入沉思、改变坐姿、突然的肢体动作	
表情信号	表情凝重、神色活跃、突然的开朗、下决心对销售人员态度明显好转	

（2）采用正确的成交方法。经验老到的销售人员当其敏锐地捕捉到顾客的成交信号后，就会采取一些方法促成最后交易，促成交易的常用方法见表5-6。

促成交易方法汇总   表 5-6

成交方法	方 法 含 义	顾客心理	话 术 举 例
从众成交法	用例证、数字、调查结果等资料证明确实有不少客户购买,促成交易	从众心理	先生:您看(向顾客展示销售单据),我们今天已经卖出了很多,您放心购买吧!
稀缺资源成交法	陈述商品资源或购买机会的稀缺性使客户产生珍惜机会的心理	稀缺心理	先生:最近市场缺货,这是我们最后一件了,如果您不要我就卖给别人了; 先生:今天是最后一天按照此价格销售,明天开始提价了!
直接请求成交法	对老客户或熟悉的顾客,直接请求成交	信赖心理	价格我们肯定不贵,反正您都要购买的,买生不如买熟嘛! 算是您关照我们了。
选择成交法	用封闭式询问法,试探顾客态度引导顾客选择	顺从心理	先生:如果定得下来,您看您是自己提货,还是我帮您送货呢?
假定成交法	假定顾客同意购买,只与顾客讨论成交后的其他细节问题,试探态度	顺从心理	……您打算付现金还是刷卡呢? ……您选择黄色还是灰色呢?
保证成交法	当顾客对成交存在某些方面的疑虑时,及时承诺保证,消除成交障碍	怀疑心理	……您大可放心购买,配件如果出现质量问题,包退包换。
优惠成交法	利用顾客的求廉心理,承诺一定价格优惠	求廉心理	……如果您现在能定下来,我向经理给您申请九五折优惠,您看怎么样?
利益交汇成交法	适时地给顾客进行成交后的利益汇总,刺激购买欲望	求惠心理	……购买该配件价廉物美,质量保证,还可以获得礼品赠送,太值了!

实训情境设计

【实训情境描述】

汽车配件销售人员的业绩好坏与其沟通说服能力有直接关系,而配件推介话术的熟练应用程度是衡量这种能力的重要指标。请同学们根据实训素材分组、分步骤地进行FAB汽车配件推介话术的书面和口头训练,务求达到自然、得体、有效和熟练。

【实训情景准备】

1. 实训情境准备(表 5-7)

<h3 align="center">实 训 情 境 准 备</h3>

表 5-7

类别	准 备 内 容	获 取 渠 道
资料	任务单	市场购买或采用其他仿真产品
	若干不同类别的汽车配件或用品	
	能力评价表	
工具	计算机	厂家工具及相关企业生产的标准化产品
	投影设备	
	登陆互联网平台	
地点	多媒体汽车配件仿真实训室	

2. 实训情境工作单(表 5-8)

<h3 align="center">汽车配件推介实训情境工作单</h3>

表 5-8

项目名称	项目五:汽车配件销售与索赔		课题及任务名称	汽车配件基础/配件推介	时间/学时	4
姓名		学号		班级	组别	
能力目标	1. 能掌握配件 FAB 推介话术结构; 2. 能准确地用 FAB 话术组织语言陈述推介对象的特点与功能; 3. 推介过程中,能配合销售礼仪的合理应用; 4. 能自然、流畅地演绎配件的推介过程					
实训组织	课前给每位学生发放实训工作单,学生按照实训工作单完成实训操作,做好相关实训记录,并以小组为单位进行实训操作交流,开展自评、小组互评及教师点评					

任务分解及完成标准	完成情况记录	
	完成时间	准确性
任务:配件的 FAB 推介		
1. 收集目标配件的功能、优点与客户利益信息		
2. 分别按 FAB 逻辑结构编写配件推介话术		
3. 观看讲解典型配件推介的视频材料		
4. 分组进行"销售员与客户之间的配件推介"角色扮演互换对练,教师及时做好点评与纠错		
5. 选拔出优秀小组进行示范性演示		

(实训操作为左侧栏目标题,学生实训小结为左侧栏目标题)

学生实训小结	

3.典型配件推介解读

(1)正时齿轮皮带的推介。参考客户关注价值心理,以耐久与真假件危害为推介点。

客户观念:正时齿轮皮带不就是条橡胶带吗? 有什么特别的? 为何原厂的卖这么贵? 和外面的副厂件价格差异这么大?

需求分析:客户认为原厂件价格高;客户同时认为常规保养件不重要,是否是原厂件无关紧要。

应对要点:引导客户关注原厂件和副厂件的差异;突出副厂件带来的危害及潜在危险。

不良应对:强势:外面卖的是假货! 否定:这么简单的问题都搞不清楚!

参考话术:

服务顾问:××先生,正好我们这里有原厂件和副厂件,也就是通常说的真件、假件的资料和样品陈列,我建议您如果有时间不妨看一下,顺便让我给您讲解一下吧!

客　　户:行,我倒要听听都有些什么特别的?

服务顾问:您看,一般的假冒产品韧度差。

客　　户:那么会造成什么影响吗?

服务顾问:假件一般都不抗磨,寿命也短,在正常使用中容易发生跳齿,会出现怠速不稳、加速不良等现象。如果发生断裂,则会造成发动机突然熄火,转向和刹车系统失灵,重者导致发动机"报废"等严重后果。这样一来将给用户带来的就不仅高昂的经济损失,更危及生命安全。

客　　户:没想到这么不起眼的一根橡胶件能有这么多的学问。

(2)等速万向节防尘套推介。以安全与真假件危害为推介话术设计核心(图5-4)。

客户观念:我这车的等速万向节防尘套破损了,原厂的太贵,反正就是个橡胶套,我还是去装个便宜的。

需求分析:客户认为原厂件价格高;客户同时认为常规件不重要,是否是原厂件无关紧要。

应对要点:引导客户关注原厂件和副厂件的差异;突出副厂件带来的危害及潜在危险。

不良应对:强势:外面卖的是假货! 否定:你这种说法不对!

参考话术:

服务顾问:××先生,正好我们这里有原厂件和副厂件,也就是通常说的真件、假件的资料和样品陈列,我建议您如果有时间不妨看一下,顺便让我给您讲解一下吧!

客　　户:行,一个橡胶套能有什么特别的?

服务顾问:您看,原厂的等速万向节防尘套材料硬度大而且韧性好,不易破裂,不易老化、变形,而假冒的正相反,且易被击穿。因此,假冒的万向节防尘套容易损坏的特点会使灰尘、碎石等杂质混入油脂,造成异响;若润滑脂流失,失去润滑和降温作用,会导致车轮不能转动,高速行驶中容易造成重大交通事故。

客　　户:没想到一个小小的防尘套这么重要。

服务顾问:是的,所以我们不管从哪个角度出发都该建议您更换原厂的防尘套。

客　　户:有道理,我听你的。

(3)转向助力液推介(图5-5)。参考客户理性消费心理,以促销及潜在危害为配件推介核心。

图5-4 等速万向节防尘套推介

图5-5 转向助力液的推介

客户疑惑:转向助力液需要每两年更换一次吗? 这车转向一直都很灵敏的,不换不行吗? 我看这次就别换了,又从来没缺过,平时保养时不是都在检查和补充吗? 在4S店做保养就是麻烦! 还贵!

需求分析:客户对于保养相关的支出有固定的心理价位及认识;客户对汽车消费后阶段的消费观念尚未成熟。

应对要点:引导客户关注理性消费;注意强调不更换可能带来的潜在危害。

不良应对:否定:你这说法不对! 无礼:那你到时候等着换助力泵总成吧!

参考话术:

服务顾问:××先生,请让我给您讲解一下,其实转向助力液也是一种液压油。

客   户:这个我当然知道,那又怎样?

服务顾问:任何一种液压油在使用过程中会因为氧化等原因产生变质、沉淀,从而降低其使用效能,所以定期需要作更换,转向助力液也不例外,一般使用期是两年。

客   户:我这车平时不常开的,是不是可以延长使用期呢?

服务顾问:一般液压油即使不使用也会产生氧化和沉淀,如果不定期更换会损害您车子的转向助力泵,您会觉得转向机越来越沉的,而且噪声也会越来越响。

客   户:真的吗? 那助力泵会怎样?

服务顾问:时间长了助力泵会损坏,如果要更换助力泵,那样就划不来了,您说呢?

客   户:好,既然如此,那么现在就给我换新的助力液吧!

(4)节温器推介。以节能为推介核心,突出危害与经济损失进行话术设计。

客户观念:我的车节温器坏了,索性你们帮我把节温器拆了,不用更换新的,免得水温再高了。

需求分析:客户提出的是片面的、不合理的要求;客户的自信来自其自身不全面的汽车知识。

应对要点:耐心告知客户该备件的重要性;突出不更换、不安装带来的危害和经济损失。

不良应对:否定:你这种说法不对! 无礼:这个又没有多少钱你干吗不换?

参考话术:

服务顾问:××先生,您所提议的方法的目的是不是想避免再次水温高?

客　　户:是啊,这不是彻底解决了吗?

服务顾问:您说得没错,确实是彻底解决了由于节温器失效而引起的水温高现象,可是这个解决了,其他问题也随之而来了。

客　　户:怎么了?

服务顾问:是这样的,安装节温器的目的是控制及保持发动机最佳工作温度,超高温对发动机有损害,反之低温对发动机同样有损害,不安装节温器会引起发动机始终处于低温工作状态,从而导致严重积碳、动力不足、运转不平稳、加速无力、油耗高等一系列问题。

客　　户:会产生那么多问题吗?

服务顾问:是的,您看,单从油耗增加这一项来算,日积月累,不必要增加的经济损失不是一个节温器的价值所能比拟的,何况还有其他问题引起的不必要的折旧和维修费用呢。

客　　户:原来如此,那赶紧给我装上!

4.实训素材(表5-9)

配件推介话术训练素材

表5-9

名　称	配件图样	推介话术
汽车护颈枕头		
车载倒车雷达	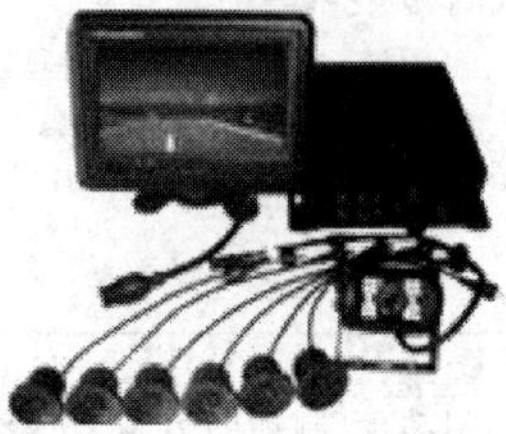	
汽车玻璃防爆膜	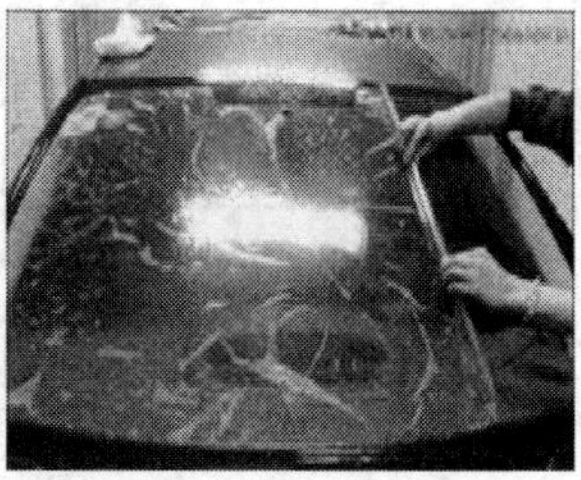	

知识拓展:汽车原装配件推介话术设计

汽车客户消费心理千差万别,不同客户具有不同的消费理念,对配件客户的普遍消费心理表现有:价格差异的敏感度高,真假件识别意识薄弱,对假件带来的危害缺乏认识,节能、环保意识普遍薄弱,注重可靠及耐久性,较注重安全性,在乎便捷性,忽略个别保养项目配件更换的必要性,理性与情感交替状态,逐步理性化的价值观。客户交流时应重点关注客户的心理表现,以目标客户对配件的心理需求为核心展开对话,在推介中以原装配件的营销与配件真假件识别为核心。表 5-10 为配件营销推介话术设计策略。

配件营销推介话术设计策略　　　　　　　　　　　　　　表 5-10

消费心理	类别·细分	典型配件	推介话术技巧
价格差异敏感度高	日常保养使用的常规件	原厂机油、三滤、制动液、冷却液、变速箱油、助力液、花粉过滤器等	以价值为核心
真假件识别意识薄弱	阶段性保养涉及的配件范围	正时齿轮皮带、张紧器、水泵、原厂 R134 制冷剂、火花塞、发电机皮带、刮水片、前后减振器、横拉杆球头、前后制动片等	以真假件识别为核心
对假件带来的危害缺乏认识	事故涉及配件	灯具、前后保险杠、钣金件、水箱、冷凝器、玻璃等	以假件危害为核心
环保意识普遍薄弱	节能、环保涉及配件	原厂非含石棉材质的环保制动片、三元催化器、高压线、点火线圈、火花塞等	以节约与真假件结合为核心
注重可靠及耐久性	可靠性及耐久性配件	所有阶段性保养换件和易损、消耗件、出过批量问题备件等	以可靠与耐久为核心
较注重安全性	安全性涉及配件	ABS 泵、制动片、制动盘、制动助力泵、气囊单元、门锁、防盗系统、转向机、喇叭等	以安全考虑为核心
在乎便捷性	便捷性涉及配件	所有配件涉及经销商是否有配件库存	以便捷性及安全性为核心
忽略个别保养配件更换的必要性	容易被忽略但很有必要定期更换的配件	正时齿轮皮带、张紧轮、水泵、制动液、冷却液、助力液、花粉过滤器等	以价值与节能为核心

检查评价

实训情境评价（一人一表）

班级：　　　　　　　组别：　　　　　　　姓名：

项目		评价内容 （请在对应条目的○内打"√"或"×"，不能确定的条目不填，可以在小组评价时让本组同学讨论并写出结论）		评价等级（学生自评）		
				A 全部为 "√"	B 有1~3个 "×"	C 有多于 3个"×"
关键能力自评	工作态度	○按时到场 ○工装齐备 ○书、本、笔齐全 ○不追逐打闹 ○积极接受分配任务	学习期间不使用手机、不玩游戏○ 未经老师批准不中途离场○ 不干扰他人工作○ 无迟到早退○ 上课不做与任务不相关事情			
	工作素养	○工作服保持干净 ○私人物品妥善保管 ○工作地面无脏污 ○工作台始终整洁 ○节约，无浪费现象 ○有责任意识	无发生安全事故○ 使用后保持工具整齐干净○ 有及时纠正他人危险作业○ 注重环保，废弃物能合理处理○ 未损坏工具、量具及设备○			
	合作及其他	○课前有主动预习 ○与本组同学关系融洽 ○积极参与小组讨论 ○接受组长任务分配 ○工装穿戴符合要求	本小组工作任务能按时完成○ 能主动回答老师提问○ 能主动帮助其他同学○ 注重仪容，不戴饰物、发型合规○ 能自主学习和相互协作○			
专业能力 自评		○能独立查阅资料 ○注重工作质量及时自检 ○注重工作效率，时间观念强 ○会分析归纳相互学习 ○设备选择使用符合要求	能独立规范操作○ 能独立完成任务单○ 没有失手坠落物品○ 指出过他人的不规范操作○ 工作质量合格，无返工○			
小组评语 及建议		他（她）做到了： 他（她）的不足： 给他（她）的建议：		组长签名： 年　　月　　日		
教师评语 及建议				评价等级： 教师签名： 年　　月　　日		

课题二　汽车配件店头销售管理

一、汽车配件市场营销模式及企业类型

1 品牌专营模式

（1）定义及市场状况。

汽车配件品牌专营店是指由制造商或销售商授权，接受制造商的管理，只经营专一的汽车配件品牌，为消费者提供全方位汽车配件供应与服务的交易场所。它是目前国际较为流行的汽车配件营销模式，通常适应于大的汽车品牌，如丰田、大众、本田等。

这种模式在我国是从 20 世纪 90 年代开始，汽车配件市场由卖方市场转为买方市场后，厂家为了适应新的竞争需要而建立的以汽车厂家为营销中心、以区域管理中心为依托、以品牌专营店为基点、受控与厂家的全新营销模式，在这种模式下，厂家与专营店通过协议缔结成互惠互利的有机整体。

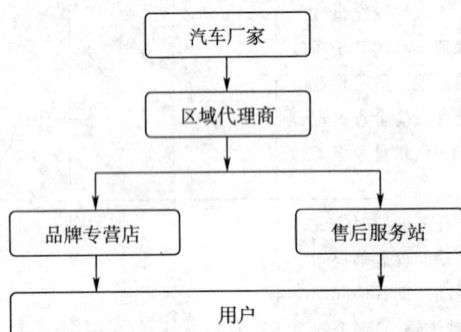

图5-6　汽车配件品牌专营分销渠道模式

（2）品牌专营模式下的企业类型及分销渠道模式。

品牌专营模式下的企业类型有区域代理商、品牌专营店、4S 品牌售后服务站，其分销渠道模式如图 5-6 所示。

2. 代理制模式

（1）市场状况。

代理制经销模式是目前最广泛的销售模式，代理制模式分纯代理模式与代理经销模式。纯代理模式只是厂家在一定区域范围内的事务代理，负责该地区的客户开发、商务磋商、品牌宣传、协调厂家与客户的关系等事务，根据代理合同的约定与业绩获取代理佣金，在商品流通过程中不拥有商品的所有权；而代理经销模式除承担代理模式的责任外，在商品流通过程中还要购买商品的所有权，同时也获得更大的经营自主权。目前，广泛采用的是代理经销模式，该模式多适用于独立品牌的汽车配件制造商，如日本的汽车电器、轴承、轮胎、发动机散热器、减振器等配件的专门制作商。他们有自己的独立汽车配件品牌，如日本 NSK 品牌、DENSO（电装）、AISIN（爱信）、德国的 BOSCH（博世）、美国的 DELPHI（德尔福）品牌等。

（2）代理经销模式的优点。

①利用社会分工，调动厂家与经销商两方面的积极性。

②销售网点更多，更贴近终端用户，使经营活动更灵活主动。

③减少厂家销售环节，起到融资和降低成本的作用。

④通过对代理商的管理和控制，促使其努力工作，共担风险。

（3）代理制模式下的企业类型和分销渠道模式。

代理制模式下的企业类型通常有总代理商（一级）、省级代理商（二级）、市级代理商

(三级),从厂家到终端用户设多少层的代理商,视各配件制造商的具体情况而不同,其分销渠道模式如图5-7所示。

3. 特许经营模式

特许经营是指双方通过契约缔结成特许人和受许人关系,受许人经营中的部分内容(如产品、商标使用、经营诀窍、培训等)由特许人提供,在特许人的控制下按统一经营标记、经营模式和过程进行,并按契约的约定向特许人提供一定的经营权费用。

目前在我国汽车配件市场上,特许经营多出现在一些大中城市的一些实力较强的汽车配件经营企业中,这些具备一定规模和实力的企业在经营其他汽车配件业务的同时,设立一种或多种品牌汽车配件产品的特许经营。

4. 连锁经营模式

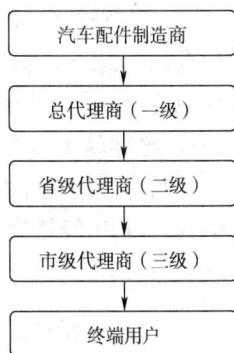

图 5-7　配件代理制分销模式

在大城市中,一些大的汽车配件经营集团都采用连锁经营模式,实行产品、服务、价格、管理等方面的统一。汽车配件的连锁经营渠道可以由企业自建连锁店,也可以利用如加油站、连锁超市等其他形式的现成渠道经销连锁经营。目前,在我国汽车配件市场上采用连锁经营的产品为通用性较强的汽车用品、耗材、标准件、轮胎、轮圈等。其经营模式如图5-8所示,经营门店实行统一管理、统一标志(图5-9)、统一服务等。

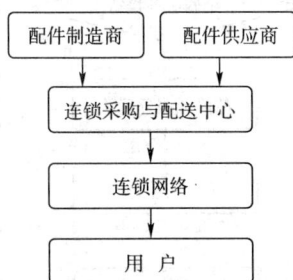

图 5-8　连锁经营模式

图 5-9　汽车配件连锁经营门店

5. 网络经营模式

网络营销是以企业现代营销理论为基础,利用互联网(包括企业内部网和企业外部网)技术和功能,最大限度地满足客户需求,以达到开拓市场,增加盈利为目标的经营过程。

与其他传统营销方式相比较,网络营销具有如下特点:

(1)跨越时空限制。通过互联网,企业之间采用电子数据、电子传递,使营销双方无论身在何时何地,均可以进行交流、订货,实现快速准确的双向数据信息交流。

(2)全方位的信息传播。在网络空间上,公司介绍、产品资讯、图片等大量想要提供给客户的资料,都可以放在互联网上面。

(3)渠道整合。网络营销者与消费者结合得更为紧密,网络在向浏览者提供信息的同时也在如实地接受他们的反馈,开展双向沟通,帮助企业实现一对一营销。

(4)经济性突出。通过互联网进行的信息交换代替面对面的事物交换,可以进行无店

面销售而免交店面租金,也减少了由于迂回多次交换所带来的损耗,增强企业竞争优势。

(5)高效率。网络营销可以方便消费者进行查询,可传送的信息数量和精确度大大超过其他传统媒体,并能及时进行产品更新或价格调整,这样就可以有效地解决和满足顾客需求。

网络化的汽车配件经营电子商务平台可以实现 B to B(经销商之间)和 B to C(经销商与用户之间)的业务互通(图 5-10)。

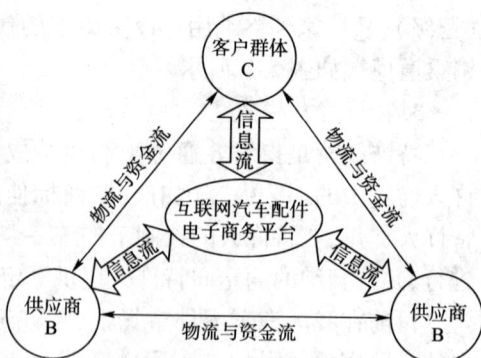

图 5-10 汽车配件网络经营模式

二、汽车配件的销售流程

1.维修服务站的配件业务流程

维修服务站的配件业务主要有维修部取件和对外销售两种业务内容,其销售流程如图 5-11 所示;其对外销售单据如图 5-12 所示。

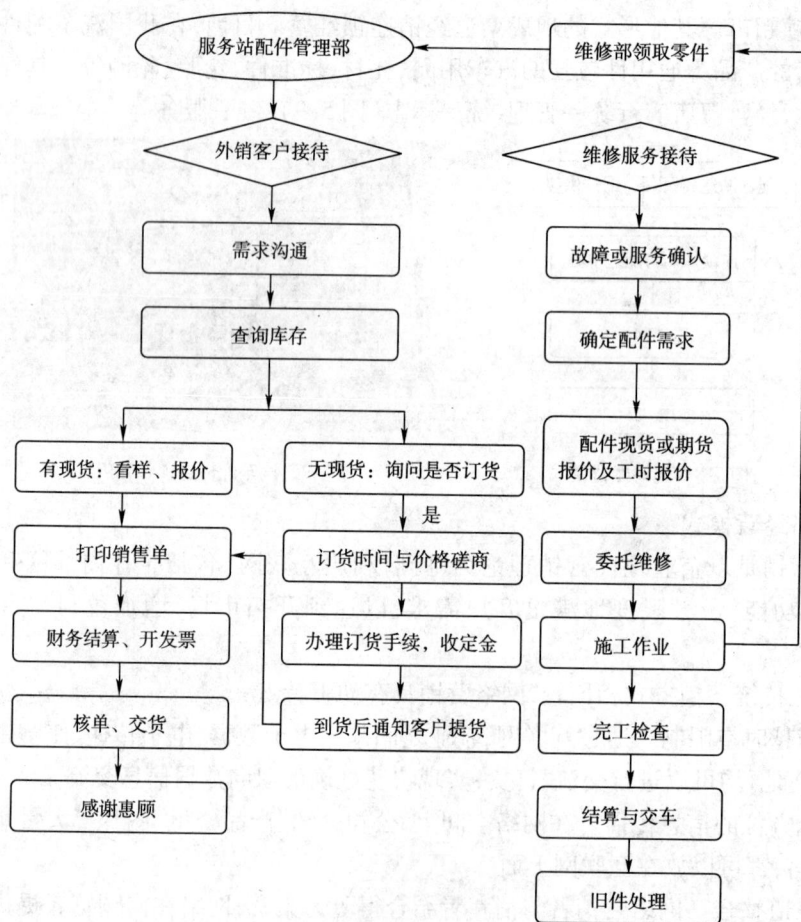

图 5-11 汽车维修服务站配件销售流程

××汽车服务有限公司配件销售单

购件单位：＿＿＿＿＿＿＿　结算方式：＿＿＿＿＿＿＿　开单日期：＿＿＿＿　年＿＿月＿＿日

配件名称	配件编号	适用车型	单价	数量	金额	提货数量	仓位
合计金额	佰　　拾　　万　　仟　　佰　　拾　　元　　角　　分　　￥：＿＿＿＿＿＿＿＿＿						

营业员：　　　　　　　　　　　仓管员：　　　　　　　　　　发货员：

图 5-12　服务站配件对外销售单

2.汽车配件营销企业店头销售流程

汽车配件营销企业店头销售流程如图 5-13 所示,采用的销售单如图 5-14 所示。

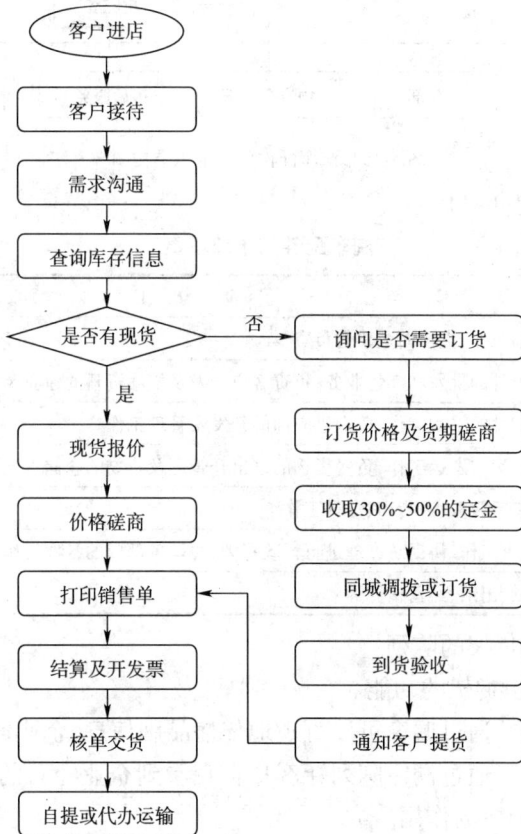

图 5-13　汽车配件营销企业店头销售流程

××汽车配件有限公司销售单

购件单位：＿＿＿＿＿＿＿　结算方式：＿＿＿＿＿＿＿　开单日期：＿＿＿＿＿　年＿＿月＿＿日

配件名称	配件编号	适用车型	单价	数量	金额	提货数量	仓位
合计金额	佰　　拾　　万　　仟　　佰　　拾　　元　　角　　分　　￥：＿＿＿＿＿＿＿＿＿						

营业员：　　　　　　　　　　　仓管员：　　　　　　　　　　发货员：

图 5-14　汽车配件营销企业销售单

三、汽车配件店头销售管理

大多数汽车配件经营企业的主要销售方式是门市销售。无论是批发经营还是零售经营,门市部都是最基本、最直接的流通渠道,一般把门市部的销售管理称为店头销售管理。

1. 汽车配件门市部组织结构

一般汽车配件经营企业实行董事会下辖的总经理负责制,通常设置以下职能部门:销售部、采购部、物流仓储部、财务部、售后服务部、办公室等。组织机构如图 5-15 所示。

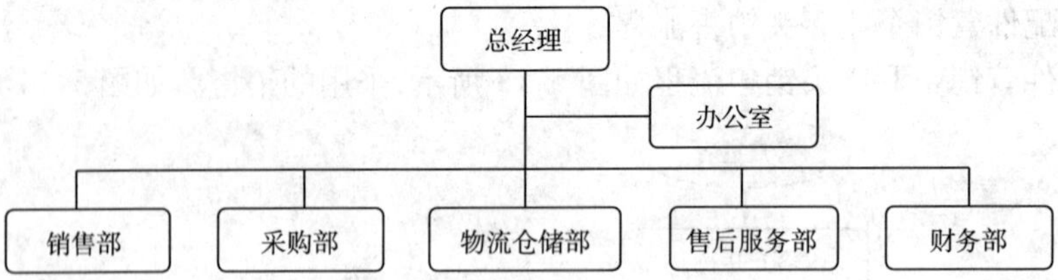

图 5-15 汽车配件门店组织结构图

2. 部门职能分工(表 5-11)

汽车配件门市部职责   表 5-11

部门	职责分工
总经理	负责门市全面工作,直接向董事会负责
销售部	负责门市部配件的批发和零售业务,负责客户开发及档案资料的建立及管理
采购部	负责门市部配件的采购工作,负责供应商的开发及管理工作
仓储部	负责货物的接运与发运工作,负责货物的进出仓管理及货物的仓储管理
售后部	负责货物的售后服务、退货、索赔等工作
办公室	负责劳资、人事工作,协助总经理进行行政管理,协调各部门的各项工作
财务部	负责门市收款、出纳、经营核算等

3. 店头橱窗和样板货架的陈列

(1)店头橱窗与样板货架的功能。

①宣传广告的作用。通过橱窗可以直观地传播品牌信息、企业信息、产品信息。

②引导消费的作用。通过橱窗陈列让客户直观看到企业经营的品牌、主营产品、价格水平等情况,起到引导消费的作用。

③装饰环境的作用。一个构思新颖、主题鲜明、风格独特、装饰美观的橱窗或样板货架,对门市部内外环境起到极好的装饰作用。

④促进销售的作用。通过橱窗与样板货架陈列,宣传企业的风格和特色,吸引顾客关注,起到促进销售的作用。

(2)橱窗与样板货架陈列的类型 。

①专题陈列法。将同类型的配件用一个货架(图 5-16)或橱窗进行单独陈列,突出表现,实质上是同类商品的综合展示,如刹车蹄片专柜、精品专柜、灯具专柜等。

②特写陈列法。这类橱窗主要是向消费者较全面地推荐重点商品,重点渲染、集中表现某一品牌的系列产品,目的在于重点展示、树立品牌形象。如某一品牌产品专柜。

③系统陈列法(综合陈列)。是指将类型不同但又相互在功能、用途上关联的产品陈列在一个货架。如发动机大修配件专柜、大修包、活塞、活塞环、曲轴瓦、连杆瓦等系列产品。

④卡片或照片展示法(图5-17)。对顾客不熟悉的商品,采用写有商品特点、性能、使用方法的说明卡以及写实照片不但方便可行,而且也能起到刺激消费者购买欲望的作用。

图5-16　座椅垫专题货架陈列

图5-17　货架卡片或照片陈列

4. 橱窗策划应遵循的规则(图5-18)

(1)橱窗横向的中轴线应与顾客的平视线一致,以便使整个橱窗的陈列尽收眼底。

(2)橱窗设置应与企业的整体规模、色调、风格相适应。

图5-18　橱窗系列陈列

(3)主题必须明确突出。只有主次分明、整齐和谐统一,才能达到突出主题的效果。

(4)注重整体效果与局部突出,要让顾客从远、近、正、侧均能看到商品。富有经营特色的产品应陈列在视线的集中处,并采用形象化的指示标记引导消费者的视线。

(5)注意保持橱窗及陈列品的清洁与卫生,橱窗是门市部的第二脸面,清洁卫生与否直接关系到门市部的形象。

(6)橱窗陈列应经常更新,给人以新鲜感。

(7)橱窗陈列品的摆设疏密有度,不可过疏,给人单薄的感觉;也不可过密,给人拥挤凌乱之感。

(8)陈列柜有的商品,仓库一般有货,做到有样板,有库存。是否标价视情况而定。

(9)橱窗艺术所追求的是一种形式美法则,是点、线、面、体等图形的综合运用,通过巧妙自然的配置,使之产生新的创意。如上下走向的垂直线可引导视线上下移动,使橱窗空间感强烈;水平线组合使橱窗显得开阔,给人以安静稳妥之感;斜线给人以动感,易表现出现代的快节奏;曲线表现阴柔之美,可突出商品的质感和特色。

5. 营业前的准备

(1)整理好店容卫生,整理好个人的仪容仪表。

(2)检查营业用的通信设备设施,如网络、电话、配件销售管理软件、打印机、打印纸、

工量具等,不要让顾客到店后由于设备故障而影响工作。

(3)准备好营业用的账目、票据、零钞等。

(4)营业开始时各岗位人员应各就各位。

四、原厂配件顾客异议应对策略

1. 顾客异议的含义

顾客异议又称销售障碍,是指顾客针对销售活动所做出的一种反应,是顾客对推销品、推销人员、推销方式和交易条件发出的怀疑、抱怨,提出的否定或反对意见。顾客异议具有两面性,它既是销售障碍又是成交信号,正所谓"褒贬是买主,无声是闲人"。

众所周知,汽车原厂配件质量有保障,但价格高,往往原厂配件价格是副厂配件价格的几倍甚至更高。副厂配件对原厂配件市场冲击很大,消费者经常提出类似这样的质疑"为什么非要我更换原厂配件? 是不是原厂配件利润丰厚你们就让我选购?"。所以,作为原厂配件的销售人员一定要掌握原厂配件顾客异议应对策略。

2. 顾客异议应对的原则

(1)做好准备工作。"不打无准备之仗",这是销售人员面对顾客拒绝时应遵循的一个基本原则。销售前,销售人员要充分估计顾客可能提出的异议,做到心中有数。

(2)选择恰当的时机。顾客异议处理的最佳时机,可分为提前处理、即时处理和事后处理。优秀销售员所遇到的顾客严重反对的几率是其他人的十分之一,原因在于他们往往能选择恰当的时机对顾客的异议提供满意的答复。

(3)忌与顾客争辩。不管顾客如何批评,销售人员永远不要与顾客争辩,与顾客争辩,可能的结果是"赢了争论,丢了买卖",失败的永远是销售员。

(4)给顾客留"面子"。顾客的意见无论是对是错、是深刻还是幼稚,销售员都不能给对方留下轻视的感觉。销售员要尊重顾客的意见,讲话时面带微笑、正视顾客,听对方讲话时要全神贯注,回答顾客问话时语气不能生硬。"你错了"、"连这你也不懂","你没明白我说的意思,我是说……"这样的表达方式抬高了自己,贬低了顾客,挫伤了顾客的自尊心。

3. 处理顾客对原厂配件异议

(1)汽车配件顾客心理分析。

消除用户对原厂配件价格高的疑虑,首先要了解目标客户消费的心理表现,其主要有:价格差异的敏感度高,真假件识别意识薄弱,对假件带来的危害缺乏认识不足,节能、环保意识普遍薄弱,注重可靠及耐久性,较注重安全性,在乎便捷性,忽略个别保养项目备件更换的必要性,理性与情感处于交替状态及逐步理性化的价值观。

(2)处理顾客对原厂配件异议的方法。

①转折处理法。销售员根据有关事实和理由来间接否定或弱化顾客的异议。这种方法首先承认顾客的看法有一定道理,向顾客做出一定让步,然后再讲出自己的看法。

②转化处理法。它是利用顾客的意见本身来否定顾客看法。

③以优补劣法。也称补偿法。如果顾客的反对意见的确切中了产品或公司所提供服务中的缺陷,千万不可以回避或直接否定。明智的方法是肯定缺点,然后淡化处理,利用

产品的优点来补偿甚至抵消这些缺点。这样有利于使顾客的心理达到一定程度的平衡。

④委婉处理法。营业员在没有考虑好如何答复顾客的反对意见时,不妨先用委婉的语气把对方的反对意见重复一遍,或用自己的话复述一遍,这样可以削弱对方的气势。

⑤强调利益法。通过反复强调产品能给顾客带来的利益,来逐步化解顾客的异议。

⑥比较优势法。销售员将自己的产品与竞争产品相比较,从而突出自己产品的优势来处理顾客的异议。

⑦价格分解法。当顾客提出有关价格的异议时,销售人员通过价格分解的办法改变顾客的看法。例如,顾客:"怎么副厂刮水片只要 40 元/支,而原厂的要 160 元这么贵呀"销售员:"是的,原厂刮水片的价格的确比副厂的高一些,可是副厂刮水片最多只能用两至三个月,而原厂的使用寿命是 24 个月以上,这样算来,用原厂件比副厂件划算多了,既好用,又减少您反复更换带来的麻烦。"

4.顾客异议应对案例

针对目标顾客以上的心理表现,在进行原厂配件销售的过程中应根据顾客对配件的心理需求来展开对话,这样才能事半功倍。工作实践过程中,针对顾客心理需求可采用以下对策:

(1)直觉型应对策略(刮水片)。

客户观念:外面汽配店卖的各种刮水片琳琅满目,既漂亮又便宜,你们不用给我换原厂的,我自己到外面买。

需求分析:客户认为原厂件价格高;常规件不重要,是否用原厂件无关紧要。

应对要点:引导客户关注原厂件和副厂件的差异;突出副厂件带来的危害及潜在危险。

不良应对:强势——外面卖的是假货! 否定——那个质量不好!

参考话术:

服务顾问:刮水器每年要为汽车玻璃服务 100 万次,能在高温(80℃)和低温下(−30℃)工作;需要能抗酸、碱、盐等有害物质腐蚀;原装刮水片是经过认证的,假冒的在使用过程中不是因为太硬产生扰人的噪声,就是因为太软导致刮水效果不好而严重影响雨雪天的行车安全,甚至有可能刮伤风窗玻璃。使用寿命也远不及原厂的,价格其实也并不比原厂的便宜多少。

客　　户:哦? 是吗? 那我怎么识别真伪呢?

服务顾问:我们这里正好有原厂件和假冒产品的资料及样品陈列,我建议您有时间不妨看一下,顺便我给您讲解一下吧! (配合使用真假件进行讲解)

客　　户:好的。

(2)专业知识缺失型应对策略(机油滤清器)。

客户观念:机油滤清器反正结构简单,又没有什么技术含量,无非只起一个过滤作用,哪都有的卖,不一定要用原厂的。

需求分析:客户认为原厂件价格高;常规保养件不重要,是否是原厂件无关紧要。

应对要点:引导客户关注原厂件和副厂件的差异;突出副厂件带来的危害及潜在危险。

不良应对:强势——外面卖的是假货! 否定——你这个观点不对!

参考话术:

服务顾问:××先生,正好我们这里有原厂件和副厂件,也就是通常说的真件、假件的资料和样品陈列,我建议您如果有时间不妨看一下,顺便让我给您讲解一下吧!

客　　户:好的,我倒要看看都有些什么讲究?

服务顾问:在车辆的备件当中,最常更换的就属机油滤清器了,它能滤除机油中有害杂质,对发动机起到相当重要的保护作用。从外观上看,真假机油滤清器的差别不是很大,然而其内部构造却是相去甚远,我这里准备了两个剖开的真假机油滤清器。

客　　户:哦,对,看了倒真是有区别的!

服务顾问:您仔细看,假件几乎是用易拉罐做的,同时还没有溢流阀,会在压力过大时造成断油,即使某些假冒的机油滤清器有溢流阀,但不会开启或会提前开启,造成发动机汽缸壁出现干磨或早磨的现象。

客　　户:经过自己这么一看和你这么一说算是明白了,看来绝对是不能用假件的!

(3)节约型应对策略(空气滤清器)。

客户要求:原厂的空滤太贵了,这次就不用换了,大不了用压缩空气吹吹干净不是一样用,再则,像这样无关紧要的东西买个副厂的也行,价格还便宜。

需求分析:客户认为原厂件价格高;常规保养件不重要,是否是原厂件无关紧要。

应对要点:引导客户更换该件的必要性,既能保护车,又能保持经济油耗;突出副厂件和原厂件的区别和使用副厂件给车带来的危害。

不良应对:强势——这个是必须要换的! 无礼——你不懂,用劣质空滤就跟不用一样! 毁车! 费油!

参考话术:

服务顾问:××先生,现在除了购车费用以外,日常使用的费用及其维护的费用也是一笔很高的支出,油价也涨了。

客　　户:就是。

服务顾问:其实日常保养直接能够影响到日常的使用费用和维护费用,甚至车辆使用寿命的,我来给您介绍一下吧。

客　　户:好啊!

服务顾问:空滤使用时间过长不做更换引起的空滤阻塞会导致进气携带杂质和进气不畅,直接影响性能以至于损坏发动机,最明显、最直接的表现就是积炭、无力而且费油。而廉价的假件将会导致进气携带大量杂质损坏发动机,使发动机使用寿命大大降低,同时增加了故障率和维修费用。

客　　户:真的有那么严重吗?

服务顾问:是的。其实降低日常使用费用和维护费用的最好方法还是做好日常保养,您说对吗?

客　　户:你提醒得好,赶紧给我换了吧!

(4)疑虑型应对策略(下摆臂球头)。

客户观念:捷达的下摆臂球头该换了,但原厂的太贵了,从外观上看副厂的也没有什么区别,价格也比原厂的便宜得多,不如用副厂的。

需求分析:客户价格敏感度较高;客户同时认为常规件不重要,是否是原厂件无关紧要。

应对要点:引导客户关注原厂件和副厂件的差异;突出副厂件带来的危害和隐患。

不良应对:强势——假货当然便宜了!　否定——那个就不能用!

参考话术:

服务顾问:××先生,我发觉您平时开车都非常小心,您的车虽然使用了三年,但仍然很新,几乎也没有剐蹭的痕迹。

客　　户:那当然,开车嘛,安全第一。

服务顾问:是的是的,那您这次可千万不能用副厂的下摆臂球头。

客　　户:为什么? 原厂的这么贵!

服务顾问:下摆臂球头直接影响爱车的舒适性和安全性,如果在高速行驶中球头与球窝脱节,直接危及您的生命。您别看原厂的和副厂的从外观上差不多,但是材质和加工质量是完全不一样的,原厂的能够保证您使用6万 km 没任何隐患,副厂的就不能保证了,您看您开车一直都很小心,副厂的下摆臂球头无疑给您的行车带来极大的安全隐患,而且一旦出现问题将没有办法弥补。所以建议您还是用原厂件,您说呢?

客　　户:哦,好的,你看着办吧!

(5)安全意识薄弱型应对策略(制动液)。

客户观念:制动液反正哪里都有的卖,不一定要用原厂的。

需求分析:客户认为原厂件价格高;常规保养件不重要,是否是原厂件无关紧要。

应对要点:引导客户关注原厂件和副厂件的差异;突出副厂件带来的危害及潜在危险。

不良应对:强势——外面卖的是假货!　否定——你这个观点不对!

参考话术:

服务顾问:××先生,正好我们这里有原厂件和副厂件,也就是真件、假件的资料和样品陈列,我建议您如果有时间不妨看一下,顺便让我给您讲解一下吧。

客　　户:好的,我倒要看看都有些什么区别?

服务顾问:我们看一下这两管制动液,从颜色上就可以看得出来它们大有不同,假的这个比较稀,有点像水一样的感觉。真的这个比较黏稠,是油的感觉。

客　　户:对,好像是这样。

服务顾问:现在很多劣质制动液对金属物有很强的腐蚀性,导致制动系统的软管和皮碗过度膨胀以至脱落,进而造成制动液泄漏,制动系统失灵。同时劣质制动液沸点远低于国家规定,造成高温状态下汽化,在管路中形成气泡,阻碍制动液流动到位,影响制动效果;而低温时,劣质的制动液会结冰,造成压力不足,导致制动失灵。

客　　户:有这么严重啊?

服务顾问:是的。据中央电视台报道,公安部交通管理局统计,2005 年我国共发生道路交通事故45 万起,近10 万人死亡,其中有三成是劣质制动液导致制动失灵造成的,所以被称为“安全卫士”的制动液变成了“马路杀手”!

客　　户:你说得有道理!用原厂的吧,其他的假货我肯定不考虑用了。

(6)理性型应对策略(后减振器缓冲块)。

客户疑惑:这次来更换捷达后减振器,顺便把减振器缓冲块换了,但是看完价格后很不理解,每个缓冲块竟然要 170 多元,快赶上减振器了,桑塔纳的只要 40 元,这是怎么回事?

需求分析:客户是认可原厂备件的;客户心理的不平衡来自与竞争品牌副厂件的对比。

应对要点:肯定客户选择原厂备件的正确性;引导客户关注原厂备件和副厂备件的差异。

不良应对:强势——这东西就是这个价格!否定——你说的那个是假货!

参考话术:

服务顾问:××先生,常规概念中的减振系统往往让人觉得只有减振器,其实减振器缓冲块起到的辅助作用是无法替代的,仅仅靠减振器是不够的,没有缓冲块的作用,减振器的寿命会受到很大影响。

客　　户:好吧,你说它很重要,我认可,但为什么桑塔纳的这么便宜,捷达的这么贵?

服务顾问:您是在上海大众的 4S 店问的价格吗?

客　　户:不是,在外面的汽配店,这有差别吗?

服务顾问:有的,而且有很大的差别,除了价格有很大的差别以外,质量上、材质上、性能上、使用寿命上都有很大的差异。

客　　户:哦,原来倒是没有注意到这个!

服务顾问:这不怪您,这个一般是容易被忽略的。

客　　户:我现在清楚了。

(7)追求便捷型应对策略。

客户疑惑:现在很多大品牌的快修店都有保养服务,比如"霍尼维尔",人家也是大品牌,人家也有自己品牌的配件,全世界有这么多店,有这么多用户认可,肯定也不是假的吧。

需求分析:客户注重品牌知名度;但在注重品牌知名度的同时并没作出具体的价格对比。

应对要点:肯定客户所陈述的现状;引导客户建立理性识别及选择的消费意识。

不良应对:强势——在那里不是你想要什么就有什么!否定——他们的备件根本就不便宜!

参考话术:

服务顾问:您说得对,现在确实有很多品牌快修店,但深入了解的话可能会觉得不便捷。

客　　户:为什么呢?

服务顾问:比如您的宝来,可能他们那里有您所需要的常规保养件,但是如果涉及修理或者非常规件情况就不同了。

客　　户:对,这个我没想到。

服务顾问:其实我们这里有几乎所有常用备件的价格表,您不妨和"霍尼维尔"的备件作一下价格比较,您会发现我们原装备件的价格不比他们的高。

客　　户:是吗? 这个我没有注意到。

服务顾问:从便捷性、全面性以及专业可信度、性价比的角度来看,4S 店和原装备件仍然是您唯一的选择,您看我说得对吗?

客　　户:说得没错,这样看来真不如在 4S 店!

5. 提升汽车配件经营业绩应处理好的几个关键问题

(1)注重客户开发与维护,建立稳定的客户群体。

汽车配件市场早已经是买方市场,竞争越来越激烈,谁拥有更多、更强的客户谁就能赢得市场,因此客户的开发与维护十分重要。在客户开发与维护方面需要注意:

①树立全员参与客户开发与维护的意识,建立客户开发奖励机制。

②门市销售不等于坐等客户上门,还应通过走访、邀请、电话、熟人介绍等手段进行新客户的开发。

③注意大客户的开发与维护。企业 80% 以上的业务量是由不足 20% 的大客户所贡献的。

④保证一定的库存品种与数量,尽可能满足顾客采购的需求率。如客户来店需要购买 10 个品种的配件,当在你的门市部只能购买到 6 ~ 7 件,而且认为价格合理时,客户会要求你帮助从同行中调拨;但如果门市部满足客户需求率太低时,客户会离开,选择别家商店。久而久之,会失去不少的客户,因为你们不能给他的采购带来便利,被客户认为"没有实力"。

(2)建立市场价格监控及调整机制,适应市场变化。

汽车配件经营已经从暴利阶段转入微利时代,价格竞争十分激烈。加上目前电子商务 B to B 模式在汽车配件经营行业广泛应用,使同行之间的库存品种与价格信息更加透明化,这样虽然给同行之间商品信息互通带来了方便,但同时也增加了价格竞争的激烈程度,价格战时有发生。制定科学合理的市场价格监控及调整机制十分重要。

(3)提高服务水平,提升客户满意度,培养忠诚客户。

①诚信经营,热情待客。

②货真价实,价廉物美。

③处理好用户退换货业务。

④售后服务周到。

⑤疏导客户不满情绪,处理好投诉客户关系。

(4)货款结算要谨慎,避免被骗货或拖欠货款造成损失。

汽车配件销售在货款结算环节上当受骗的情况时有发生,问题通常出现在两种情况:

①利用转账结算工具行骗。汽车配件行业货款结算方式分为现金结算和转账结算。通常除部分小额结算采用现金结算外,大多采用转账结算方式。转账结算工具有支票、汇兑、银行汇款、商业汇票、信用卡等。不法分子通常利用部分信用转账工具签发时间与实际到账时间之间存在时间差的特性进行骗货,比如,利用空头支票、问题汇票到汽配店购买配件,等到财务人员通过银行进行转账时发现转账失败才知道上当受骗,骗子早已人去

楼空。采用这种骗术的骗子一般会采购通用性较高的容易售出的配件,如火花塞、滤清器、轮胎等标准件。防止这种上当受骗只能靠收款人员、业务人员提高警惕,特别对陌生客户使用支票、汇票等转账工具结算的情况要特别谨慎,甚至要求转账到账后才能发货。

②骗取信任拖欠大量货款然后玩"失踪"。汽车配件销售行业通常在同城或异地都有一些长期合作伙伴,这些合作伙伴在建立互信之后通常会要求供应方挂账销售,定期进行货款结算。虽然商家意识到挂账结算存在一定风险,但由于竞争激烈,又怕失去客户;同时业务频繁,异地结算不方便,所以不得不冒险一搏。往往有些别有用心的"合作伙伴"在同时拖欠多家汽配店的大量货款后玩"失踪",使商家蒙受极大的经济损失。因挂账结算而上当受骗,造成极大损失的情况时有发生,"三角债"的情况也愈演愈烈。因此,除关系十分密切、信誉好的客户,宁愿薄利,也应及时回笼货款。

(5)加强订货管理,提高资金周转率,减少死、呆滞配件的积压。

防止库存死货、呆滞货的积压应做好以下几方面的工作:

①会计核算中应提取死货、呆滞货削价准备金。

②定期盘点,定期清理。

③提供订货水平,减少损坏几率低的配件订货。

④加强 5S 管理,做好仓管部门与销售部门的信息沟通。

实训情境设计

【实训情境描述】

无论是 4S 店的配件管理员还是汽配经营企业的店头销售员都必须熟悉配件的销售流程,同学们通过"流程图重组"活动弄清楚流程各环节的先后顺序及内在逻辑;通过"销售情境训练"活动加深对流程的熟悉;通过"异议应对"训练提高原厂配件顾客异议应对能力。

【实训情景准备】

1. 实训情境准备(表 5-12)

实 训 情 境 准 备   表 5-12

类别	准 备 内 容	获 取 渠 道
资料	任务单	内部资料和课前购买
	流程名称卡片纸、油性笔、黑板压纸磁铁	
	汽车配件销售企业各部门标记(水牌)	
	能力评价表	
	实训素材	
工具	计算机	学校专业实训室汽车配件管理软件公司
	投影设备	
	汽车配件管理软件	
	配件模拟仓库	
地点	汽车配件销售仿真实训室	

2. 实训工作单(表5-13)

汽车配件店头销售实训工作单　　　　　　表5-13

项目名称	项目五:汽车配件销售与索赔	课题及任务名称	汽车配件店头销售管理	时间/学时	2
姓名		学号		班级	组别

能力目标	1.能准确陈述4S店配件管理流程及配件营销企业的店头销售流程; 2.理解各流程环节之间的内在逻辑关系; 3.能操作配件管理软件
实训组织	课前给每位学生发放实训工作单,学生按照实训工作单完成实训操作,做好相关实训记录,并以小组为单位进行实训操作交流,开展自评、小组互评及教师点评

任务分解及完成标准	完成情况记录	
	完成时间	准确性
任务一:店头销售流程演练		
实训操作	1.训练内容。按照汽车配件销售门市部的岗位,设置销售部、仓储部、财务部,模拟客户从进门接待—需求沟通—商品介绍—成交开单—结算货款—出库发货—感谢惠顾7个环节展开训练。 　2.训练组织。学生分组,分别扮演配件采购顾客、营销员、财务收银等角色,模拟从客户入门开始,直至客户离开,演示整个过程,包括客户接待、商品介绍与答疑、促成交易细节。 　3.训练步骤。(1)各小组根据实训素材中提供的顾客资料,发挥想象力,设计情境,编写《情境对话剧本》;(2)各小组根据剧本进行排练;(3)各组进行公开演示;(4)教师点评与总结		
任务二:原厂配件顾客异议应对训练		
根据实训任素材三提供的资料进行顾客异议应对训练		
学生实训小结		

163

3.实训素材——原厂配件的顾客异议处理

(1)顾客异议:电瓶该换了,原厂的 500 多元,不如在外面汽配店买,才 300 多块钱。

需求分析:＿＿＿＿＿＿＿＿＿＿＿＿＿＿＿＿＿＿＿＿＿＿

应对要点:＿＿＿＿＿＿＿＿＿＿＿＿＿＿＿＿＿＿＿＿＿＿

不良应对:＿＿＿＿＿＿＿＿＿＿＿＿＿＿＿＿＿＿＿＿＿＿

应对话术:＿＿＿＿＿＿＿＿＿＿＿＿＿＿＿＿＿＿＿＿＿＿

＿＿＿＿＿＿＿＿＿＿＿＿＿＿＿＿＿＿＿＿＿＿＿＿＿＿＿＿

＿＿＿＿＿＿＿＿＿＿＿＿＿＿＿＿＿＿＿＿＿＿＿＿＿＿＿＿

(2)顾客异议:我听说,自动变速箱油好像不必更换,很多车换了以后反而没原来的好,所以这笔费用我就省下了;而且即使需要更换也不过就是个润滑油,没必要用原厂的。

需求分析:＿＿＿＿＿＿＿＿＿＿＿＿＿＿＿＿＿＿＿＿＿＿

应对要点:＿＿＿＿＿＿＿＿＿＿＿＿＿＿＿＿＿＿＿＿＿＿

不良应对:＿＿＿＿＿＿＿＿＿＿＿＿＿＿＿＿＿＿＿＿＿＿

应对话术:＿＿＿＿＿＿＿＿＿＿＿＿＿＿＿＿＿＿＿＿＿＿

＿＿＿＿＿＿＿＿＿＿＿＿＿＿＿＿＿＿＿＿＿＿＿＿＿＿＿＿

＿＿＿＿＿＿＿＿＿＿＿＿＿＿＿＿＿＿＿＿＿＿＿＿＿＿＿＿

知识拓展:汽车配件人员推销

商业推销手段包括广告推销、公共关系推销、营业推广和人员推销。其中人员推销是汽车配件促销较为常用的一种方法。汽车配件的人员推销要注意以下问题:

1.推销组织程序

(1)确定销售目标。确立人员推销在企业营销组合中的地位,为销售人员制定出适当的销售活动组合。

(2)推销队伍的确定。根据企业资源条件和销售预算等确定推销人员队伍的规模。并进行促销人员甄选、培训、激励、考评和控制等决策。

(3)分配销售任务。根据顾客、产品、销售区域等要素进行推销任务分配。

(4)促销线路规划。汽车配件推销区域可能跨市、跨省,做好推销线路规划可以节省费用,提高效率。

2.汽车配件人员推销技巧

(1)汽车配件推销的目标市场通常是各省大中城市的专业市场——汽配城。

(2)推销人员要十分熟悉产品的优缺点,掌握产品推介和异议应对的话术。

(3)推销工作可能跨市、跨省,出发前要进行合理的交通规划,许多城市之间的火车"朝发夕至",如果能够白天工作,晚上在火车上休息,既可以节省时间,又可以省去住旅馆的费用。

(4)推销过程中以寻找合适的销售合作伙伴为主,注意保留准客户的联系人,联系方式,合作意向程度的判断记录等,便于推销结束后的跟进。

检查评价

实训情境评价(一人一表)

班级:　　　　　　组别:　　　　　　姓名:

项　目		评　价　内　容 (请在对应条目的○内打"√"或"×",不能确定的条目不填,可以在小组评价时让本组同学讨论并写出结论)		评价等级(学生自评)		
				A 全部为 "√"	B 有1~3个 "×"	C 有多于 3个"×"
关键能力自评	工作态度	○按时到场 ○工装齐备 ○书、本、笔齐全 ○不追逐打闹 ○积极接受分配任务	学习期间不使用手机、不玩游戏○ 未经老师批准不中途离场○ 不干扰他人工作○ 无迟到早退○ 上课不做与任务不相关事情○			
	工作素养	○工作服保持干净 ○私人物品妥善保管 ○工作地面无脏污 ○工作台始终整洁 ○节约,无浪费现象 ○有责任意识	无发生安全事故○ 使用后保持工具整齐干净○ 有及时纠正他人危险作业○ 注重环保,废弃物能合理处理○ 未损坏工具、量具及设备○			
	合作及其他	○课前有主动预习 ○与本组同学关系融洽 ○积极参与小组讨论 ○接受组长任务分配 ○工装穿戴符合要求	本小组工作任务能按时完成○ 能主动回答老师提问○ 能主动帮助其他同学○ 注重仪容,不戴饰物、发型合规○ 能自主学习和相互协作○			
专业能力自评		○能独立查阅资料 ○注重工作质量及时自检 ○注重工作效率,时间观念强 ○会分析归纳相互学习 ○设备选择使用符合要求	能独立规范操作○ 能独立完成任务单○ 没有失手坠落物品○ 指出过他人的不规范操作○ 工作质量合格,无返工○			
小组评语及建议		他(她)做到了: 他(她)的不足: 给他(她)的建议:		组长签名: 　　年　　月　　日		
教师评语及建议				评价等级: 教师签名: 　　年　　月　　日		

课题三　汽车配件索赔

由于汽车使用条件复杂,对汽车配件的设计与制造质量要求较高,所以在汽车使用过程中零部件的质量缺陷不可避免,因此汽车制造厂为汽车产品(包括整车与配件)提供了质量保证,允许用户有条件索赔。另外,通过提供出色的索赔服务树立品牌形象,提高用户满意度,培养忠诚用户,为营销赢得市场。

一、汽车配件索赔业务的类型

1. 经销索赔

经销索赔是指配件在销售流转过程中到达配件接收方后,出现了由于运输途中非人为破坏或质量差异等因素造成配件的盈、亏、错、损、缺,使该配件无法实现下一步流通的情况,针对这种情况所采取的索赔措施发生在配件经销环节,称为经销索赔。

2. 保修索赔

保修索赔又称质量保证索赔或三包索赔,是指汽车在使用过程中由于零部件的质量或设计缺陷所造成的汽车产品(包括整车与配件)的维修和更换,允许用户向汽车厂家索赔,这种索赔发生在质量三包期间内,称为保修索赔。保修索赔通常通过服务站的索赔管理部门的索赔专员直接与汽车厂家沟通,为用户提供索赔手续的办理。

3. 保险索赔

保险索赔是指保险合同所约定的保险事故发生后,被保险人或投保人向保险公司提出赔偿或给付保险金的过程。

二、经销索赔业务知识

1. 经销索赔的处理原则

索赔应坚持"坚持原则、实事求是、诚实守信、用户第一、热情服务"的原则。

2. 经销索赔的相关术语

盈:实际收到的数量大于装箱单的数量。

亏:实际收到的数量小于装箱单的数量。

错:装箱单中所订的配件品种与实物不符。

损:配件到货时为状态差异件。

缺:到货配件与电子目录不符(或只是其中一部分)的配件。

易碎件:泛指灯具、玻璃、塑料等易损坏配件。

3. 汽车厂家允许经销索赔的范围

(1)必须在规定的索赔时间范围内申报,一般收到货后15天内为索赔有效时间。

(2)到货后包装没有破损情况下的盈、亏、错、损、缺才能索赔。

(3)到货后包装破损情况下的缺失,如属厂家配件部包装质量不合格或运输方式不当而造成的损坏和丢失也将给予索赔。

(4)经销商修车使用配件前发现的质量不合格及错发配件可以索赔。

（5）因汽车厂家电子目录错误,使经销商错订或配件部错发的不适合中国车型的配件可以索赔。

4.经销索赔的操作流程

（1）汽车配件经销索赔业务操作流程,如图5-19所示。

（2）索赔流程操作说明。

①经销商因配件订货到货差异而由经销商提出索赔报案,配件厂家或中转库索赔业务员接到经销商索赔报案电话或电子邮件后,应做好电话记录和备份,留下联系电话针对不同情况进行处理。

②经销商报盘盈处理。厂家或中转库应对经销商表示感谢并与经销商协商处理,如经销商同意留用,则采取补填销售单处理;如不能留用,则请经销商帮助退回其所属配件发货方。

③经销商报盘亏的处理。经配件发货方盘库后确认为盘盈,应立即补发给经销商。

④经销商上报错、损的处理。错件应及时按规定作相应处理:一是拍照;二是简要的情况说明;三是配件发货清单复印件;四是配件索赔申请单,并将材料寄回发货处,待索赔员核查鉴定同意受理后,再将索赔配件寄回。如因包装不善或选择运输方式不当,造成配件损坏,应先由发货方向经销商赔付后,再由发货方向承运商或保险公司索赔。

⑤总成配件缺、损处理。经销商提出索赔时,如果不需要更换总成,只更换个别零件就可以达到技术要求,厂家只对个别零件进行索赔;如果某些配件通过简单维修,不需要更换就能达到技术要求,将不予索赔。

5.配件(损、缺)索赔的申报资料

（1）配件索赔申请单(图5-20)。原件、单价为批发含税价。

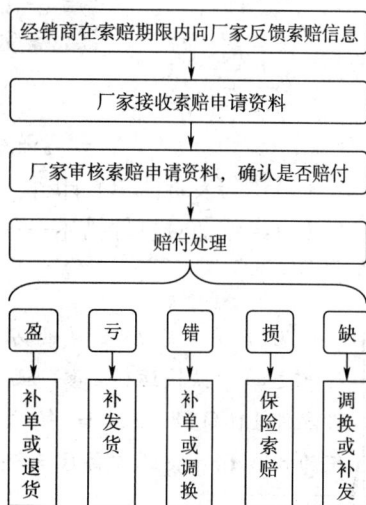

图5-19　汽车配件经销索赔业务办理流程

备件索赔申请单

单位名称: 领导签字/盖章: 填单日期：　年　月　日					单位代码: 申请单编号:				申请方式 1=多发补款　2=欠货补发 3=多发退货　4=欠货退款 5=错发退回　6=不合格件退回	
序号	配件号	配件名称	订货日期	清单号	订货数量	发货数量	到货差异	错发数量	质量不合格数量	单价(元)批发价	原发货方式	1 2 3 4 5 6

索赔员签字:　　　　　　　　仓库主任签字:　　　　　　　　配件部部长签字:

图5-20　经销配件索赔清单

（2）损坏配件彩色照片,如图5-21所示。

（3）事故证明(承运商证明原件),如图5-22所示。

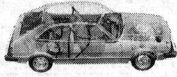

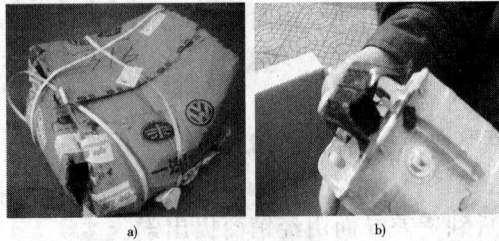

图 5-21 损坏的货物包装及货物

a)损坏的货物外包装;b)损坏的副驾驶员气囊

（4）销售发货清单复印件。

（5）经销商对事件描述——事故证明。

> **事 故 声 明**
>
> 　2011 年 1 月 23 日陕西万佳汽车贸易有限公司（代码:6587104）收到长春配件中转库发运的中铁快运（长春—西安,票号为 0054185）,共 7 个品种的配件,发现其中有一件配件 LIKO 880 204 H:气枕单元在运输途中造成外包装破损,导致内装配件损坏,价值为 886.68 元,此配件已无法使用,申请索赔。

图 5-22　索赔事故证明

6.经销商报损索赔案例分析

（1）案例描述（来自一汽大众公司）。

> 　长春中心库收到经销商配件索赔信息反馈单:
>
> 　发货中转库:长春中心库
>
> 　名　称:广州解放汽贸公司
>
> 　代　码:6584573
>
> 　配件号:LIGD 513 033 B（减振器）
>
> 　数　量:1 件
>
> 　情况描述:在铁路取件时发现有一箱配件外包装已破损,经确认丢失配件,配件号:LIGD 513 033 B（减振器）1 件,需索赔。

（2）案例分析。此种情况属于铁路运输过程中造成配件外包装损坏致配件丢失。

（3）处理结果。针对这种情况经销商需要提供如下资料（5 种）:配件索赔申请单,现场照片,铁路出具货损证明,销售发货清单复印件,经销商对事件描述——事故证明。其中铁路出具货损证明最为重要,证明此种情况系铁路运输过程中造成（附铁路证明）。

（4）索赔方式。长春库将理赔申请所需材料一并转交保险公司走保险理赔。

7.造成配件索赔的主要因素

（1）包装方式不合理。

（2）运输方式不合理。

（3）人为因素造成（如装卸等）。

（4）管理不善。

三、保修索赔业务知识

1. 保修索赔工作机构及其职责

保修索赔工作机构由汽车厂家的索赔管理部门和汽车特约服务站索赔专员组成。汽车特约服务站是汽车厂家面向用户的窗口,用户的保修索赔工作由特约服务站来完成。

(1)汽车厂家的索赔管理部门。隶属于售后服务机构,主要负责整车、配件保修索赔期内的保修索赔工作,包括索赔单据的审核和结算、产品质量的收集与反馈等业务。

(2)汽车特约服务站的索赔专员。汽车厂家要求每个特约服务站必须配备一名专职索赔员,称为索赔专员。主要负责保修索赔的预审、索赔单据的填制及申报,同时负责产品质量的收集与反馈。

2. 汽车保修索赔有效期限

各汽车厂保修索赔的具体规定不尽相同,因品牌和车型有较大区别,但是无论什么品牌什么车型,在《保修保养手册》当中有明确的约定。整车、配件的保修索赔期限一般为:

(1)整车保修索赔期。从车里开具购车发票之日起 36 个月内或累计行驶里程 10 万km 内(广汽丰田),两条件以先达到为准,超出其中之一者,该车超出维修保养期。

(2)特殊零件保修期。整车保修期内,在维修保养手册中注明的"特殊零件",依照《保修保养手册》中"特殊零件"保修索赔期的约定执行。某些特殊零部件保修期的规定情况见表 5-14。

特殊配件保修期限一览表　　　　　　　　　　　　　　　　表 5-14

特殊零部件名称	保修索赔期	特殊零部件名称	保修索赔期
喇叭	12 个月或 4 万 km	橡胶件	12 个月或 4 万 km
蓄电池	12 个月或 4 万 km	各类轴承	12 个月或 4 万 km
等速万向节	12 个月或 4 万 km	喷油器	12 个月或 4 万 km
减振器	12 个月或 4 万 km	三元催化器	12 个月或 4 万 km
控制臂球头	12 个月或 4 万 km	氧传感器	12 个月或 4 万 km

(3)更换后配件的保修期。具体为:

①保修期内由服务站免费更换安装的配件,其保修期为整车保修期的剩余部分。

②由用户自费由服务站更换和安装的配件(如升级配件,加装配件),其保修期为 24个月或 5 万公里(以先达者为准),在此期间,因保修而免费更换的同一配件的保修索赔期限为自费配件保修期限的剩余部分。

3. 保修索赔的前提条件

(1)必须在规定的保修期限内进行索赔。

(2)用户必须遵守《保修保养手册》的规定,正确驾驶、保养、存放车辆。

(3)所有的保修服务工作必须由特约服务站实施。

(4)必须是由特约服务站售出并安装或原车上的配件方可申请保修索赔。

4. 保修索赔范围

(1)在保修期内,车辆正常使用情况下整车或配件发生质量故障,修复故障所需的配件、材料、工时费。

（2）在保修期内，汽车无法行驶，服务站外出抢修过程中发生的抢修费、交通费、住宿费等。

（3）汽车厂家为每一辆新车提供两次在服务站进行的免费保养，两次保养的费用属于保修索赔范围。具体免费项目见表5-15。

保修索赔范围内的免费保养项目   表5-15

保养类别	免费保养项目内容
首保	更换机油及机油滤清器、检查传动带、检查空调系统的暖风系统软管及开关、检查冷却液、检查冷却系统的软管及卡箍、清洗空气滤清器滤芯、检查油箱盖、油管、软管及接头、检查制动液及软管。检查、调整驻车制动器、检查轮胎和胎压、检查信号灯、照明灯、喇叭、刮水器和洗涤器
二次免费保养	所有首保检查保养项目（有些公司的"二保"滤清器、制动片等易耗件为免费一半，用户自费承担一半）、检查排气管和安装支架、检查变速器和差速器油、检查、调整前后悬架、检查底盘、车身的螺栓和螺母、检查动力转向液

5. 不属于保修索赔范围的情况

（1）不按规定进行保修保养；不能提供《保修保养手册》，或《保修保养手册》擅自涂改保养记录的车辆，特约服务站有权拒绝用户的保修索赔申请。

（2）除首保外，车辆正常例行保养和正常使用中损耗件一般不属于保修索赔范围，如润滑油、各种滤清器、火花塞、制动蹄片、离合器片、清洁剂、灯泡、轮胎及雨刮片等。

（3）车辆不在汽车厂家授权的服务站维修，或者车辆安装了未经汽车厂家售后服务部门许可的配件，不属于保修索赔范围。

（4）用户私自拆卸更换里程表，或更改里程表读数的车辆，不属于保修索赔范围。

（5）因环境、自然灾害、意外事故造成的车辆故障，不属于保修索赔范围。如酸雨、沥青、地震、冰雹、水灾、火灾、车祸、战争等。

（6）因用户使用不当、滥用车辆（如用作赛车）或自行改装而引起的车辆故障，不属于保修索赔范围。

（7）间接损失不属于保修索赔范围。如误工费、租赁其他车辆的费用等。

（8）由于特约服务站操作不当造成的损失，不在保修索赔范围，但应当由特约服务站承担责任并进行修复。

（9）保修索赔期内，用户在车辆出现故障后，未经特约服务站同意，继续使用而造成进一步的损坏，汽车厂家只对原有故障负责，其余损失责任由用户承担。

（10）车辆发生严重事故时，用户应该保护现场和损坏零件，不能自行拆卸故障车，如未保护现场或因丢失损坏零件以致无法判明事故原因，汽车厂家不承担保修索赔费用。

6. 其他保修索赔情况

（1）库存待售成品车辆的保修。

库存待售成品车辆，由于放置时间较长，出现油漆变色、褪色、锈蚀、车厢或底板变形等外观缺陷，有汽车厂家索赔管理部门检查、批准后可以保修。保修工作由汽车厂家指定的特约服务站完成。

（2）保修期满后出现的问题。

对于过来保修索赔期限的车辆,原则上不予保修索赔。但是,如确属于耐用件存在质量问题,经汽车厂家或有关部门鉴定后,经过厂家授权同意,可以按保修处理。

（3）更换仪表总成。

因仪表质量问题而更换仪表总成的,负责施工的特约服务站应在用户《保修保养手册》上注明旧仪表上的里程数和更换日期。

（4）故障原因和责任难以判定的问题。

对于故障原因和责任难以判定的情况,如用户确实按使用要求使用和保养车辆,且能提出有关证据,如保养记录、驾驶员技术熟练等,须报汽车厂家索赔管理部门同意后方可保修。

7. 质量保修索赔工作流程

（1）汽车特约服务站的保修索赔工作流程（图 5-23）。

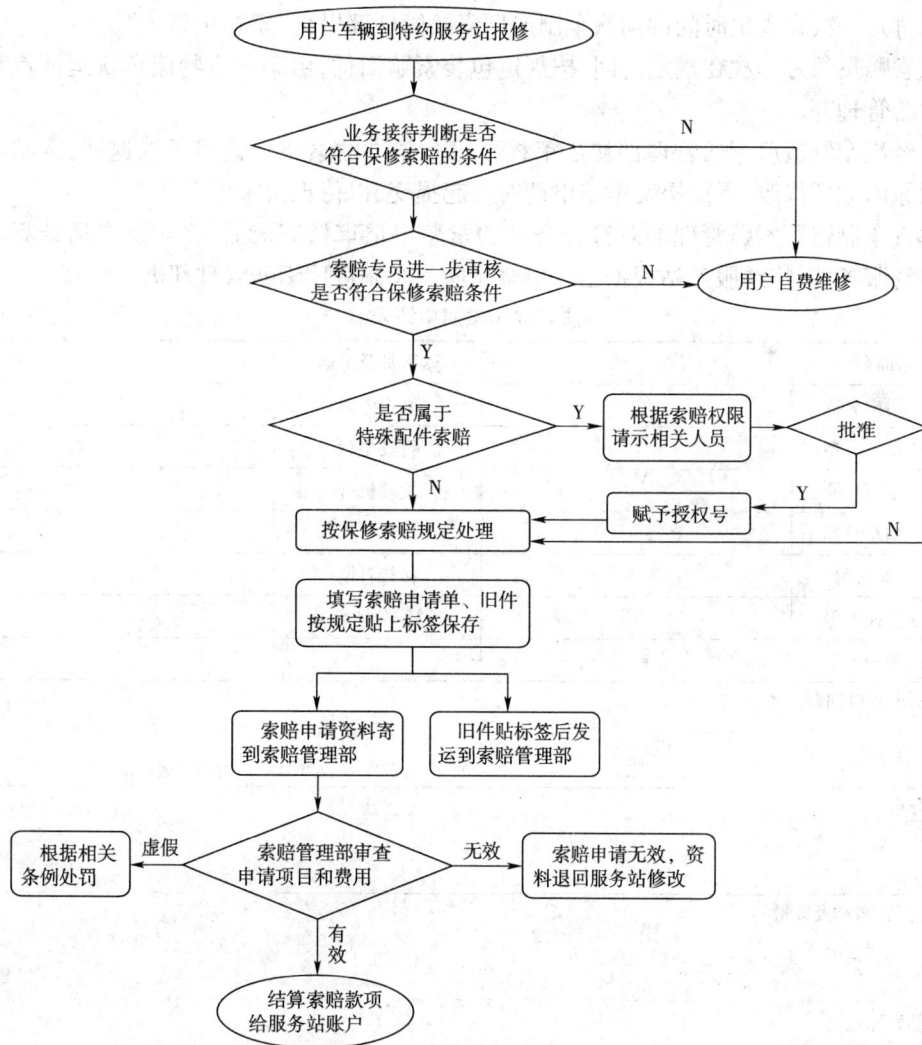

图 5-23　汽车质量保修配件索赔流程

（2）具体工作流程说明如下：

①用户车辆至特约服务站报修。

②服务顾问根据用户报修情况、车辆状况及车辆维护记录，预审用户的报修内容是否符合保修索赔条件（特别要检查里程表的工作状态），如不符合请用户自行付费修理。

③把初步符合索赔条件的车辆送至保修工位，索赔专员同维修技师确认故障点及故障原因，并进一步审核是否符合索赔条件。如不符合则通知服务顾问，请用户自行付费修理。

④索赔专员在确认用户车辆符合保修索赔条件后，登记车辆相关数据，为用户分类提交索赔申请。特殊配件索赔需事先得到汽车制造厂索赔管理部审批通过，才能给予保修索赔。

⑤保修结束后，在索赔件上挂上"索赔旧件悬挂标签"，送入索赔旧件仓库统一保管。

⑥索赔员每天要统计当天的索赔申请，填写"索赔申请单"（表5-16）。

⑦每月一次在规定时间内向汽车制造厂索赔管理部提交"索赔申请表"。

⑧索赔员每月一次在规定时间、按规定包装索赔旧件，由第三方物流负责运回汽车制造厂索赔管理部。

⑨经汽车制造厂索赔管理部初步审核不符合条件的索赔申请将予以返回，索赔员根据返回原因立即修改，下次提交索赔申请时一起提交，以待再次审核。

⑩汽车制造厂索赔管理部对符合条件的索赔申请审核完成后，将索赔申请结算单返给各特约服务站，特约服务站根据结算单金额向汽车制造厂索赔管理部进行结算。

质量保修索赔申请表　　　　　　　　　　　　　　　　表5-16

店名简称			索赔员及电话	
	用户名称		客户电话	
车辆信息	车　型		行驶里程	
	底盘号		发动机号	
	购车日期		出厂日期	
	车牌号		接待日期	
	变速器号		后桥/分动箱号	
	用户地址			

用户提出质量问题：

　　　　　　　　　　　　　　　　　　　　　　　用户签名：

原因分析：

　　　　　　　　　　　　　　　　　　　　　　　鉴定员签名：

换件情况（名称及数量）：

索赔部处理意见：

8. 保修索赔旧件管理

(1)成功索赔的旧件所有权属于汽车厂家,各特约服务站必须在规定的时间内,按指定的方式运回汽车厂家索赔管理部。

(2)更换下来的索赔旧件应挂上有汽车厂家统一印制的"索赔旧件标签",并在规定时间内,填写《索赔件运回清单》,按规定方式运回厂家索赔管理部。

(3)故障件的缺陷、破损位置须用红色颜料笔做出标记。

(4)应尽可能保持索赔旧件拆卸下来后的原始状态,规定不可分解部分不可擅自分解,否则故障原因视为拆卸不当所致,不予索赔。

(5)更换下来的旧机油、变速器油、制动液等不便运输的索赔旧件,无特殊要求的不必运回,由服务站自行处理,但要注意安全和环保。

(6)汽车厂家索赔管理部门对回运的索赔旧件进行全面检验后,将存在问题的申请单返回或取消。

(7)被取消索赔申请的旧件,各特约服务站有权索回,但须承担运输费用。

9. 汽车保修索赔常用话术

对于汽车用户来说,当汽车出现故障时,如果能获得优质的服务和顺利保修索赔当然皆大欢喜,但是,许多时候汽车故障的维修不符合保修索赔的条件,要由用户自负维修,售后服务顾问和索赔专员如果处理不当就会引起误会或冲突,影响顾客的满意度。所以掌握一定的索赔常用话术对于售后服务顾问和索赔专业非常有必要。常用话术见表5-17。

索赔岗位常用服务话术

表5-17

岗位	索赔应对话术	使用情境
索赔员	先生/小姐:您的车辆的每次保养、维修都需要由××特约服务中心来做,不仅可以保障您车辆的正常使用,更重要的是可以保障您的利益不受损害	向客户宣传保修政策时
	先生/小姐:您的车辆的每次保养、保修及维修情况我们都会详细记录,随时欢迎您核对或咨询	向客户解释保修记录时
	先生/小姐:很抱歉,按有关规定,这次维修不属于保修范围,您若有疑问,我会向您详细解释,或您可以向汽车制造厂咨询	向客户解释保修规定时
	先生/小姐:影响车辆质量的因素很多,比如环境因素、道路因素、驾驶因素等。当然也包括车辆本身的问题,因为一部车由几千种配件组装而成,难保个别配件会出现问题,这也是为什么公司会向客户提供保修的原因,还希望您能谅解。我们会尽全力、尽快解决您的问题,争取使您满意	安抚客户抱怨时
	先生/小姐:我们将您的情况立即上报公司,争取尽快给您一个满意的答复	安抚客户抱怨时
	请您先不要着急,我们尽快查明原因,再与您协商解决方案,您看可以吗	安抚客户抱怨时
	先生/小姐:按规定此情况不属于保修,但我很理解您的心情,我会与经理(或公司)协商,看还有没有折中、补救或更好的办法	安抚客户抱怨时
	先生/小姐:保修政策不仅为了最大限度地保障客户的利益,也是双方的一种约定,因此保修本上的内容双方都要严格遵守	向客户宣传保修政策时

实训情境设计

【实训情境描述】

汽车售后服务站是汽车制造厂与汽车用户之间进行信息沟通与质量反馈的主要渠道，为了树立品牌形象，提高用户满意度，培养忠诚用户，赢得市场，汽车制造厂通过服务站提供完善的索赔服务，为汽车产品（包括整车与配件）提供质量保证，允许用户有条件索赔。该实训内容模拟服务站根据索赔规定为汽车用户提供保养及质量索赔的业务操作过程，要求学员在实训过程中深入角色，按正确的程序，用正确的语言与方法为汽车用户提供优质的索赔服务。

【实训情景准备】

1. 实训情境准备（表 5-18）

实 训 情 境 准 备　　表 5-18

<table>
<tr><th>类别</th><th>准 备 内 容</th><th>获 取 渠 道</th></tr>
<tr><td rowspan="4">资料</td><td>任务单</td><td rowspan="4">市场购买或采用其他仿真产品</td></tr>
<tr><td>若干不同类别的汽车配件或用品</td></tr>
<tr><td>能力评价表</td></tr>
<tr><td>实训情境设计（见实训素材）</td></tr>
<tr><td rowspan="3">工具</td><td>计算机</td><td rowspan="3">厂家工具及相关企业生产的标准化产品</td></tr>
<tr><td>投影设备</td></tr>
<tr><td>登陆互联网平台</td></tr>
<tr><td>地点</td><td>多媒体汽车配件仿真实训室</td><td></td></tr>
</table>

2. 实训工作单（表 5-19）

汽车配件保修索赔实训工作单　　表 5-19

<table>
<tr><td>项目名称</td><td colspan="2">汽车配件销售与索赔</td><td>课题及任务名称</td><td colspan="2">汽车配件索赔/保修索赔办理</td><td>时间/学时</td><td>4</td></tr>
<tr><td>姓名</td><td></td><td>学号</td><td></td><td>班级</td><td></td><td>组别</td><td></td></tr>
<tr><td>能力目标</td><td colspan="7">1. 熟悉汽车配件保修索赔相关知识、步骤和流程
2. 能用正确的话术与汽车用户沟通有关保修索赔事宜，使用户满意
3. 能为顾客办理保修索赔手续</td></tr>
<tr><td>实训组织</td><td colspan="7">课前给每位学生发放实训工作单，按照实训工作单每 5 位学生组成一个小组，共同完成实训任务，做好相关实训记录，并以小组为单位进行实训操作交流，开展自评、小组互评及教师点评</td></tr>
<tr><td rowspan="7">实训操作</td><td colspan="5" rowspan="2">任务分解及完成标准</td><td colspan="2">完成情况记录</td></tr>
<tr><td>完成时间</td><td>准确性</td></tr>
<tr><td colspan="5">实训任务：根据实训情境素材，完成保修索赔过程</td><td></td><td></td></tr>
<tr><td colspan="5">1. 角色分工：汽车用户、服务顾问、索赔专员、汽车厂家索赔管理部人员</td><td></td><td></td></tr>
<tr><td colspan="5">2. 客户接待</td><td></td><td></td></tr>
<tr><td colspan="5">3. 针对保修索赔配件和自费配件，向客户解释说明</td><td></td><td></td></tr>
<tr><td colspan="5">4. 填写《保修索赔申请单》，与厂家沟通“特殊配件”索赔授权事宜、对更换下来的索赔旧件进行处理</td><td></td><td></td></tr>
<tr><td>学生实训小结</td><td colspan="7"></td></tr>
</table>

3.实训素材

（1）保养车辆基本信息（表5-20）。

保养车辆信息表　　　　　　　　　　　　　　表5-20

车辆信息	保养类别	须更换零件	零件损坏原因	零件价格（元）	工时费（元）
车主：黄先生	整车保修期内的第二次保养	前制动蹄片	自然损坏	220	80
上海大众POLO		右前减振器	漏油	450	100
行驶里程：5万km		右后尾灯	玻璃被碰撞开裂	380	50
		润滑油	保养更换	120	50

（2）根据相关知识，判断该保养车辆需要更换的零件、材料、工时费是否符合保修索赔条件，并说明理由。

（3）扮演服务顾问角色，采用正确的话术向客户分别说明索赔配件及自费配件，并进行报价，使客户接受。

（4）扮演索赔专员角色，填写《保修索赔申请单》，完工结算后，负责对更换下来的索赔旧件进行正确处理（陈述处理办法和程序）。

知识拓展：4S店"质量反馈"功能的落实

特约服务站直接面对用户，最了解用户需求和车辆运行质量情况，所以，特约服务站反馈的信息是汽车厂家提供产品质量、调整服务政策的重要依据。每一个特约服务站都应该由经理、索赔专员、服务顾问、配件管理员、车间主任、技术骨干等组成一个质量检查小组，对进入特约服务站的所有车辆质量信息进行记录、汇总、研究分析，并向汽车厂家反馈质量意见。所以各特约服务站应做好以下工作：

1.重大故障报告

各特约服务站在日常工作中遇到重大的车辆故障，必须及时、准确、详尽地填写"重大故障报告单"，立即传真至汽车制造厂索赔管理部，以便汽车制造厂各部门能及时作出反应。重大故障包括：影响车辆正常行驶的，如动力系统、转向系统、制动系统的故障；影响乘客安全的，如主、被动安全系统故障，轮胎问题，车门锁止故障等；影响环保的故障，如排放超标、油液污染等。

2.常见故障报告和常见故障避除意见

各特约服务站应坚持在每月底对当月进厂维护的所有车辆出现的各种故障进行汇总，统计出发生频率最高的10项故障点或故障零件，并对其故障原因进行分析，提出相应的故障避除意见。各站在每月初向汽车制造厂索赔管理部提交上月的常见故障报告和故障避除意见。

3.用户质量抱怨反馈表

各特约服务站应在用户进站维修、电话跟踪等与用户交流过程中，积极听取用户对汽车制造厂的意见，并作出相应记录。意见包括某处使用不便、某处结构不合理、某零件使用寿命过短、添加某些配备、某处不够美观等。各站需以季度为周期，在每季度末提交用户情况反馈表。

检查评价

实训情境评价（一人一表）

班级：   组别：   姓名：

项目		评价内容 （请在对应条目的○内打"√"或"×"，不能确定的条目不填，可以在小组评价时让本组同学讨论并写出结论）		评价等级（学生自评）		
				A 全部为"√"	B 有1~3个"×"	C 有多于3个"×"
关键能力自评	工作态度	○按时到场 ○工装齐备 ○书、本、笔齐全 ○不追逐打闹 ○积极接受分配任务	学习期间不使用手机、不玩游戏○ 未经老师批准不中途离场○ 不干扰他人工作○ 无迟到早退○ 上课不做与任务不相关事情○			
	工作素养	○工作服保持干净 ○私人物品妥善保管 ○工作地面无脏污 ○工作台始终整洁 ○节约，无浪费现象 ○有责任意识	无发生安全事故○ 使用后保持工具整齐干净○ 有及时纠正他人危险作业○ 注重环保，废弃物能合理处理○ 未损坏工具、量具及设备○			
	合作及其他	○课前有主动预习 ○与本组同学关系融洽 ○积极参与小组讨论 ○接受组长任务分配 ○工装穿戴符合要求	本小组工作任务能按时完成○ 能主动回答老师提问○ 能主动帮助其他同学○ 注重仪容，不戴饰物、发型合规○ 能自主学习和相互协作○			
专业能力自评		○能独立查阅资料 ○注重工作质量及时自检 ○注重工作效率，时间观念强 ○会分析归纳相互学习 ○设备选择使用符合要求	能独立规范操作○ 能独立完成任务单○ 没有失手坠落物品○ 指出过他人的不规范操作○ 工作质量合格，无返工○			
小组评语及建议		他（她）做到了： 他（她）的不足： 给他（她）的建议：		组长签名： 年 月 日		
教师评语及建议				评价等级： 教师签名： 年 月 日		

参 考 文 献

[1] 亚光. 汽车配件经营与管理[M]. 北京:机械工业出版社,2010.

[2] 刘有声,钟声. 汽车配件管理[M]. 北京:人民交通出版社,2010.

[3] 刘振楼. 汽车及配件营销[M]. 北京:人民交通出版社,2011.

[4] 安军,何志静. 汽车营销与配件管理[M]. 北京:人民交通出版社,2011.

[5] 彭朝辉. 汽车配件管理与营销[M]. 北京:人民交通出版社,2011.

[6] 李永生,郑文岭. 仓储与配送管理[M]. 北京:机械工业出版社,2004.